云南大学"一带一路"沿线国家综合数据库建设项目
中国周边外交研究省部共建协同创新中心　联合推出

"一带一路"沿线国家综合数据库建设丛书 ｜ 林文勋 主编

企聚丝路
海外中国企业高质量发展调查

孟加拉国

邹应猛 等 著

Overseas Chinese Enterprise and
Employee Survey in B&R Countries
BANGLADESH

中国社会科学出版社

图书在版编目（CIP）数据

企聚丝路：海外中国企业高质量发展调查. 孟加拉国／邹应猛等著.
—北京：中国社会科学出版社，2020. 10
（"一带一路"沿线国家综合数据库建设丛书）
ISBN 978 – 7 – 5203 – 7037 – 0

Ⅰ. ①企…　Ⅱ. ①邹…　Ⅲ. ①海外企业—企业发展—研究—中国
Ⅳ. ①F279. 247

中国版本图书馆 CIP 数据核字（2020）第 158274 号

出 版 人	赵剑英
责任编辑	马　明
责任校对	王福仓
责任印制	王　超

出　　版	中国社会科学出版社
社　　址	北京鼓楼西大街甲 158 号
邮　　编	100720
网　　址	http://www.csspw.cn
发 行 部	010 – 84083685
门 市 部	010 – 84029450
经　　销	新华书店及其他书店

印　　刷	北京明恒达印务有限公司
装　　订	廊坊市广阳区广增装订厂
版　　次	2020 年 10 月第 1 版
印　　次	2020 年 10 月第 1 次印刷

开　　本	710 × 1000　1/16
印　　张	18. 75
字　　数	271 千字
定　　价	89. 00 元

总　　序

　　党的十八大以来，以习近平同志为核心的党中央准确把握时代发展大势和国内国际两个大局，以高瞻远瞩的视野和总揽全局的魄力，提出一系列富有中国特色、体现时代精神、引领人类社会进步的新理念新思想新战略。在全球化时代，从"人类命运共同体"的提出到"构建人类命运共同体"的理念写入联合国决议，中华民族为世界和平与发展贡献了中国智慧、中国方案和中国力量。2013 年秋，习近平主席在访问哈萨克斯坦和印度尼西亚时先后提出共建"丝绸之路经济带"和"21 世纪海上丝绸之路"的重大倡议。这是实现中华民族伟大复兴的重大举措，更是中国与"一带一路"沿线国家乃至世界打造政治互信、经济融合、文化包容的利益共同体、命运共同体和责任共同体的探索和实践。

　　大国之路，始于周边，周边国家是中国特色大国外交启航之地。党的十九大报告强调，中国要按照亲诚惠容理念和与邻为善、以邻为伴周边外交方针深化同周边国家关系，秉持正确义利观和真实亲诚理念加强同发展中国家团结合作。① 当前，"一带一路"倡议已从谋篇布局的"大写意"转入精耕细作的"工笔画"阶段，人类命运共同体建设开始结硕果。

---

　　① 习近平：《决胜全面建成小康社会　夺取新时代中国特色社会主义伟大胜利——在中国共产党第十九次全国代表大会上的报告》（2017 年 10 月 18 日），人民出版社 2017 年版，第 60 页。

在推进"一带一路"建设中，云南具有肩挑"两洋"（太平洋和印度洋）、面向"三亚"（东南亚、南亚和西亚）的独特区位优势，是"一带一路"建设的重要节点。云南大学紧紧围绕"一带一路"倡议和习近平总书记对云南发展的"三个定位"，努力把学校建设成为立足于祖国西南边疆，面向南亚、东南亚的综合性、国际性、研究型一流大学。2017 年 9 月，学校入选全国 42 所世界一流大学建设高校行列，校党委书记林文勋教授（时任校长）提出以"'一带一路'沿线国家综合数据库建设"作为学校哲学社会科学的重大项目之一。2018 年 3 月，学校正式启动"'一带一路'沿线国家综合数据库建设"项目。

一是主动服务和融入国家发展战略。该项目旨在通过开展"一带一路"沿线国家中资企业与东道国员工综合调查，建成具有唯一性、创新性和实用性的"'一带一路'沿线国家综合调查数据库"和数据发布平台，形成一系列学术和决策咨询研究成果，更好地满足国家重大战略和周边外交等现实需求，全面服务于"一带一路"倡议和习近平总书记对云南发展的"三个定位"。

二是促进学校的一流大学建设。该项目的实施，有助于提升学校民族学、政治学、历史学、经济学、社会学等学科的建设和发展；调动学校非通用语（尤其是南亚、东南亚语种）的师生参与调查研究，提高非通用语人才队伍的科研能力和水平；撰写基于数据分析的决策咨询报告，推动学校新型智库建设；积极开展与对象国合作高校师生、中资企业当地员工的交流，促进学校国际合作与人文交流。

项目启动以来，学校在组织机构、项目经费、政策措施和人力资源等方面给予了全力保障。经过两年多的努力，汇聚众多师生辛勤汗水的第一波"海外中国企业与员工调查"顺利完成。该调查有如下特点：

一是群策群力，高度重视项目研究。学校成立以林文勋书记任组长，杨泽宇、张力、丁中涛、赵琦华、李晨阳副校长任副组长，各职能部门领导作为成员的项目领导小组。领导小组办公室设在社科处，由社科处处长任办公室主任，孔建勋任专职副主任，陈瑛、许庆红任技术骨干，聘请西南财经大学甘犁教授、北京大学邱泽奇教授、北京大学赵耀辉教授、北京大学翟崑教授为特聘专家，对项目筹备、调研与成果产出等各个环节做好协调和指导。

二是内外联合，汇聚各方力量推进。在国别研究综合调查数据库建设上，我校专家拥有丰富的实践经验，曾依托国别研究综合调查获得多项与"一带一路"相关的国家社科基金重大招标项目和教育部重大攻关项目，为本项目调查研究奠定了基础。国际关系研究院·南亚东南亚研究院、经济学院、民族学与社会学学院、外国语学院、政府管理学院等学院、研究院在问卷调查、非通用语人才、国内外资料搜集等方面给予大力支持。同时，北京大学、中国社会科学院、西南财经大学、广西民族大学等相关单位的专家，中国驻各国使领馆经商处、中资企业协会、企业代表处以及诸多海外中央企业、地方国有企业和民营企业都提供了无私的支持与帮助。

三是勇于探索，创新海外调研模式。调查前期，一些国内著名调查专家在接受咨询时指出，海外大型调查数据库建设在国内并不多见，而赴境外多国开展规模空前的综合调查更是一项艰巨的任务。一方面，在初期的筹备阶段，项目办面临着跨国调研质量控制、跨国数据网络回传、多语言问卷设计、多国货币度量统一以及多国教育体系和民族、宗教差异性等技术难题和现实问题；另一方面，在出国调查前后，众师生不仅面临对外联络、签证申请、实地调研等难题，还在调查期间遭遇地震、疟疾、恐怖袭击等突发事件的威胁。但是，项目组克服各种困难，创新跨国调研的管理和实践模式，参与调查的数百名师生经过两年多的踏实工作，顺利完成了这项兼具开源性、创新性和唯一性的调查任务。

四是注重质量，保障调查研究价值。项目办对各国调研组进行了多轮培训，强调调查人员对在线调查操作系统、调查问卷内容以及调查访问技巧的熟练掌握；针对回传的数据，配备熟悉东道国语言或英语的后台质控人员，形成"调查前、调查中和调查后"三位一体的质量控制体系，确保海外调查数据真实可靠。数据搜集完成之后，各国调研组立即开展数据分析与研究，形成《企聚丝路：海外中国企业高质量发展调查》报告，真实展现海外中国企业经营与发展、融资与竞争、企业形象与企业社会责任履行状况等情况，以及东道国员工工作环境、就业与收入、对中国企业与中国国家形象的认知等丰富内容。整个调查凝聚了 700 多名国内外师生（其中 300 多名为云南大学师生）的智慧与汗水。

《企聚丝路：海外中国企业高质量发展调查》是"'一带一路'沿线国家综合数据库建设"的标志性成果之一。本项目首批由 20 个国别调研组组成，分为 4 个片区由专人负责协调，其中孔建勋负责东南亚片区，毕世鸿负责南亚片区，张永宏负责非洲片区，吴磊负责中东片区。20 个国别调研组负责人分别为邹春萌（泰国）、毕世鸿（越南）、方芸（老挝）、孔建勋和何林（缅甸）、陈瑛（柬埔寨）、李涛（新加坡）、刘鹏（菲律宾）、杨晓强（印度尼西亚）、许庆红（马来西亚）、柳树（印度）、叶海林（巴基斯坦）、冯立冰（尼泊尔）、胡潇文（斯里兰卡）、邹应猛（孟加拉国）、刘学军（土耳其）、朱雄关（沙特阿拉伯）、李湘云（坦桑尼亚）、林泉喜（吉布提）、赵冬（南非）和张佳梅（肯尼亚）。国别调研组负责人同时也是各国别调查报告的封面署名作者。

今后，我们将继续推动"'一带一路'沿线国家综合数据库建设"不断向深度、广度和高度拓展，竭力将其打造成为国内外综合社会调查的知名品牌。项目实施以来，尽管项目办和各国调研组竭尽全力来完成调查和撰稿任务，但由于主、客观条件限制，疏漏、错误和遗憾之处在所难免，恳请专家和读者批评指正！

《"一带一路"沿线国家综合数据库
建设丛书》编委会
2020 年 3 月

目　　录

第一章

孟加拉国宏观政治经济形势分析

孟加拉国全称孟加拉人民共和国（The People's Republic of Bangladesh），国土面积约 14.757 万平方公里，人口约 1.64 亿，居全世界第八位。[①] 在地缘上，孟加拉国位于南亚次大陆东北部，是环印度洋沿岸的重要经济体之一，东、西、北三面与印度接壤，东南毗邻缅甸，南部濒临孟加拉湾，是亚洲三大经济体——中国、印度和东盟的交会点，国际战略价值不言而喻。随着全球互联互通区域建设的迅猛发展，孟加拉国作为印度洋沿岸重要枢纽国家的地缘战略价值将更加凸显。无论是在美、日、印、澳倡导的"印太战略"中，还是在中国提出的"一带一路"倡议和"孟中印缅经济走廊"中，孟加拉国都被视为多方合作中的桥梁与纽带。

中国与孟加拉国虽然领土不相毗连，但自古以来两国就是名副其实的近邻，双边交往源远流长。早在唐代，中国著名高僧玄奘就对该地区进行过系统考察，宋代孟加拉地区的高僧阿底峡应邀在我国西藏地区传播佛学和医学，为双边交流奠定了坚实的人文基础。[②] 1975 年 10 月 4 日中国与孟加拉国正式建交，两国关系在国际环境和双方国内形势的影响下虽几经波折，但总体上保持了持续稳定发展

---

① 世界银行官方网站（https://data.worldbank.org.cn/indicator/SP.POP.TOTL?locations = BD）。

② 参见林良光、叶正佳、韩华《当代中国与南亚国家关系》，社会科学文献出版社 2001 年版，第 172 页。

的态势。2016 年在中国国家主席习近平访问孟加拉国期间，中孟双方一道宣布将外交关系升级为战略合作伙伴关系，标志着中孟关系迈上新的历史台阶。当前，孟加拉国作为中国"一带一路"倡议的重要支点国家之一，中国作为孟加拉国最大的贸易合作伙伴国，双边互利合作的空间和潜力巨大，前景光明。故此，深入了解孟加拉国的宏观政治经济形势，对开展中国与孟加拉国合作，推动中资企业"走出去"与"走进去"将大有裨益。

第一节　孟加拉国政治概况

孟加拉国是一个以孟加拉族为主体，同时包括 20 多个山区部族的多民族国家。众所周知，孟加拉族是南亚次大陆上最古老的民族之一，但直至 1971 年孟加拉国才完成长达 24 年的民族独立斗争运动，作为一个独立的具有现代民族国家性质的政治实体登上世界舞台。独立初期，孟加拉国内一度面临医治战争创伤、重振国民经济、开展外交活动等一系列严峻挑战。时至今日，孟加拉国走过了近半个世纪的历程，在民主化的探索道路上已取得一定成效，国家政治形势正逐渐从动荡不安向和平稳定过渡。

一　孟加拉国的政治发展简史

从有迹可循的史料中看，孟加拉地区的历史可追溯至公元前 1000 年前后定居于该地区的达罗毗荼语（Dravidian）人。① 之后，在吠陀时代（公元前 1500 年至公元前 700 年），雅利安人在今孟加拉国东部和中部一带建立文伽（Vanga）王国和鸯伽（Anga）王国，致使该地区深受雅利安文化影响。文伽王国和鸯伽王国解体后，根

---

① Erdosy, George, *The Indo-Aryans of Ancient South Asia：Language，Material Culture and Ethnicity*, Berlin：de Gruyter, 1995, pp. 220 – 229.

据《摩诃婆罗多》记载，孟加拉被分裂为若干部落和王国割据。[①]
公元前 4 世纪起，孟加拉的历史开始逐渐清晰，深受印度难陀王朝和
孔雀王朝的文化影响，到公元 4 世纪，孟加拉地区被印度笈多帝国控
制。至公元 6 世纪末，笈多帝国的封臣萨珊伽（Sasanka）乘王室衰微
之际在该地区建立了高达（Gauda）王国，历经数次与印度戒日王朝
的争霸战争之后，高达王国最终走向没落。[②] 公元 8 世纪中叶，瞿波
罗（Gopala）建立了以佛教文化为中心的波罗（Pala）王朝，开始
对孟加拉地区进行长达近 4 个世纪的封建统治，这一时期被孟加拉
人称为历史上的"黄金时代"，也正是在这一时期，孟加拉民族特征
开始形成，孟加拉语也开始作为一门独立的语言产生并发展。[③]

12 世纪初，来自印度德干地区的毗阇耶犀那（Vijayasena）推翻
波罗王朝，征服孟加拉全境，建立犀那王朝，并在孟加拉地区推行
种姓制度。但随着突厥穆斯林的入侵，犀那王朝开始衰落并逐渐向
东孟加拉迁移，直至 13 世纪正式归入德里苏丹国。饶有兴味的是，
在德里苏丹国统治期间，由于孟加拉远离中央政权中心，往往拥兵
自重，加之中央统治者的软弱，于是驻孟加拉的总督时或宣布独立，
自立"孟加拉苏丹"，也正是在这一时期孟加拉赢得了"反叛者之
乡"（Bulgakpur）的名声。[④]

1576 年，莫卧儿（Mughal）王朝踏上征服孟加拉的旅程，至
1666 年吉大港被兼并，孟加拉完全沦为莫卧儿帝国的一个行省，达

---

① Amitabha Bhattacharyya, *Historical Geography of Ancient and Early Medieval Bengal*, Calcutta: Sanskrit Pustak Bhandar, 1977, pp. 27 – 35.

② Dr Avantika Lal, *Gauda Kingdom*, 1 April, 2019, https://www.ancient.eu/Gauda_Kingdom/. Erdosy, George, *The Indo-Aryans of Ancient South Asia: Language, Material Culture and Ethnicity*, Berlin: de Gruyter, 1995, pp. 257 – 269.

③ Bagchi, Jhunu, *The History and Culture of the Pālas of Bengal and Bihar*, Cir. 750 A. D. – Cir. 1200 A. D., Haryana: Abhinav Publications, 1993, pp. 120 – 131.

④ Richard M. Eaton, *The Rise of Islam and the Bengal Frontier*, 1204 – 1760, California: University of California Press, 1993, pp. 12 – 17.

卡也从一个默默无闻的城市成为帝国的一个省府，这在客观上推动了达卡的城市发展。但好景不长，随着莫卧儿帝国皇帝奥朗则布的去世，莫卧儿帝国开始急剧衰退，1717 年莫卧儿王朝派驻孟加拉的总督穆尔希德·库利·汗（Murshid Quli Khan）宣布独立，并将首府从达卡迁往穆尔希达巴德。此后，孟加拉迎来了一个由一系列独立总督治理的时期。① 不难看出，在古代虽然孟加拉地区长期受外族入侵，政权时有更迭，但因其远离统治政权中心，孟加拉基本上作为一个相对独立的政治实体存在下来。

随着新航路的开辟，西方殖民主义者陆续到达南亚次大陆开辟市场，寻找原料产地。孟加拉地区作为一个开放的三角洲，凭借独特的地缘优势和庞大的人口市场，逐渐沦为西方列强的竞技场，葡萄牙、荷兰、法国等国相继粉墨登场，最终英国通过 1757 年普拉西战役（the Battle of Plassey）以武力攫取了孟加拉地区的实际控制权，并依靠孟加拉的人力和财力逐步将其他欧洲列强从该地区驱赶出去。② 此后，英国殖民者以英属东印度公司为据点，持续多年不断与孟加拉本土力量进行角逐，最终于 1765 年与莫卧儿皇帝和一些土邦王公达成和解，签订《阿拉哈巴德条约》，据此条约英属东印度公司成为英国在孟加拉地区进行殖民统治的代理机关。

东印度公司统治期间，孟加拉是英国扩张其不列颠殖民地的大本营，达卡也一度成为英国在南亚进行殖民统治的政治中心。但由于东印度公司贪污腐化、恣意妄为，严重影响了英国政府在该地区的利益实现，致使英国政府不断加强对东印度公司的干预，并于 1858 年解散东印度公司，将其权力收归王室，开启对南亚次大陆殖民地的直接统治。两年后英国吞并吉大港地区，孟加拉全境沦为英

① Sarkar, J. N., ed., *The History of Bengal*, Vol. 1, New Delhi: B. R. Publishing, 2003, pp. 400 – 425.

② Bence Jones, Mark, *Clive of India*, London: Constable & Robinson Limited, 1974, pp. 85 – 90.

国的殖民地。① 直接统治期间，英国政府以加尔各答为统治神经枢纽将南亚次大陆划分为 17 个省，孟加拉属于其中一个行省。随着加尔各答的兴起，东孟加拉地区的政治经济地位开始衰落，最具戏剧性的例子就是达卡，其从当时世界上最大的纺织品出口中心逐渐跌落成一个中小城市。② 事实证明，尽管长达将近两个世纪的殖民统治给孟加拉国带来了无穷的灾难，其间孟加拉地区骚乱不断，而且发生过骇人听闻的饥饿惨案，但其制度却很长寿，今天仍然能在孟加拉国司法、教育、卫生等行业清晰地看见英国制度的影子。

　　20 世纪在全球民族解放运动浪潮的推动下，南亚次大陆于 1947 年获得独立，根据《蒙巴顿方案》孟加拉被划归为巴基斯坦。但印巴分治是地理性解决殖民统治政治惨败的典型案例，巴基斯坦独立以后，孟加拉内部的宗教矛盾虽逐渐退却，但与西巴基斯坦的地域矛盾却愈演愈烈。主要原因在于孟加拉不仅没有实现《拉哈尔决议》中的"自治并拥有主权"，反而在语言、文化、经济、政治等多方面受到西巴基斯坦的歧视和压制，鉴于此，孟加拉内部独立建国的意识逐渐高涨。③ 最后，在历经长达 24 年的民族独立斗争运动后，东巴基斯坦于 1971 年 3 月 26 日宣布独立建国，1972 年 1 月宣布正式成立孟加拉人民共和国。

　　孟加拉国独立初期，民主政治进程艰难坎坷，在议会民主和军人统治之间徘徊前进，政治局势一直不是十分稳定。1972 年至 1975 年，孟加拉国曾进行过短暂的议会民主制尝试，但终因国内社会矛盾的激化而不得不恢复军人统治。在经历漫长的军人统治后，国内

---

① Peers，Douglas M.，*India under Colonial Rule* 1700 – 1885 ，Harlow and London：Pearson Longmans，2003，pp. 157 – 170.

② Partha Chatterjee，*The Strange and Universal History of Bhawal*，Princeton and Oxford：Princeton University Press，2002，pp. 153 – 160.

③ 参见［巴基斯坦］M. A. 拉希姆、M. D. 丘格特等《巴基斯坦简史》（第四卷），四川大学外语系翻译组译，四川人民出版社 1976 年版，第 350—355 页。

政治生态总体上趋于平衡，1991 年才又回归到建国初期的宪法轨道。① 从 20 世纪 90 年代开始，孟加拉国政权在人民联盟党（BAL）和民族主义党（BNP）之间相互竞争、交替执政（见表 1 - 1），两党领袖谢赫·哈西娜与卡莉达·齐亚被社交媒体戏称为"贵妇之争"，严重影响了孟加拉的民主化进程和国家形象。②

总之，作为一个年轻的主权国家，孟加拉国的政治生态建设依然任重而道远，如何增强各政党的民族认同，提高政府的行政效率和廉洁指数，依然是孟加拉国政府在未来长期面临的重要课题。

表 1 - 1　　　　1971 年以来孟加拉国民主政治进程

时间	政体形式	主要执政党	代表人物	终止原因
1971—1975	议会民主	人民联盟	谢赫·穆吉布·拉赫曼	平民政变
1975	平民独裁	人民联盟	谢赫·穆吉布·拉赫曼	军事政变（谢赫·穆吉布·拉赫曼被暗杀）
1975—1981	军事独裁	民族主义党	齐亚·拉赫曼	齐亚乌尔·拉赫曼被暗杀
1982—1990	军事独裁	民族党	侯赛因·穆罕默德·艾尔沙德	民众起义
1991—1996	议会民主	民族主义党	卡莉达·齐亚	选举
1996—2001	议会民主	人民联盟	谢赫·哈西娜	选举
2001—2006	议会民主	民族主义党	卡莉达·齐亚	选举
2007—2008	看守政府			
2008—2014	议会民主	人民联盟	谢赫·哈西娜	选举
2014—2018	议会民主	人民联盟	谢赫·哈西娜	选举
2018 年至今	议会民主	人民联盟	谢赫·哈西娜	选举

资料来源：中华人民共和国外交部（https://www.fmprc.gov.cn/web/gjhdq_ 676201/gj_ 676203/yz_ 676205/1206_ 676764/1206x0_ 676766/）。

---

① 参见时宏远《孟加拉国的政治民主化历程》，《南亚研究季刊》2004 年第 1 期。

② 参见张世钧《孟加拉政治现代化发展进程的演变》，《河南师范大学学报》（哲学社会科学版）2008 年第 1 期；时宏远《孟加拉国政党之间的政治冲突》，《南亚研究》2009 年第 3 期。

二　孟加拉国的国内政治概况

国小民穷、党派林立是目前孟加拉国内政治面临的最严峻现实。在议会民主制政体下，孟加拉国内党派众多，据统计截至2018年12月参加国民议会大选的政党就有30余个，包括执政党人民联盟在内的14个党的大联盟和反对党民族统一战线的21个党的联盟，但影响力比较大的主要有孟加拉人民联盟、孟加拉民族主义党、民族党、伊斯兰大会党等（见表1-2），因此，孟加拉国内政局逐渐形成了"大党轮流做庄，小党陪衬分羹"的格局。

表1-2　　　　　　　　　　孟加拉国主要政党

政党	党魁	概况
孟加拉人民联盟（Bangladesh Awami League，AL）	谢赫·哈西娜（Sheikh Hasina）	原称人民穆斯林联盟，伊斯兰教大毛拉巴沙尼（al-Bhashni）于1949年创立，1952年改为现名。孟加拉国独立后至1975年为首任执政党。其宗旨是民族主义、民主、社会主义和世俗主义。1992年9月该党全国理事会修改党章，放弃社会主义公有制原则，实行市场经济，引进自由竞争机制。实行不结盟的外交政策，同一切国家建立友好关系。该党于1996—2001年执政，2008年至今连续三届执政
孟加拉民族主义党（Bangladesh Nationalist Party，BNP）	卡莉达·齐亚（Khaleda Zia），2018年被控贪污罪判处有期徒刑17年，截至目前（2019年9月）仍在狱中服刑，其子塔里克负案在身，现在英国，为该党代理主席	1978年由齐亚·拉赫曼创立。曾于1991—1996年和2001—2006年两次执政。政治上主张维护民族独立、主权和领土完整，信奉真主、民族主义、民主，倡导社会和经济的公正。经济上主张多元化、私营化、取消过多的行政干预和建立市场竞争经济。外交上对外政策坚持中立、不结盟，主张同一切国家友好
孟加拉国民族党（Bangladesh Jatiya Party）	侯赛因·穆罕默德·艾尔沙德（Hussain Muhammad Ershad）	1986年成立，创始人为孟加拉国前总统侯赛因·穆罕默德·艾尔沙德，主张维护独立和主权，建立伊斯兰理想社会，提倡民族主义、民主和社会进步，发展经济。1997年6月底，民族党曾发生分裂，前总理卡齐等成立民族党（扎—穆派），后于1998年12月合并。1999年4月，时任交通部长的曼久和原民族党副主席米赞成立民族党米曼派，民族党再次分裂。2013年底第三次分裂，现为孟加拉国民议会最大反对党

续表

政党	党魁	概况
伊斯兰大会党（Jamaat-e-Islami Party）	马蒂乌尔·拉赫曼·尼扎米（Matiur Rahman Nizami）	1946年成立，20世纪70年代初期因反对孟加拉国独立而遭禁。1979年重新开展活动，2001年10月，作为民族主义党领导的四党联盟一员参加大选，成为执政党之一。该党称，最终目标是将孟加拉国变成一个伊斯兰国家，主张废除一切非伊斯兰法律，认为外交政策应反映伊斯兰理想。2013年，孟加拉国最高法院以非法为由取消了该党注册，禁止该党参与孟大选

资料来源：中华人民共和国外交部（http://bd.china-embassy.org/chn/mgxx/gk/）。

　　国民议会竞选是孟加拉国彰显议会民主制的重要舞台。为了竞争国民议会席位以获得组阁执政权，各党派内部和党派之间可谓无所不用其极，反对党几乎在所有问题上采取与政府不合作的态度，不仅抵制议会，而且往往采取异常激进的手段，如号召并迫使全国性的罢工、罢市，阻断交通要道，甚至采取恐怖活动等对抗政府。因此，暗杀、暴动、袭击等经常笼罩在孟加拉国政治上空。如今，对抗政治已经成为孟加拉国政党政治的特色之一。据孟加拉国人权组织 Ain o Salish Kendra（ASK）统计，2013年至2017年的五年间，孟加拉国国内至少发生3540起政治暴力事件，导致1028人死亡，52066人受伤（见表1-3）。频繁发生的政治暴力事件不仅践踏了孟加拉国的法律尊严，而且影响孟加拉国的社会治安环境，并成为滋生宗教矛盾、族群冲突和恐怖主义的温床，严重影响了投资者的信心。

表1-3　　　　　　　　2013—2017年孟加拉国政治暴力事件

年份	暴力事件（起）	受伤人数（人）	死亡人数（人）
2013	848	22407	507
2014	664	8373	147
2015	865	6318	153
2016	907	11462	177
2017	256	3506	44

资料来源：孟加拉论坛官网（https://www.dhakatribune.com/bangladesh/2017/11/20/1028-deaths-53000-injuries/）。

　　另外，在"复仇政治"的影响下，新的执政党组阁上台之后，往往不是按照原执政党的改革路线继续前行，而是制定新的政策措施，因而增加了政策的不可预测性和短期性。令人欣慰的是，在2018年12月30日举行的第11届国民议会选举中，哈西娜领导的人民联盟再次获得压倒性胜利，获得国民议会的257个议席①，民族党（艾派）获22个议席，成为议会第二大党，2019年1月30日，上届议长希林·夏尔敏·乔杜里再次当选议长并就职。因此，在未来五年，孟加拉国的政策连续性有望获得延续。

　　同时，孟加拉国政府的腐败问题也成为影响其国内政治环境的重要变量。根据透明国际（Transparency International）发布的全球腐败感知指数（Corruption Perceptions Index 2018）数据显示，② 2018年孟加拉国得分为26分。横向观察，仅略高于全球平均分（44分）的一半，位列全球180个国家和地区的第149名，在南亚地区清廉程度仅高于连年战乱的阿富汗。纵向观察，2018年孟加拉国的得分较2017年的28分减少了2分，全球排名从2017年的第143名下滑了6名。③ 究其原因，主要在于政府没有履行遏制腐败的承诺；政府没有采取切实可行的措施惩治高调腐败；金融和财政部门的腐败没有得到有效的控制；国家反腐委员会行动效率低下。④

　　除以上所述之外，孟加拉国与其他南亚国家类似，国内政治突出以名人为中心，家族政治明显，国家权力越来越集中，地方自治

---

　　①　孟加拉国国民议会有350个议席，包括300个按选区直接由选民选举产生的议员席位，以及50名由当选议员间接产生的女性议员（专门为女性设置的保留席位）。议员每届任期5年。议会设正、副议长，由议员选举产生。

　　②　全球腐败感知指数是透明国际根据公共部门腐败程度对全球180个国家和地区进行的排名，使用0—100的得分，其中0是高度腐败，100是非常廉洁，2018年全球平均得分是44分。

　　③　参见透明国际官方网站（https：//www. ti-bangladesh. org/beta3/images/2019/cpi2018/2018_ CPI_ Global_ Map + Results. pdf）。

　　④　TI, *Corruption Index* 2018: *Bangladesh slips six notches*, https：//www. thedaily-star. net/country/bangladesh-ranked – 149 – in-corruption-index – 2018 – 1694437.

权越来越小。自独立以来，孟加拉国政权就在以谢赫·拉赫曼家族为中心的人民联盟和以穆吉布·拉赫曼家族为中心的民族主义党之间相互争夺，国家的历史甚至被简化为家族史，民主选举动员也逐渐简化为对家族记忆的动员，严重影响了国家民主政治进程。① 值得欣慰的是，孟加拉国各政党虽时有摩擦和冲突发生，但都坚持以国家利益为核心，都承诺促进自由市场的发展和改革，促进国内政治生态良性发展。另一个值得关注的现象是，近年来孟加拉国行政和司法的矛盾逐渐开始凸显。例如，2017 年孟加拉国最高法院 7 名大法官一致同意剥夺议会弹劾最高法院法官的权力。② 概言之，近年来孟加拉国内政治环境虽总体上呈逐渐趋稳的态势，但局部政治冲突还时有发生，官僚体系内部问题较多，影响国内政治稳定的因素还没有从根本上铲除。

三 孟加拉国的国际政治环境概况

在信息化和全球化的推动下，"地球村"趋势正变得更加明显，世界各国相互依赖程度愈渐加深。加之，全球权力格局重心逐渐向亚洲转移，孟加拉国作为扼守孟加拉湾的重要国家，地缘优势突出。鉴于此，国际环境的变化深刻影响着孟加拉国政治经济的发展。为营造和平稳定的国际环境，自独立以来，孟加拉国一直奉行稳健温和、独立自主和不结盟的外交政策，致力于推进与世界各国构建和平友好的外交关系，强调经济外交，主张用和平的方式解决国际争端。③

从区域环境来看，孟加拉国所处的南亚地区总体呈现以印度为中心，其他南亚国家为边缘的"核心—边缘"格局。④ 为改变在区

① 参见陈金英《南亚现代家族政治研究》，《国际论坛》2011 年第 4 期。
② Economist Intelligence Unit, *Country Report*：*Bangladesh*，July 19，2017，pp. 20 – 23.
③ 参见张汝德《当代孟加拉国》，四川人民出版社 1999 年版，第 210—215 页。
④ 参见熊琛然、武友德、赵俊巍、范毓婷《印度领衔下的南亚地缘政治特点及其对中国的启示》，《世界地理研究》2016 年第 6 期。

域环境中的"边缘"地位，孟加拉国积极参加联合国、伊斯兰会议组织、不结盟运动、英联邦等国际组织的活动，推动南亚区域合作，参与次区域和跨区域合作，重视多边外交，积极参与联合国维和行动，主张全面裁军，反对西方国家利用人权问题干涉别国内政，强调建立公正的国际经济新秩序，先后向 10 多个冲突地区派驻了维和人员。[①] 孟加拉国在气候变化问题上表现活跃，是"气候变化最易受害国"倡议方之一。[②] 孟加拉国积极利用作为南亚区域合作联盟（South Asian Association Asian for Regional Cooperation，SAARC）的发起国身份和东盟地区论坛（ASEAN Regional Forum）成员国的身份，开展区域合作，提升自身国际地位，欲借此把孟加拉国建设成为亚洲的区域贸易中心。[③] 同时，孟加拉国作为亚太贸易协定成员之一，积极在成员国之间关于互惠贸易、关税优惠等方面发声，努力提升自身经济外交能力。2018 年 9 月 25 日，孟加拉国国家税务总局宣布对进口自中国、老挝、韩国、印度、斯里兰卡等 5 个亚太贸易协定成员国的 602 种商品提供 10%—70% 的关税减让优惠，商品种类主要包括半成品、基础原材料、大型机械货物、工业零部件等。[④] 另外，在次区域合作方面，孟加拉国一直积极推动孟中印缅经济走廊（BCIM Forum）建设和孟印缅斯泰经合组织（BIMSTEC）的建设。

从双边关系来看，自谢赫·哈西娜政府执政以来，孟加拉国一

---

① Haru ur Rashid, *International Relations and Bangladesh*, Dhaka：The University Press Limited（UPL），2004，pp. 353 – 357.

② Saleemul Huq, *Bangladesh needs to promote climate diplomacy*, May 31，2017，https：//www. thedailystar. net/opinion/politics-climate-change/bangladesh-needs-promote-climate-diplomacy – 1413091.

③ 参见罗圣荣《孟加拉国独立以来的对外关系》，《印度洋经济体研究》2015 年第 5 期。

④ 中华人民共和国驻孟加拉人民共和国大使馆经济商务参赞处：《孟加拉国将为 5 个亚太贸易协定成员国提供关税优惠政策》，http：//bd. mofcom. gov. cn/article/jmxw/201809/20180902790245. shtml.

直实行不结盟外交政策，主张同一切国家建立友好关系。

其一，孟加拉国在大国之间采取平衡外交，左右逢源，积极争取美国、日本、俄罗斯等大国的经济援助和军事援助。

在争取民族独立期间，鉴于美国与巴基斯坦的同盟关系，孟美关系一度十分冷淡，直至 1972 年美国承认孟加拉国的独立地位，双边关系才进入正常轨道。由于美孟双边需求互补——美国希望将孟加拉国发展为其在亚洲地区牵制中国和印度的重要力量，而孟加拉国希望美国成为其国内经济振兴的重要后盾，双边关系进展快速。如今，美国是孟加拉国的主要援助国和成衣出口的最大市场，也是孟加拉国油气开发的最大投资国。而孟加拉国是美国在反恐、气候变化等全球性议题的重要支持者。（见表 1-4）

从孟日关系看，日本是孟加拉国最大的经济援助国，自孟加拉国独立以来，日本已累计承诺向孟加拉国提供援助 186 亿美元财政支持，包括援助、捐款和贷款。2014 年至 2019 年总理哈西娜正式访问日本达四次，并就合作建设火电厂、在孟建立日本经济开发区、日本对孟加拉国直接投资等问题达成一致，孟日关系进一步升温。①

近年来，孟加拉国和俄罗斯的关系日益紧密，两国在诸多国际问题上利益趋同，政府间合作日益扩大。2013 年 1 月，哈西娜总理访问俄罗斯，与普京就双边核能、农业、教育等领域发展签署合作协定，2016 年第 11 届亚欧论坛期间哈西娜与梅德韦杰夫在蒙古会晤，双边就原子能合作和 "Rooppur" 核电厂建设进行了沟通。此外，俄罗斯还高度关注孟加拉的天然气开采项目。②

---

① Kamal Uddin Ahmed, Dhaka-Tokyo relations: From strength to strength, June 02, 2019, https://thefinancialexpress.com.bd/views/reviews/dhaka-tokyo-relations-from-strength-to-strength-1559403800.

② Embassy of the Russian Federation in the people's Republic of Bangladesh, *Overview of Russia-Bangladesh Relations*, https://bangladesh.mid.ru/bilateral-relations.

表 1 – 4　　　　　　　　2009—2019 年美国与孟加拉国主要大事件

时间	主要大事件
2009 年 9 月	哈西娜总理与奥巴马总统会晤，重点讨论气候变化、贸易等问题
2012 年 5 月	美国国务卿希拉里访问孟加拉国，发表《美孟伙伴对话联合声明》
2013 年 5 月	美国副国务卿温迪·谢尔曼访问孟加拉国，第二轮美国—孟加拉国合作伙伴对话
2013 年 6 月	孟加拉国拉娜大厦倒塌后，美国以孟加拉国政府忽视劳工安全为由取消对孟加拉国的普惠制待遇（GSP），美孟关系开始下滑
2014 年	美国多次对人民联盟单方面组织选举表示不满，希望政府能与民族主义党展开对话，重新举行议会选举
2016 年 8 月	美国国务卿克里访孟，双方同意就反恐进行合作
2019 年 4 月	孟加拉国外长莫门访美，就罗兴亚问题、双边经贸问题等进行双边交流

资料来源：美国驻孟加拉国大使馆官网（http：//dhaka. usembassy. gov/）。

　　其二，孟加拉国高度重视周边外交环境改善，把发展睦邻友好的周边关系作为其外交的重点，努力推动与印度、巴基斯坦、尼泊尔、不丹等国的友好双边关系，以促进国家安全稳定和国民经济的发展。

　　就与印度关系而言，在相当长的一段时间里，孟印两国关系起伏不定，总体呈现"民族主义党执政期间侧重防止印度控制，人盟执政期间则重点发展与印关系"的规律。[①] 2009 年哈西娜领导的人民联盟执政以来，孟印关系快速升温，哈西娜将执政后的首访地就定在印度。2015 年 6 月，印度总理莫迪访问孟加拉国期间，两国签署了一项历史性的领土互换协议，解决了两国 68 年来的边界纠纷。[②] 2017 年 4 月，哈西娜总理访问印度期间与印度莫迪总理共签署了 36

----

　　① 参见罗圣荣《孟加拉国独立以来的对外关系》，《印度洋经济体研究》2015 年第 5 期。

　　② 印度把孟加拉国境内总面积为 1.7 万公顷的 111 块飞地交给孟加拉国，孟加拉国把在印度境内的总面积为 7000 公顷的 51 块飞地交换给印度。同时，两国还划定了长 6.1 公里的以前未划定的边界线。

项合作协定和备忘录，涉及民用核能、太空合作、信息技术、能力建设等。[①] 2019 年哈西娜选举获得连任后，莫迪总理也是第一个送上祝福的外国元首，双边元首外交进展顺利。

　　同时，在印度主导的南亚区域政治中，孟加拉国为避免过度依赖印度，积极改善同巴基斯坦的关系。但基于复杂的历史原因，孟加拉国与巴基斯坦的关系一直十分敏感，独立之初孟加拉国与巴基斯坦因资产分配、比哈尔人、巴基斯坦致歉等问题牵绊，双边关系进展曲折。20 世纪末，双边关系逐渐缓和，实现平稳发展。2006 年时任孟加拉国总理卡莉达·齐亚访问巴基斯坦，双方签署涉及农业、旅游业、进出口等领域的 4 项备忘录。2008 年 5 月，孟加拉国看守政府外交顾问伊夫特卡尔访问巴基斯坦。2009 年哈西娜执政以来，在外交上选择与印度靠拢，相对疏远了巴基斯坦，加之哈西娜政府坚持审判独立战争期间的罪犯，两国关系有所下滑。

　　近年来，孟加拉国重视与不丹、尼泊尔、斯里兰卡等国的外交。2011 年 3 月，不丹国王旺楚克应邀访问孟加拉国，双方同意就公共河流管理问题加强孟加拉国、不丹、印度和尼泊尔合作，并讨论了孟加拉国、不丹、印度三国合作开发水电的项目。2011 年 4 月，斯里兰卡总统拉贾帕克萨访问孟加拉，希望与孟加拉国建立牢固的政治关系，并与孟加拉国签署了 5 项合作谅解备忘录，涉及文化、贸易、农业、渔业及教育等。2015 年 6 月，印度、孟加拉国、不丹、尼泊尔 4 国签署"机动车通行协议"，协议生效后，4 国乘客和客货运机动车可在 4 个国家境内自由穿行，实现域内互联互通。2019 年 4 月，不丹总理洛塔·策林（Lotay Tshering）访问孟加拉国，两国在商业、农业、旅游和人员培训等领域达成合作共识，孟不关系达到

① Ministry of External Affairs, Government of India, *India-Bangladesh Relations* (2017), September 2017, https：//mea. gov. in/Portal/ForeignRelation/Bangladesh_ September_ 2017_ en. pdf.

了历史最高点。①

其三，孟加拉国政府为推动"蓝色经济"发展采取以经济外交为基本内容的"东向"外交政策，进一步加强同东亚、东南亚各国的友好合作关系。2007年7月，孟缅两国就在边境修建一条长约25公里的连接公路达成协议。2011年12月，孟加拉国总理哈西娜访问缅甸，孟缅发表联合声明，称两国关系进入新阶段，2012年双边通过国际海洋法庭仲裁解决了长达40余年的海洋边界纠纷，双边关系进展迅速。尤其是随着孟加拉湾地缘优势的凸显，孟缅双方充分利用此区域合作论坛展开合作对话，在2014年"第三届孟加拉湾多领域技术经济合作（BIMSTEC）倡议"峰会上，孟缅双方一直强调，通过建设"孟加拉国—缅甸—中国云南"的公路项目实现此区域内的互联互通，以推动双边贸易发展。② 但自2017年缅甸若开邦发生动荡以来，孟缅双边关系因为一直悬而未决的罗兴亚难民问题而停滞不前。值得注意的是，自2018年以来，孟加拉国与东盟国家元首外交互动频繁，2018年1月和3月，印尼总统佐科、越南国家主席陈大光分别应邀访问孟加拉国；2018年3月，孟加拉国总理哈西娜访问新加坡。

其四，孟中关系自1975年建交以来一直稳定发展，双边在政治、经济、军事、文化等领域展开了一系列卓有成效的合作。政治上，孟中两国在一系列重大国际和地区性问题上看法基本一致，在国际事务中配合密切，两国高层领导互访频繁，双边政治互信持续增强（见表1–5）。经济上，中孟两国发展阶段不同，合作互补空间巨大，长期以来中孟逐渐形成了以基础设施建设、产能合作、能源电力、交通运输、信息通信、农业等领域为重点的合作模式。

---

① International Institute for Non-Aligned Studies, *Bangladesh-Bhutan relations*, May 15，2019，https：//iins. org/bangladesh-bhutan-relations/.

② 参见［孟］苏塔娜·娅思敏《21世纪孟缅经济关系的转型：前景与挑战》，孙喜勤译，《东南亚南亚研究》2016年第1期。

表 1 - 5   中孟政府间联合公报（声明）

时间	主要内容
1975 年 10 月	建立外交关系的联合公报
2005 年 4 月	建立全面合作伙伴关系的联合公报
2010 年 3 月	建立更加紧密的全面合作伙伴关系的联合公报
2014 年 6 月	深化更加紧密的全面合作伙伴关系的联合声明
2016 年 10 月	建立战略合作伙伴关系的联合声明

资料来源：中华人民共和国外交部驻孟加拉人民共和国大使馆（http：//bd. china-embassy. org/chn/zmgx/zywj/）。

  据统计，2009 年至 2018 年的 10 年间中孟双边贸易翻了两番，从 2008—2009 财年的 35. 1 亿美元年增至 2017—2018 财年的 123. 8 亿美元。但孟加拉国对华贸易逆差较大，2009—2018 年，孟自中国进口虽逐年增长，但出口额一直徘徊在 10 亿美元以下。孟有近 5000 种商品可免税进入中国，但由于其出口篮子较小，产品结构初级、单一，无法充分利用这一优惠措施。以 2017—2018 财年的中孟贸易为例，孟对华服装出口（6. 95 亿美元）占对华出口的 56%，黄麻和黄麻制品占比 19%，皮革和皮革制品占比 9%。在孟从中国进口的商品中，纺织品与机械设备占比 68%。[1] 在军事方面，孟加拉国是中国的主要军事援助国和军贸对象国，从 2012 年开始，中国为促进孟军队装备建设发展，向孟加拉国捐赠、出售大量武器（孟加拉国的武器成建制的装备大多源自中国），并为孟加拉提供军事培训等。[2] 除此之外，中孟在教育、卫生、科技等方面也展开了深入合作。
  总之，就政治环境来看，孟加拉国国内政党政治已经走出了巨

---

[1] 中华人民共和国驻孟加拉人民共和国大使馆经济商务参赞处（http：//bd. mofcom. gov. cn/article/zzjg/）。

[2] Noor Mohammad Sacker, *Bangladesh-China Relationship at the Dawn of the Twenty-first Century*, Peace and Security Review, Vol. 6, No. 11, First Quarter, 2014, pp. 85 - 86.

大动荡的阴影，整体上朝健康稳定的方向发展，但依然存在一些令人不安的问题，首先，主要政党之间仍不时发生暴力冲突事件。另外，主要政党之间的博弈也可能会波及在建大型项目的进度。其次，根深蒂固的政治诟病，如腐败、低效行政等问题，可能在短时间内无法根除，严重阻碍了孟加拉国政治生态的良性发展。再次，国际环境对孟加拉国的经济发展的影响举足轻重，美国是孟加拉国最重要的贸易伙伴，但随着美国贸易保护主义势力抬头，很可能对孟加拉国持续增长的出口贸易造成影响。还有，随着孟加拉湾国际战略地位的上升，孟加拉国有可能会沦为大国博弈的舞台，增加孟加拉国国内的政治风险。最后，虽然中东伊斯兰国家动荡的局势与孟加拉国没有直接关系，但同为伊斯兰世界的孟加拉国势必会受其影响，任何突发事件都可能对正在起步而依然脆弱的孟加拉国政治生态造成严重破坏。

第二节　孟加拉国宏观经济形势

自 20 世纪 80 年代中期以来，孟加拉国开始实施以市场为导向的自由经济增长战略，并在 90 年代初期加大这一战略的实施力度，全面修订工业贸易政策，推动贸易、投资自由化进程，加强对民营企业发展的支持，大力改善基础设施，国内经济环境大为改观。近年来，在纺织品出口增加、公共投资增加及侨汇收入大量流入的背景下，孟加拉国经济一直保持 6% 以上的增速（见表 1-6）。经济的快速增长使孟加拉国在 2015 年达到中低收入国家水平，国民贫困率在 2017 年降低到 14.8%。根据亚洲开发银行的调查，2018 年孟加拉国 GDP 总量已达到 2850 亿美元，人均 GDP 突破了 1700 美元，经济增长率高达 7.9%，预计 2019 年经济增长率将达到 7.20%。[①]

---

① 亚洲开发银行（https：//www.adb.org/countries/bangladesh/economy#tabs-0-0）。

2018 年，联合国发展政策委员会正式向孟加拉国发出确认函，确认孟加拉国将从最不发达国家进阶到发展中国家行列，如果孟加拉国能在 2021 年第二次审议时仍符合联合国制定的三个标准——人均国民总收入、人力资产指数、经济脆弱性指数中的至少两项，孟加拉国将在 2024 年正式摆脱"最不发达国家"的称号。凡此种种，预示着孟加拉国宏观经济正趋于乐观。

表 1-6　　　　　　　　孟加拉国 2011—2016 年宏观经济基本概况

年份	实际 GDP（万亿塔卡）	名义 GDP（万亿塔卡）	人均 GDP（万塔卡）	人均收入（万塔卡）	经济增长率（％）
2011—2012	6.88	10.55	6.96	7.55	6.32
2012—2013	7.3	11.99	7.8	8.43	6.18
2013—2014	7.74	13.44	8.63	9.2	6.1
2014—2015	8.25	15.16	9.6	10.22	6.55
2015—2016	8.84	17.33	10.84	11.46	7.1
2016—2017	9.48	19.76	12.22	12.74	7.28

资料来源：孟加拉国统计局（http：//bbs. gov. bd）。

一　孟加拉国产业环境概况

产业结构是一个国家经济发展现状的关键指标，直接反映一个国家发展的动力，决定国家未来发展的潜力和空间。多年来，孟加拉国正低水平缓慢地由农业社会向工业社会演进，产业结构逐渐调整，农业产值占 GDP 的比重呈逐年下降趋势，从 2008 年的 18.7% 下降到 2017 年的 14.7%。工业产值占 GDP 的比重呈逐年上升趋势，从 2008 年的 26.1% 提升至 2017 年的 32.4%。服务业产值在三大产业中的比重一直是最高，虽然在近年来有小幅下降趋势，从 2008 年的 55.20% 下降到 2017 年的 52.90%，但其总量仍然占绝对优势，对国家 GDP 贡献率仍旧保持在 50% 以上（见图 1-1）。

农业对于孟加拉国就业、减贫和粮食安全、国民经济增长等都有

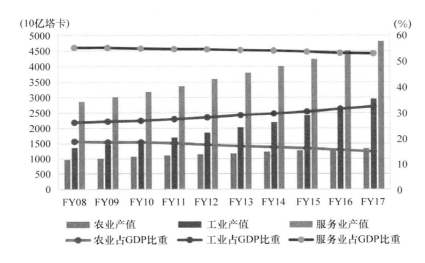

图 1 - 1　孟加拉国 2008—2017 年产业结构基本概况

数据来源：孟加拉国银行（https：//www. bangladesh-bank. org/）。

着重要影响，目前孟加拉国农业人口占总人口的 80%，占劳动力人口的 62%，全国大约 85% 的贫困人口生活在农村地区，主要包括农林业和渔业。从农林资源来看，孟加拉国属于热带季风气候，湿热多雨。全年分为三个季节——冬季（11 月至 2 月）、夏季（3 月至 6 月）和雨季（7 月至 10 月）。年平均气温为 26.5℃，冬季是一年中最宜人的季节，夏季平均最高气温 34℃，冬季平均最低气温 11℃。雨季降水量为 1194—3454 毫米，占全年雨量的 85%，由于雨季降雨量集中，孟加拉国经常遭遇洪涝灾害。孟加拉国国土面积约 14.7 万平方公里，其中耕地占国土总面积的 70% 左右，而且 80% 以上的耕地主要种植水稻，因此，孟加拉国也被称为"南亚粮仓"（见表 1 - 7）。孟加拉国国内永久牧场占国土面积的 4.6%，森林和林地占国土面积的 14.3%。

　　另外，孟加拉国在高附加值农作物、水果及花卉的种植方面具有相对优势，粮食作物主要有水稻、小麦、豆类、油菜籽、马铃薯、甘薯等，其中高质量大米出口到欧盟和美国市场，孟加拉国是世界上第二大黄麻生产国和第一大黄麻出口国，年均产量在 90 万吨左右，素有"黄麻之国"的美称。由于孟加拉国不仅拥有漫长的海岸线，而且内陆河流密布，水产品资源丰富，具有渔业捕捞和水产养殖的天然优势。根据孟渔业部门的数据，孟加拉国共拥有 260 种淡水鱼、475 种海鱼、24 种淡水虾、36 种海虾和 12 种外来鱼，全国 60% 的动物蛋白摄取依靠水产品。2017 年渔业产值达到 328.8 亿塔卡，首次突破 300 亿塔卡，解决了全国约 10% 的人口就业。孟加拉国约有 130 万渔民，1470 万鱼虾养殖户。水产品出口直接关系近 120 万人的生计，约 480 万人间接依靠该行业生活。水产品为孟加拉国主要出口产品之一和优先发展产业之一。自 2009 年以来，孟水产品出口稳步增长。2014—2015 年，水产品出口约 8.4 万吨，总计 466 亿塔卡（约合 5.8 亿美元）。孟加拉国政府对水产业的发展目标定位为提高水产品资源和产量，通过创业减贫，提升渔民的社会经济地位，满足国内巨大的动物蛋白摄入需求和出口创汇，并为水产品提供 10% 出口补贴。

表 1-7 孟加拉国农业基本概况（2017 年）

类别	数量/面积
农业家庭数量	1518 万个
非农业家庭数量	1351 万个
人均耕作面积	0.06 公顷
总作物面积	793 万公顷
净作面积	152 万公顷
平均每户种植面积	0.56 公顷
作物密度	192%
灌溉率	86.52%

资料来源：中华人民共和国驻孟加拉人民共和国经济商务参赞处（http://bd.mofcom.gov.cn/article/ztdy/?）。

孟加拉国工业主要分为采矿和采石、制造业、电力、天然气、水供应和施工，其中占比最高的是制造业，其次为施工业，工业也是三大产业中近年来唯一呈上升趋势的产业。制造业以原材料工业为主，包括纺织服装业、化肥业、水泥业、黄麻及黄麻制品业、皮革及皮革制品业、食品加工业、糖业、天然气开采、加工业以及茶业等。其中，纺织服装业发展最为迅速，目前已成为孟加拉国最主要的工业和出口产业，约有 500 万人从事服装行业，其中女性从业人员超过 80%。服装业是孟加拉国创汇额最大的产业。2017 年，孟加拉国成衣出口额达 281.5 亿美元，占孟加拉国总出口总额的 80%以上。目前，孟加拉国是全球牛仔服装主要生产国，年产量约为 2亿件，主要出口至欧美市场。据孟加拉国官方统计，孟加拉国拥有2000 多家纺织厂，6000 多家成衣加工厂，成为仅次于中国的全球第二大纺织品出口国。

纺织服装业是孟加拉国银行、保险、航运业的主要客源，并带动了运输、饭店、美容、化妆品及其他相关行业，提供了纺织服装及机械配件业约 80 万个工作机会，资源回收业约 20 万个工作机会。但整体上孟加拉国工业落后，产业结构不合理。重工业微不足道，制造业主要集中于劳动密集型产业，据统计，孟加拉国约有 4000 家小型轻工企业，年产值约 1.2 亿美元，生产近 1 万种产品，产品种类包括：进口替代用机器备件、机器及零部件、小型工具、玩具、消费品、纸产品及自行车等，但以技术密集为特征的产业结构远未形成。因此，工业化仍是孟加拉国政府当前一项非常重要的任务，为了吸引外国投资、推进实施工业化政策、实现到 2021 年孟加拉国成为中等收入国家的目标，孟加拉国政府于 2016 年制定新的工业化政策。在新制定的孟加拉国工业化政策中，优先发展的行业包括：农业、食品和食品加工业、信息通信技术和软件业、皮革和皮革产品业、黄麻和黄麻制品业、成衣业、制药业、塑料业、造船业、服务业等。

服务业在孟加拉国国民经济中占有重要地位，近十年比重一直超过五成，主要分为九大类，包括酒店餐厅、运输、通信、金融中介、房地产等。虽然近年来其增长速度有所放缓，但服务业在孟加拉国民经济中的主体地位短期内不会动摇。就服务业内部结构而言，据孟加拉国银行统计，在国民生产总值中占比最高和增长速度最快的是批发零售业，其产值从 2010 年的 812.2 亿塔卡增至 2017 年的 1274.2 亿塔卡；其次是运输和通信行业，其产值从 2010 年的 640.1 亿塔卡增至 2017 年的 1024.6 亿塔卡。①

二 孟加拉国的贸易状况

孟加拉国实行自由市场经济，贸易在国民经济中的地位举足轻重，其 GDP 的 50% 来自于贸易。从贸易量来看，受全球贸易形势好转及国际油价回升，近年来孟加拉国实现进出口双增长，但进口增速远高于出口增速，贸易逆差大幅走扩。2017 年，孟加拉国出口总额达 391.61 亿美元，较 2016 年增加了 3.98%；进口总额达 568.20 亿美元，较 2016 年增加 17.96%，显著高于出口增速。受此影响，孟加拉国贸易逆差大幅走扩至 176.59 亿美元，较 2016 年增加 68.10%（见图 1-2）。

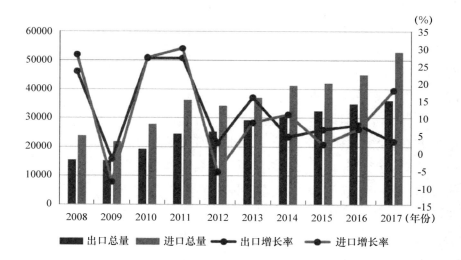

图 1-2 孟加拉国 2008—2017 年进出口贸易结构基本概况

资料来源：联合国贸易发展委员会（UNCTAD）（https：//unctadstat. unctad. org/CountryProfile/GeneralProfile/en-GB/050/index. html）。

---

① 孟加拉国银行（https：//www. bangladesh-bank. org/）。

　　从进出口贸易的商品结构来看，孟加拉国主要出口商品为成衣、黄麻及黄麻制品、皮革及皮革制品、冷冻鱼虾、家用纺织品、医药产品等。从近三年孟加拉国主要出口产品种类及占比可以看出，孟加拉国主要出口商品的出口量中80%以上为服装产品，主要是成品服装，据联合国贸发会统计，仅2017年孟加拉国的成品服装出口总额就达281.4亿美元，占出口总量的80.80%。近年来，随着成品服装生产率水平的提高和产品升级，更多的高附加值产品随之出现，其对孟加拉国出口的影响日益增强。孟加拉国主要进口商品为棉花及棉纱线、锅炉、机械设备和零部件、矿物燃料和矿物油、钢铁、机电设备、塑料及其制品、动植物油及分解产品、谷物、机动车、船舶等，相比出口产品呈现的单一化，孟加拉国主要进口商品种类分布较为均匀，从日常生活用品到核反应堆均有进口产品。其中占比较高的为各种棉类，而且在近三年（2015—2017年）占比小幅上升。同时，由于孟加拉国近年来加大基础设施建设的力度，所以其设备进口有较明显增长，需要进口设备的产业主要集中在电力行业、服装行业和制药行业等。（见表1-8）

表1-8　　　　　　　2015—2017年孟加拉国进出口商品结构

主要进口商品及占比					
主要商品	2017年		2016年		2015年	
	总量（百万美元）	占比（%）	总量（百万美元）	占比（%）	总量（百万美元）	占比（%）
棉（各类）	6099.3	15.1	5397.8	14.7	5397.8	14.4
核反应堆、锅炉、机械	5089.6	12.6	3495.8	9.5	3495.8	9.3
矿物燃料	3525.6	8.7	4399.7	12	4399.7	11.8
电机设备	2075.5	5.1	2135.9	5.8	1934.4	5.2
钢铁	2109.7	5.2	1934.4	5.3	2135.9	5.7
塑料及其制品	1701.2	4.2	1614.8	4.4	1614.8	4.3
动物油脂	1520.1	3.8	1597.4	4.3	1597.4	4.3
谷物	1300.4	3.2	928	2.5	1688.1	4.5

续表

主要出口商品及占比						
主要商品	2017 年		2016 年		2015 年	
	总量（百万美元）	占比（%）	总量（百万美元）	占比（%）	总量（百万美元）	占比（%）
车辆	1374.7	3.4	1688.1	4.6	928	2.5
针织衣物	7956.2	46.9	7715.5	46.5	7516.3	46.8
机织服装	6296.8	37.1	6653.7	37.5	5820.9	36.2
黄麻及其制品	640.8	3.8	594.5	3.6	530.5	3.3
皮革及其制品	541.2	3.1	593.7	3.3	588.9	3.7
鱼、虾	314.5	1.9	304.2	1.8	340.9	2.1
家纺	256.5	1.5	279.7	1.7	306.7	1.9
蔬菜制品	83	0.5	95.9	0.6	159.1	1
医药产品	60.2	0.4	49.4	0.3	45.9	0.3
塑料及其制品	50.13	0.3	41.6	0.3	48	0.3

资料来源：联合国贸易发展委员会（UNCTAD）（https：//unctadstat. unctad. org/CountryProfile/GeneralProfile/en-GB/050/index. html）。

从贸易的地域结构上看，孟加拉国前十大商品出口市场主要集中在欧洲及北美市场，包括德国、美国、英国、西班牙、法国、意大利、加拿大、中国、荷兰和日本，此前亚洲只有日本排在前十，但 2017 年中国一跃成为孟加拉国第八出口市场。近年来，孟加拉国政府意识到，由于产业结构的差异，如果出口一直集中在发达国家在未来可能会存在风险，因此近年来积极开拓周边市场，大力发展以中国、印度、东盟为主的发展中国家市场。从孟加拉国的进口市场来看，排在前十的大宗商品进口来源地主要是中国、印度、新加坡、日本、韩国、巴西、印尼、美国、马来西亚和中国香港。从双边贸易来看，美国之前在总量上一直都是孟加拉国最大的贸易伙伴国，但近年逐渐被中国取代。可能原因有：一是美国经济持续低迷，国内需求较低；二是美国并没有给孟加拉国进口产品优惠政策；三是美国的贸易保护主义势力抬头；四是东盟其他新兴经济体对其产

生的影响，如越南、缅甸。值得注意的是，印度作为孟加拉国第二
大进口国仅次于中国，近年来增长迅速，尤其是印度实行税法改革
以来，孟加拉国主要出口产品——成品服装价格优势凸显，因此出
口量大幅增加。（见表1－9）

表1－9　　　　　　　　**2017年孟加拉国进出口主要对象国**　　　（单位：百万美元）

排名	出口国	出口额	进口国（地区）	进口额
1	德国	3913.00	中国	10193.80
2	美国	3838.00	印度	6146.20
3	英国	2594.00	新加坡	2447.00
4	西班牙	1552.00	日本	1735.20
5	法国	1551.00	韩国	1277.50
6	意大利	1216.00	巴西	1181.30
7	加拿大	768.00	印度尼西亚	1149.90
8	中国	750.00	美国	1130.60
9	荷兰	716.00	马来西亚	1056.40
10	日本	670.00	中国香港	912.70

资料来源：联合国贸易发展委员会（UNCTAD）（https：//unctadstat. unctad. org/CountryProfile/
GeneralProfile/en-GB/050/index. html）。

三　孟加拉国的投资环境

孟加拉国奉行投资自由化政策，鼓励私人投资和外商投资，
是南亚地区投资政策最自由的国家之一。从政策法律和税收体系
来看，孟加拉国政府长期致力于为外商营造健康稳定的营商环境，
赴孟投资不仅手续简单，而且对外国投资提供一系列税收减免政
策，对部分行业投资企业的产品出口还给予一定的现金补助。（见
表1－10）

表 1-10   孟加拉国外商优惠政策

投资优惠政策	外汇优惠政策	地区优惠政策
特定地域、行业投资享受5—7年的所得税减免，基础设施投资可享受最高十年所得税减免； 新设立企业建厂和机器成本可享受快速折旧法，替代减免税期； 根据双边税务条约，避免双重征税； 进口资本设备享受关税优惠（出口导向性企业为1%，其他企业为3%）； 出口导向型企业，进口原材料享受关税优惠； 提供报税仓库便利，对特定产品出口提供5%—20%比率不等的现金鼓励和出口补贴； 外商企业可享受出口促进基金，出口信贷担保，出口导向型企业产品的20%可本国销售； 特许权使用费、技术转让费和技术服务费收入可汇出； 投资额超过7.5万美元，可申请永久居留，超过50万美元，可入籍。	1. 出口商的年外汇留存率被重新确定为FOB价所得的40%；进口成分比例大的出口商品（如沥青、成衣、电子产品），外汇留存率为FOB价所得的7.5%。服务业的外汇留存率为5%。 2. 出口商可将外汇额度储存在有外汇经营权的孟加拉国银行开立的账户里。可开立的外汇账户有美元、英镑、德国马克、日元。存在账户里的外汇可作商业用途，如出国商业考察，参加交易会和研讨会，进口原材料、机械和零件等。也可用作在其他国家设立办事处。	1. 达卡、吉大港行政区（除达卡市、纳拉扬甘杰市、加济普尔市、吉大港市、兰格马蒂市、班达班市、科格拉焦里市外），享受5年所得税减免，分别为前两年减免100%，第三年减免60%，第四年减免40%，第五年减免20%； 2. 拉杰沙希、库尔那、希莱特、巴里萨尔和兰普尔行政区（市政公司管辖范围除外），以及兰格马蒂市、班达班市和科格拉焦里市，享受十年税收减免，分别为前两年减免100%，第三年减免70%，第四年减免55%，第五年减免40%，第六年减免25%，第七至第十年减免20%。

资料来源：商务部国际贸易经济作研究院、中国驻孟加拉国大使馆经济商务参赞处、商务部对外投资和经济合作司：《对外投资合作国别（地区）指南（孟加拉2018）》。

在金融环境方面，孟加拉国金融体系比较健全。从银行体系看，孟加拉国银行作为孟加拉中央银行，主要业务是发行货币，保持货币储备和稳定币值，并向其他银行提供信贷，制定和执行国家货币政策，管理全国银行业，控制全国金融机构，出版国家经济统计资料等。据孟加拉央行统计，目前孟加拉共有56家银行，可分为国营商业银行、国营专业银行（Specialized Banks）、民营银行、伊斯兰银行（Islamic Shariah Banks）和外资银行等。孟加拉国共有四家国营商业银行，分别为索纳里银行（Sonali Bank）、贾纳塔银行（Jana-ta Bank）、阿格拉尼银行（Agrani Bank）和鲁帕里银行（Rupali Bank）。同时，孟国政府有五家国营专业银行，分别是 Karmasangsthan Bank、Bangladesh Krishi Bank（BKB）、Probashi Kallyan Bank（PKB）、Rajshahi Unnayan Bank（RUB）和 Bangladesh Development Bank Ltd.（BDBL），旨在协助政府执行产业与区域发展过程中所产生的特殊融资需求，通常带有政策性目的，如农业或工业的资金扶助与辅导措施。民营银行数量近 40 家，其中规模较大的有 AB Bank、Bank Asia、BRAC Bank、Dutch-Bangla Bank、Eastern Bank 等，伊斯兰银行规模比较大的有 Islami Bank Bangladesh、Shahjalal Islamic Bank、Al-Arafah Islami Bank、First Security Islami Bank 等。外资银行有花旗（Citibank）、渣打（Standard Charted）、汇丰（HSBC）、韩国的友利银行（Woori Bank）、印度国家银行（State Bank of India）和斯里兰卡的 Commercial Bank of Ceylon。近年来，孟加拉国银行业资本充足率常年保持在 10% 左右水平，不良贷款率逐年攀升，盈利水平逐年下降，其发展的滞后已逐渐成为制约孟加拉国国民经济发展的瓶颈之一。2018 年，孟加拉国银行业整体表现欠佳，众多上市银行 2018 年底分红大幅低于预期，部分上市银行甚至无分红，4 家国有商业银行净利润同比也均大幅下降。孟加拉国央行数据显示，2018 年孟银行不良贷款额为 9391.1 亿塔卡，同比增长 26.39%，创 7 年来新高。不良贷款占银行总贷款额的 10.30%，2017 年为 9.31%，国有银行的不良贷款率成为严重侵蚀国有和私营银行盈利能力的主要因素。自 2017 年下半年起，孟加拉银行为追求高盈利不断扩大放贷规模，20 余家私营银行存贷比（Advance-Deposit Ratio）已超孟央行规定的 85% 上限，部分银行已超 90%，银行储户面临巨大风险，也增大了孟加拉国银行业的系统性风险。

从资本市场来看，近些年来证券交易在孟加拉国的金融体系中的地位也越来越重要。孟加拉国现有两大证券交易所——达卡证券交易所和吉大港证券交易所，拥有股票、债券、共同基金以及场外市场等。达卡证券交易所历史可追溯到 1954 年，是孟加拉国最主要的证券交易所和世界交易所联合会正式会员，截至 2017 年底，达卡交易所上市公司 303 家，上市公司总市值 440 亿美元。吉大港证券交易所成立于 1991 年，但其仅占孟加拉国资本市场份额的 5%。两大证券交易所的交易都以股票市场为主，占全部交易金额的 98.63%。此外，孟加拉国正在研究推出衍生产品。从交易金额来看，散户投资者占 85%，机构投资者占 15%，其中境外投资者占 5%，普通民众对参与证券市场态度较为积极。就达卡交易所而言，其上市公司按市值划分前三位的行业板块分别是金融业（23.43%）、制药行业（16.61%）、电信行业（13.85%），按交易金额划分前两位分别是制药行业（25%）和金融业（14%），其债券市场起步晚基础较为薄弱，截至 2017 年 6 月底，共有 221 只国债，8 只信用债和 2 只公司债在达卡交易所上市，但多数产品尚不能交易。

从基础设施环境来看，水、电、气、路、电讯等各类基础设施薄弱是孟加拉国吸引外资的主要障碍之一，孟加拉国水、电、气供应严重不足，停水断电现象较为普遍，目前，全国尚有 20% 的人口未实现电力覆盖，工农业生产对于电力需求十分强劲，电力仍然是孟加拉国政府重点发展的行业。据调研显示，很多外资企业往往选择自己购买燃油、天然气动力发电机以维持自身电力供应，并申请在厂区内打凿深水井以确保供水。孟加拉国落后的交通设施早已名声在外，其首都达卡市内截至目前（2019 年 5 月）通勤尚无轨道交通，道路拥挤不堪，2017 年世界银行报告称，由于交通堵塞，达卡居民每年浪费 380 万小时的工作时间，达卡地区每年因拥堵造成 3700 亿塔卡的损失，相当于国家预算的 11%。孟加拉国公路局公开数据显示，截至 2017 年底，全国公路总里程为 21302 万公里，其中国家级公路 3813 公里，地区公路 4247 公里，乡村路 13242 公里。铁路方面，孟加拉国境内现有铁路 2884.67 公里，运营里程 2655.93 公里。孟加拉国铁路局划分为东区（East Zone）和西区（West Zone），东区现有铁路 1390.78 公里，主要使用米轨标准，仅达卡至吉大港 119.45 公里铺设套轨，其余 124.8 公里正在扩建套轨。西区米轨线路 531.15 公里、宽轨线路 682.19 公里、套轨线路 280.55 公里。在跨国铁路方面，孟加拉国首都达卡至印度加尔各答铁路已开通，孟加拉国西北罗洪布尔、东北贝纳波尔也有铁路与印度连接。在航空方面，孟加拉国是国际民航组织成员，现有在使用中的机场共 8 个，其中 3 个国际机场（达卡、吉大港、锡莱特），2 个国内机场。

概言之，孟加拉国宏观经济环境的主要特征有：一是孟加拉国属于内需型经济体，消费是孟加拉国经济的主要驱动力，近年来消费占 GDP 比重均保持在 75% 左右，产业结构分布总体稳定，但有待升级优化；二是孟加拉国贸易正逐年攀升，但严重受累于国内产业结构，贸易逆差较大；三是受制于薄弱的基础建设，孟加拉国的投资环境受到国际社会的严重质疑。就经济环境而言，近年来孟加拉国政局一直较为稳定，国家竞争力有所提升，人均 GDP 有所增加。在大量国际多边组织援助及优惠贷款的帮助下，孟加拉国经济一直保持稳定的高速增长，通胀压力有所缓解，并有望持续降低。政府财政虽处于赤字状态，但赤字水平较低，且政府债务水平较低，并呈下降趋势；外债水平较低，经常账户和外汇储备对外债具有较强的保障能力；本币塔卡未来贬值压力较小，对外债偿还影响不大。整体经济环境正持续向好，但要实现经济长期稳定增长，孟加拉国的营商环境也亟待改善，在世界银行发布的《2019 年营商环境报告》中，孟加拉国在 190 个国家和地区中排名第 176 位，经商便利指数为 41.97，排在印度（67.23）、斯里兰卡（61.22）和巴基斯坦（55.31）之后，且低于南亚国家的平均水平（56.71）。

第三节　孟加拉国的社会文化

孟加拉国作为一个多民族国家，主体民族孟加拉族大约占人口总数的98%，主要分布在沿海一带以及内陆的平原地区，其余20多个少数民族主要居住在山区。国民宗教信仰主要有：伊斯兰教、印度教、基督教和佛教等，其中信奉伊斯兰教的人口占88.3%，信奉印度教的占10.5%，信奉佛教的占0.6%，信奉基督教的占0.3%。在社交场合，男人间见面时，一般都以握手为礼，男人与女人相见时，一般都习惯用点头示礼，男人一般不主动与女人握手。孟加拉国的佛教徒与客人相见时，习惯施合十礼，客人也应双手合十还礼，以示尊重。孟加拉国忌讳拍打他人后背，认为这是一种极不礼貌和不尊重人的表现，对不经同意就给他们拍照的做法也很反感。孟加拉国人忌讳左手传递东西或食物，认为左手肮脏，认为13是个消极的数字。孟加拉国的伊斯兰教徒恪守禁酒的教规，也禁食猪肉和使用猪制品甚至忌讳谈论有关猪的话题。[1]

一 孟加拉国的民族与宗教概况

孟加拉国主体民族——孟加拉族（Bangali）是南亚次大陆最古老的民族之一，最早起源于该地区的"文伽"（Vanga）先民部落，属于欧罗巴人种中的印度地中海类型，之后经过蒙古人、雅利安人的入侵与融合，逐渐发展成为今天的孟加拉人。孟加拉族作为一个民族正式形成于12—14世纪，并在13世纪改信伊斯兰教，16世纪孟加拉族所在的区域发展成为南亚次大陆上人口最稠密、经济最发达、文化繁荣的地区。如今，由于孟加拉族在孟加拉国占有绝对优势，因此，某种程度上孟加拉国也相当于一个孟加拉族的同质社会。[2]

比哈尔人（Bihari）是对孟加拉国境内非孟加拉族穆斯林的总称，严格意义上比哈尔人并不是一个民族，只是对从印度迁入的非孟加拉族穆斯林、阿拉伯穆斯林后裔以及从其他伊斯兰国家迁移到

---

① 参见中华人民共和国驻孟加拉大使馆官方网站（http：//bd. china-embassy. org/chn/mgxx/gk/t811818. htm）。

② 参见张四齐《孟加拉民族宗教概况》，《国际资料信息》2003年第7期。

孟加拉来的穆斯林总称。他们通常使用乌尔都语，在孟加拉国独立之前，比哈尔人文化水平整体上高于孟加拉族人，而且通常生活在比较富庶的地区，因此，一直占据孟加拉国的上流社会，但因为比哈尔人在孟加拉国独立战争期间支持巴基斯坦，导致他们在孟加拉国建立后受到严重排挤。[①] 目前，比哈尔人在孟加拉国的地位和处境几近难民，其可能会成为滋生社会矛盾和恐怖主义的源头之一。

朱玛人（Jumma）是查克玛人（Chakma）、马尔玛人（Marma）、提普拉人（Tipra）等 13 个吉大港山区部族的总称。从朱玛人的族源看，他们属于原始蒙古人的后裔，语言上属汉藏语系藏缅语，因此与孟加拉族在长相和语言上形成鲜明对比。地域上，朱玛人分布于孟加拉国的东部、东南部和北部的山区，其宗教信仰、语言文化、风俗习惯与孟加拉族明显不同。在语言上，朱玛人用缅语书写，用孟加拉语、巴利语和梵语三种语言的混合语作为口语交流。宗教信仰上几乎全部信仰佛教。[②] 齐亚·拉赫曼执政期（1977—1987）为推进朱玛人的民族同化工作，同时降低孟加拉国的人口密度，用土地和现金奖励支持孟加拉人迁移到吉大港山区，因此，导致 6 万多朱玛人土地、住房被抢占而流离失所。[③] 目前，大约有 80 万的朱玛人生活在孟加拉国，其中查克玛人（Chakma）占比超过一半，由于他们人数较多，生产方式和文化教育事业也比其他山区部族较先进，在山区事务中起着举足轻重的作用。[④]

尽管孟加拉国是伊斯兰教国家，伊斯兰教被确定为孟加拉国的国教，但孟加拉国宪法规定保护公民宗教信仰的充分自由，政府还强调把不同宗教间的和平共处作为社会和经济发展的前提。因此，

---

① 参见陈小萍《孟巴关系中的比哈尔人问题》，《南亚研究季刊》2011 年第 3 期。

② 参见［孟］赛义德·阿齐兹·阿桑、布米特拉·查克马《孟加拉的民族一体化问题——以吉大港山地为例》，马宁译，《民族译丛》1992 年第 4 期。

③ 参见陈松涛《孟加拉国的人口流动问题》，《东南亚南亚研究》2015 年第 2 期。

④ 参见张四齐《中国周边民族宗教概况（专题之十一——孟加拉民族宗教概况）》，《国际资料信息》2003 年第 7 期。

孟加拉国的宗教问题并不复杂，基本上不存在宗教对立。

穆斯林在孟加拉国作用特殊，既是各政党争夺执政权的重要筹码，又是其执政党争取伊斯兰世界的重要工具。公元 13 世纪以来，伊斯兰教开始在孟加拉国广泛传播，目前，孟加拉国已是世界上第三大伊斯兰教国家，其穆斯林人口数量仅次于印度尼西亚和巴基斯坦，虽然伊斯兰教不是孟加拉国政治发展的决定性变量，但它无疑已经深植于孟加拉国人民的文化和生活中。从孟加拉国伊斯兰教的信仰派别来看，基本上分为三个派别，其中绝大多数属于逊尼派，尤其以哈乃斐教法学派的信奉者居多。其次，什叶派在孟加拉国虽然人口数量不多，但其影响力却不容忽视，孟加拉国的什叶派穆斯林以十二伊玛目派和伊斯玛仪勒派为主，他们主要居住在城区，以社区小团体为主，与逊尼派时有冲突，并对逊尼派有一定的影响力，在孟加拉国的宗教事务中也能够发挥一定的作用。另外，孟加拉国还有一定数量信奉神秘主义的苏菲派穆斯林，他们是孟加拉国改宗活动的主要促成者。苏菲派从 20 世纪 80 年代后期开始在孟加拉国广泛流传，主要教团有卡迪里、纳卡斯班迪、契斯提等，其中卡迪里和纳卡斯班迪教团的教义和仪式与正统的伊斯兰教非常接近。契斯提教团创立于印度西北部的阿杰梅尔市，是南亚次大陆所特有伊斯兰教团，在宗教仪式中存在着大量的非正统东西，因此，他们遭到正统的伊斯兰教的排斥，而且他们没有办事机构，不能够作为一个团体正常地发挥作用。[①] 近年来，随着全球宗教激进主义的抬头，宗教极端主义的恐怖主义活动趋势增强，在某种程度上也增加了孟加拉国的政治风险。

印度教是孟加拉国的第二大宗教，孟加拉国宗教事务部下设立的印度教事务管理委员会是孟加拉国印度教徒的主要负责机构，目前，在孟加拉国的印度教大致分别属于毗湿奴派、湿婆派、性力派三个派别，他们崇拜的保护神分别是毗湿奴、毁灭神湿婆和湿婆之

---

① 参见张世钧《孟加拉国政治现代化进程中的民族与宗教问题》，《西南民族大学学报》（人文社会科学版）2008 年第 6 期。

妻乌玛。从地域分布上看，孟加拉国的印度徒几乎遍布各个地区，相对比较集中的地区有库尔纳、杰索尔、法里德普尔、巴里萨尔等地。从人口数量来看，印巴分治前夕，印度教徒占孟加拉国总人口的28%，1951年减少到22%，1961年进一步减少到18%，1974年减少至13.4%，以后逐年递减。目前，印度教徒约占孟加拉国人口总数的10%。历史上，受宗教民族主义的影响，在孟加拉国的印度教徒多次受到宗教激进主义者荼毒，较为严重的是，1992年印度巴布里清真寺事件之后，孟加拉国境内的200多座印度教神庙被摧毁，大批印度教徒遭到攻击。另外，在南亚次大陆上每一次发生印度教徒与穆斯林之间的冲突时都会引发印度与孟加拉国边界地区印度教徒的流动。值得注意的是，印度教徒在孟加拉国的文学和艺术领域的贡献远远超出其人口在孟加拉国所占比重，涌现出众多杰出人物。近年来，孟加拉国的印度教徒在政治上一直主张自由，支持孟加拉国人民联盟以及民族社会党等左翼政党的开明而世俗的意识形态。因此，近年来在孟加拉国的印度教徒的社会地位也得到逐渐改善。

孟加拉国原本是南亚盛极一时的佛教中心，在公元8—13世纪，其影响范围曾波及尼泊尔、中国西藏和蒙古地区，以及东南亚各国。但13世纪以来，随着穆斯林的入侵和印度佛教的式微，孟加拉国佛教也逐渐湮灭。直至18世纪，居住在吉大港山区的朱玛人开始复兴孟加拉佛教，并派遣一部分僧人至缅甸礼佛求学。目前，孟加拉国信奉佛教的人口有80余万，主要集中在吉大港地区，以大乘佛教和部落崇拜为信仰主体。朱玛人自称是古释迦族人，因此，绝大多数朱玛人信奉佛教。如今，除了在吉大港有几座大型寺院外，几乎每一个朱玛人的村庄都有一所小型寺庙，寺庙既是朱玛人的敬神场所，又是村庄里的学校，还是村民社会活动的中心，在朱玛人心中的地位至高无上。在孟加拉国的历史进程中，佛教徒总体上是一个比较温和的团体，除了2012年10月因一张疑似被佛教徒焚烧的《可兰经》照片被上传到网络，激怒附近数千名穆斯林，他们纵火焚烧了多间佛寺并捣毁佛像，致部分佛教徒受伤，而引发了伊斯兰教徒与佛教徒之间的宗教冲突之外，很少有佛教徒参与的大规模冲突事件。但随着孟缅边境信奉伊斯兰教的罗兴亚人问题的日益突出，孟加拉国穆斯林与佛教徒的冲突也值得高度警惕。

另外，伴随西方殖民者的到来，基督教也在新航路开辟之后传入孟加拉国，目前，孟加拉国大约有 60 万基督教徒，约占孟加拉国总人口的 0.3%，其中以天主教为主，约 40 万人，除此之外还有新教和浸礼教两个教派的信众。目前，孟加拉国天主教会有 6 个主管教区，分别在达卡、吉大港、迪纳杰布尔、库尔纳、米门辛格和拉杰沙希。① 社会事务方面，孟加拉国的基督教徒通常拥有许多教育、医疗和福利机构及组织，因此，他们一般享有较好的教育机会和较高的生活水准，一直以来都倾向于从事带有慈善性质的工作，近年来，每当在孟加拉国海岸地区发生洪涝和飓风灾害之时，都可以看到基督教团体援助的身影。他们以弱势群体为服务对象，对孟加拉国的社会和文化生活影响较为深远。尽管如此，在孟加拉国基督徒也经常遭受歧视，尤其是涉及土地所有权争议之时，基督教徒时常受到其他宗教徒的暴力驱逐。为改善非穆斯林的地位，20 世纪 80 年代以后，孟加拉国政府逐渐放弃了对基督教会和基督教团体正当的宗教活动的限制，近年来，孟加拉国教会学校、教会医院的情况大有好转，基督徒的活动范围也明显扩大。

二 孟加拉国的教育与医疗概况

教育方面，孟加拉国学制分为小学（5 年）、中学（7 年）、大学（4 年）三个阶段。政府重视教育发展，尤其是女性教育，规定八年级以下女生享受免费义务教育。教育资源方面，截至 2017 年底，孟加拉国有 31 所国立大学、56 所私立大学、2 所国际大学、13 所国立医学院、3192 所普通学院、77 所工艺学校、8410 所伊斯兰学校、64 所专业培训学院、17386 所中学和 78000 所小学。主要高

---

① 参见张汝德《当代孟加拉国》，四川人民出版社 1999 年版，第 23—38 页。

校有达卡大学、孟加拉工程技术大学、拉杰沙希大学等。达卡大学是孟加拉国最古老的大学，由英属印度政府于 1921 年创立，达卡大学以牛津剑桥的教育模式为模板，并一度被称为"东方牛津"，对孟加拉国的发展有着重要影响。根据世界银行统计，截至 2017 年，孟加拉国学生入学率已经达到 100%，并且基本实现教育性别平等目标，这主要得益于孟加拉国政府近年来实施的"全民教育工程"（the Education for All Projects）。虽然孟加拉国在入学率上基本实现了全民平等，但家庭经济收入直接决定了学生的教育体系和教育分层，一般而言，家庭经济能力较弱的入学儿童往往被迫选择宗教学校或政府学校，而家庭条件较好的入学儿童则倾向于选择私立学校。同样，私立大学的学生也往往是高收入家庭的孩子，贫困家庭和中产阶级家庭的孩子则主要进入了公立大学。

　　除普通教育外，孟加拉国政府近年来高度重视国家职业教育发展，试图通过提高技术员工的职业技能来提升人力资源价值，以更大空间释放人口红利。2007 年孟加拉国启动了职业教育和培训的改革（TVET Reform Project），2008 年设立国家技术开发理事会（National Skills Development Council，NSDC）负责统筹管理全国职业教育和培训，由哈西娜总理亲任主席，成员包括来自孟加拉国政府各部委的负责人以及各行业的代表。经过近十年的发展，目前，孟加拉国已基本建立与市场需求相贴近的职业教育和培训体系。截至 2015 年末，孟加拉国已有 5790 所职业技术教育和培训机构，其中公立 252 所，私立 5538 所。[①] 但由于孟加拉国职业教育的起步较晚，整体质量不高，毕业生职业技能的熟练程度不足，导致孟加拉国的人力资源尚未得到充分开发，员工的技能培训也尚未达到预期目标，主要表现在：孟加拉工人虽能吃苦、易管理，劳动积极性也较高，但囿于文化程度和技能水平，工人操作能力和学习能力较差，生产

---

　　① 参见王琪、肖剑《孟加拉国职业教育：发展现状与未来趋势》，《中国职业技术教育》2018 年第 30 期。

效率相对低下。

医疗卫生方面，截至 2017 年底，孟加拉国国立和私立医院共计 1683 家，床位 51044 个，注册医生 44632 人。国立医院费用较低，但医疗条件较差，只能治疗一般常见病；私立医院虽然条件较好，但费用很高。目前，孟加拉国没有公费医疗，仅有部分保险公司从事医疗保险业务，且孟加拉国无强制购买医疗保险的规定。孟加拉国每年约有 80 万人因各类疾病去世，其中因非传染病去世的占 60%，主要的非传染病为糖尿病、肾衰竭、中风、心脏病和癌症等。近年来，传染病也是孟加拉国医疗卫生发展的重要挑战之一，孟加拉国的主要传染病包括登革热、疟疾、霍乱、伤寒等，其中以登革热最为常见。以 2019 年为例，截至 2019 年 8 月 30 日，已有逾 69000 人感染登革热，而且至少造成 124 人死亡。总之，脆弱的医疗卫生环境已成为制约孟加拉国营商环境改善的重要瓶颈。

三 孟加拉国的媒体与社会组织概况

媒体既是公众获取信息的重要渠道，同时也是衡量社会透明度的重要指标，据统计，截至 2017 年底，孟加拉国已有 3000 余家媒体。纸质媒体方面，获孟加拉国政府批准的报纸、期刊共有 1660 多种，主要在达卡、吉大港和其他大城市出版，以英文传播为主，包括：《每日星报》《独立报》《孟加拉国观察家报》和《金融快报》等；主要孟文报纸有《曙光报》《团结报》《革命报》《人民之声》和《新闻日报》等。新闻通讯社方面，孟加拉通讯社（BSS）是孟加拉国最大的国有通讯社，而在私营通讯社中最大的是成立于 1988 年的孟加拉国联合通讯社（UNB），其次是 1995 年 12 月成立的南亚通讯社。另外，孟加拉国新闻网是孟加拉国影响最大的网络媒体。广播电台方面，截至 2017 年底，孟加拉国电台数量已多达 61 个，国家电台（Bangladesh Betar）为国有电台，每天用孟加拉语、英语、乌尔都语、印地语、阿拉伯语和尼泊尔语等对外广播，此外还有 28 个私营调频电台和 32 个社区调频电台。电视台方面，国家电视台和议会电视台是孟加拉国两家最大的国有电视台，议会电视台政治性比较强，专门播放与议会有关的新闻和活动。国家电视台则综合性较强，开办于 1964 年，直属中央政府领导，该电视台在达卡和吉大港有 2 个站点，在全国有 11 个转播站，设有 2 个地面卫星转播站，有 11 个卫星频道，除新闻节目外，国家电视台还播放一些外国故事片、连续剧及儿童、教育节目。此外，孟加拉国还有 ATN、Channel-I、Channel-i、NTV、RTV 等私营电视台。从媒体的受众来看，根据社交媒体网站 Statsmonkey 统计，目前孟加拉国用户数量最大的社交媒体是 Facebook，占整个社交媒体的 95% 以上。概言之，孟加拉国作为一个民主国家，国内舆论环境相对宽松，社会媒体系统较为成熟，民众获取信息的渠道广泛，但随着自媒体的泛滥，许多讯息也被断章取义，充当混淆民众视听的奇谈怪论，严重影响决策者判断，甚或引起社会恐慌。

在社会组织方面，孟加拉国是一个有工会传统的国家，全国大概有超过 6400 个工会组织，会员人数超过 190 万，其中有 12 个全国性的大型工会组织，最具代表性的是肯德拉工会，该工会隶属于世界工会联合会，影响力最大。值得注意的是，孟加拉国大多数工会与政党相连，斗争性强，故常为政治所用，经常因政治原因组织大规模罢工，劳资关系紧张。各工会组织为了吸引更多的成员，经常积极地开展各种罢工活动，以扩大影响力。而孟加拉国的各党派为了政治博弈，常常利用公众关切的热点，如工人薪酬与官员腐败等问题，与工会相结合，组织大规模的罢工游行，引起政局和社会秩序的动荡。

另外，孟加拉国被称为全世界非政府组织和援助事业的首府，非政府组织十分庞杂。截至 2017 年底，在孟加拉国境内注册的非政府组织共有 2625 个，其中有 259 个是国际性的，每年募集援助资金达数亿美元，对孟加拉社会经济发展起着重要作用，尤其在解决农村信贷、减轻贫困、保障妇女权益、社区发展等方面做出了突出贡献。根据孟加拉国非政府事务局统计，仅 2018 年孟加拉国政府获非政府组织援助额就达 8.27 亿美元。但由于在孟加拉国的非政府组织良莠不齐，许多非政府组织被政治化，丧失独立行动的能力，严重影响了非政府组织的行为效果。

另外，相较其他伊斯兰国家，孟加拉国的总体社会治安环境尚可，但值得注意的是近年来，随着宗教激进主义势力的抬头以及孟缅边境罗兴亚人问题的持续发酵，伊斯兰教和印度教、佛教之间的矛盾与冲突也逐渐突出，恐怖袭击事件逐渐增多，恐怖分子在体育场、电影院、清真寺、商场和公园等公共场所制造小型炸弹爆炸事件，造成无辜百姓伤亡，安全形势面临诸多变数。令人欣慰的是，哈西娜政府多次对恐怖主义重拳出击，一再向国际社会表明孟加拉国政府对恐怖主义"零容忍"的态度，根据经济与和平研究所（IEP）最新发布的全球和平指数（GPI）报告，2017 年，孟加拉国在 163 个国家和地区中排名第 84 位，在南亚国家中位居第 3，仅次于不丹和斯里兰卡，高于尼泊尔、印度、巴基斯坦和阿富汗。

总之，从宏观环境来看，孟加拉国是一个相对开放、包容的社会。随着大选的尘埃落定，人民联盟经过十年政治稳定期，已经能够制定有效的施政方针，国内社会环境会更加稳定，营商环境也会逐渐改善。

第二章

驻孟中资企业调查技术报告

第一节　调研方案概述

一　项目整体概况

"驻孟中资企业营商环境调查"项目，以在商务部备案的驻孟加拉国中资企业作为抽样框，选取在孟加拉国运营时长超过一年的中资非农业企业，即工业企业和服务企业，进行问卷访谈。访谈包括企业问卷访谈和员工问卷访谈两个部分。其中，企业问卷是针对驻孟中资企业的所有人或企业高管。员工问卷是针对中资企业的孟加拉籍员工。

本次企业调查的主要对象分为两类：一类是熟悉本企业情况的中方高层管理人员，包括但不限于企业法人、财务总监、人力资源总监、销售或负责生产的总经理，或总经办主任等；另一类是在该中资企业连续工作至少3个月以上，且年满16岁的孟籍员工。调查范围包括达卡及其周边地区，企业选址层次分别有城市、郊区和农村。本次调查最终完成中资企业有效问卷数为27份，员工有效问卷份数为846份。

本次企业调研共计耗时15天，共完成对28家驻孟中资企业负责人和 851 名孟加拉籍员工的问卷访谈。访谈企业涵盖了建筑业、机械制造业、纺织业、旅游业、餐饮业、金融业等多个行业，地区涵盖达卡市区、经济开发区及附近郊县，具有广泛的代表性。从单个样本量的耗时来看，企业问卷每份大约耗时 90 分钟，员工问卷每份大约 60 分钟。

本次调研团队中方组成人员与孟方组成人员共计 31 人，包括中方 11 人，孟方 20 人，团队内设组长和秘书各 1 人。实际调研过程中共分为 3 个小组，每个小组内部人员构成为：1 名领队，1 名技术支持员，1 名后勤联络员，以及若干访员①。

二 调研主要内容

根据调查对象设定，本次调查设置了两套问卷，一套企业问卷与一套员工问卷。企业问卷针对中方高层管理者，员工问卷针对孟方雇员。在调查过程中坚持"雇主与雇员相匹配"的原则。

企业问卷的主要调查的内容有：受访者的基本信息、企业的基本信息、企业生产与销售情况、融资结构、固定资产、创新能力、员工就业与培训、企业基础设施情况、公共服务以及治理、企业绩效、企业所履行社会责任、在东道国投资的风险与中国形象评价、选择该东道国的投资原因、公司人员结构和公司经营状况指标等方面的情况。

员工问卷主要用于访问在中资企业中工作 3 个月以上的且已满 16 周岁的孟籍员工，主要分为七个模块。第一个模块是员工个人的基本信息，包括民族、婚姻、教育、宗教信仰、家庭等信息；第二个模块是员工职业基本信息，包括入职状况、工作环境和就业史；第三个模块是员工收支信息，包括个人收支、家庭收支和家庭经济状况；第四个模块是员工的社会交往与态度，包括社会交往情况和对企业的评价；第五个模块是员工对企业社会责任的评价，包括员

---

① 根据企业实际能提供的员工样本量，对访员进行派出。

工对企业贡献的认知和员工对企业未来社会贡献的期望；第六个模块是员工对世界大国软实力的认知情况，包括员工的媒体使用情况，与大国文化产品的接触情况，以及对大国影响力的评价；第七个模块是员工对孟加拉国当前一些政治、经济和社会热点问题的看法。

三　调研准备过程

为顺利开展本次调研，在正式调研之前，调研组共进行了两个阶段的准备，包括国内准备阶段和国外准备阶段。

国内准备阶段前后共持续1个月，调研组主要进行了业务培训、前期联络和后勤准备等工作。业务培训主要包括集中培训和小组培训，集中培训主要内容有：熟悉调研流程、熟悉问卷结构及内容，掌握相关问卷技巧；小组培训主要内容有：进一步熟悉问卷内容尤其是孟加拉国别板块的内容，熟悉孟加拉国的风土人情，熟悉孟加拉国中资企业的基本情况；前期联络工作主要有与合作单位联络和与中资企业联络，本次调研团队出发前与孟加拉国的高校取得联系并达成合作意向，由孟加拉国的大学为课题组选拔20名优秀在校大三和大四的学生参加本次调研工作。另外，根据经参处提供的企业名录，团队对拟调研的中资企业进行初步筛选后，在国内通过各种渠道主动与这些中资企业取得联系，以获得调研支持。

在孟加拉国的调研准备阶段共持续3天，调研组分为两组同时行动，一组负责对孟加拉国招募的20名访员进行培训，另一组负责与中国驻孟加拉国大使馆经参处、中国驻孟加拉国华联会、中国商会、拟调研中资企业等单位取得联系，对孟加拉国整体营商环境进行摸底调研，并与拟调研中资企业接洽，介绍调研流程、主要内容和具体调研时间等。鉴于在国内准备阶段团队已经和拟调研企业取得联系，对其大致情况已有所了解，因此团队到孟加拉国后直接派联络员与中资企业负责人对接调研事项，为中资企业负责人答疑解惑，尤其是接洽受访员工的时间安排与流程安排，以尽最大可能不妨碍企业的生产经营。鉴于时间关系，在对孟加拉国访员进行培训时，团队主要围绕调研主题、问卷内容、访问技巧以及质量控制四个方面进行，着重强调"CAPI（计算机辅助个人访谈）数据收集系统"的使用方法。而对其他细枝末节的问题，诸如问卷设置的主要目的、原因等，团队在培训期间很少涉足。

四 调研执行过程

在正式调研过程中，根据前期筛选和联系的企业情况，团队最终从在商务部推荐的149家中资企业中选取位于达卡境内的31家企业作为直接调研对象。① 在具体操作层面，调研团队按计划分三组多头行动，每一小组由一名中方教师作为领队，负责统筹协调小组当日的工作进展，并完成企业问卷。同时，由于员工问卷的受访者是孟加拉籍员工，而且大多受教育程度较低，英语水平不高，为提高访问效率，员工问卷完全由本次招募的20名达卡大学和南北大学的大学生用孟加拉语完成，由中方调研团队负责质量把控。在操作系统方面，调研过程中的问卷部分使用CAPI（计算机辅助个人访谈）数据收集方法来完成，一方面可以减少数据录入、编辑和传输的时间以提高调研效率；另一方面，改变以往纸质问卷的做法，受访者以第一印象、第一时间对受访数据做出正面回答，以减少人为误差，提高问卷质量。

为保证质量，本次调研采用现场监控和后台监控的方式对调研数据进行核查。现场监控主要是由精通孟加拉语的访员督导来完成，调研过程中每个小组均设置一名访员督导，他们在问卷数据收集过程中，进行全程监督和处理应急事件，从源头上减少数据收集纰漏。后台监控，主要是由访问终端后台来完成，在系统后台，调研团队组建了一支由系统数据处理员和精通孟加拉语的专业人士构成的质控小组，他们每天对在孟加拉国实时回传到后台的数据进行重听及核查，以避免在现场由于时间关系而造成的误听和误填，将搜集到

① 由于有4家企业中途拒访，因此本次调研最终获得27家企业问卷的数据。

的问题纠正并实时回传给相应的访员，以避免在之后的调研过程中犯同样的错误。

五　调研整体成效

本次调研共走访 31 家在孟中资企业，完成 27 份企业样本问卷和 846 份员工样本问卷，在数量上基本达到预期效果。问卷访谈对象涵盖公司基层员工、部门经理、高级管理人员以及企业创始人等不同层次，取样丰富、代表性强，为了解在孟中资企业提供了大量的一手资料。另外，通过与驻孟中资企业的零距离接触，调研团队切身体会了中资企业在孟加拉"走出去"与"走进去"的困境，直观感受了中孟两国的关系进展。从本阶段调研来看，首先，中资企业在孟加拉虽然数量众多，但布点比较分散，而且主要分布在市郊，加之达卡市内交通十分拥堵，因此，如何缩短时间成本是本次调研的技术性难题之一；其次，由于部分中资企业对本次调研目的与价值不了解，因此，在调研过程中如何与拟抽样企业联系和沟通，以获得中资企业支持，成为本次调研能否成功采集样本的关键；再次，由于小组分三支小队行动，因此如何进行组内成员分工，充分发挥每位成员的核心优势，就成为团队建设的核心所在。

第二节　驻孟中资企业样本分析

一　在孟中资企业的规模、类型及区位

本次孟加拉国别组共完成 27 家中资企业有效样本问卷，涵盖制造业、建筑业、批发和零售业、租赁和商务服务业等，取样丰富、涉及面较广。从企业问卷的受访者职务来看，本次企业问卷主要针对企业高管，以总经理（或 CEO）、副总经理为主，占比高达 60.72%。同时还与近 10% 的企业主进行访谈，收集了相关数据。其余的访谈对象也主要是企业的部门经理、办公室主任、总经理助理等中高层管理者，这部分占比 28.57%（见表 2-1）。从总体上看，由于受访者的职级较高，故而对企业的整体情况有比较清晰的把握，能够为访谈提供更加真实、全面、可靠的数据，以保证调研的质量。

表 2-1　　　　　　　　　　受访者职务占比　　　　　　　（单位：%）

受访者职务	比重
企业所有者	10.71
总经理（或 CEO）	39.29
副总经理	21.43
其他	28.57

从调研企业的规模来看，在中资企业"走出去"的过程中，大型企业基于资产规模大、盈利水平高、扩张速度快、综合实力强等优势，往往作为排头兵和开路先锋发挥作用，充当中资企业"走出去"的主体。因此在本次调研过程中，大型企业仍然是调研团队选择的主体，其样本量占比高达 50.00%，其次是中型企业占比 39.29%，最后是小型企业占比 10.71%（见表 2-2）。之所以选择大型企业作为样本主体，一方面是因为大型企业在整个商务部提供的企业样本量中的比例较大；另一方面是因为大中型企业具有较强的代表性，充分调研大中型企业在孟加拉国的营商环境可以全面地了解中资企业的现实状况。

表 2-2　　　　　　　　　　不同规模企业占比　　　　　　　（单位：%）

企业规模	比重
小型企业	10.71
中型企业	39.29
大型企业	50.00

　　另外，囿于中孟两国国情——中国作为正逐步实现工业化的国家，孟加拉国是世界上著名的五大纺织品出口国之一。出于产业集群效应考虑，中资企业到孟加拉国进行投资的一大主要产业就是纺织业，以及由此催生的塑料、包装和印刷等行业。因此，团队调研的企业绝大部分也属于工业企业（占比为 67.86%）。同时，由于服务业在孟加拉国国民经济中的地位显著，服务业在孟加拉国国民经济中占比超过一半，因此本书选取了一部分服务业企业进行调研（32.14%）（见表 2-3）。

表 2-3	不同行业类型企业占比	（单位：%）
行业类型	比重	
工业	67.86	
服务业	32.14	

　　最后，由于早期中资企业进入孟加拉国主要从基础设施和周边市场大小来考虑区位选址，所以在选址上，绝大多数中资企业（85.71%）位于各方面比较成熟的市区，尤其是早期前往孟加拉国投资的中资企业，以及部分规模企业。同时，近年来孟加拉国加大吸引对外直接投资力度，2010 年，孟加拉国政府提出经济开发区发展战略，拟通过设立经济开发区的方式，推动潜在区域经济发展，以增加就业、产能及出口，并实施经济开发区等优惠措施，部分中资企业在选址上也将经济开发区纳入考虑范围内。因此本次调研中，本书除了选取传统的企业之外，还选取了一部分（约 10%）处于经济开发区的企业（见表 2-4），以达到对中资企业的全面了解。

表 2-4	是否在经开区企业占比	（单位：%）
是否在经开区	比重	
不在经开区	85.71	
本国经开区	10.71	
其他	3.57	

二 在孟中资企业的经营概况

孟加拉国独立建国时间并不长，重视吸引对外直接投资政策的时间更短。但相对而言，中资企业进入孟加拉国的时间起步较早，早在 20 世纪末，就有一些中资企业前往孟加拉投资。但中资企业大规模进入孟加拉国投资，则是进入新世纪之后尤其是"一带一路"倡议提出以来才出现的现象。中国政府加大改革开放的力度，不断进行供给侧改革，持续推进产业结构优化升级，大量产能过剩的行业，以及劳动密集型企业向周边国家转移。加之，"一带一路"倡议和"孟中印缅经济走廊"建设带来一系列政策红利，催生大量企业到孟加拉国注册经营。本次调研所选取的企业样本，涵盖了在孟加拉国不同时期注册的公司。其中，2001 年至 2010 年在孟加拉国经营的企业约占两成（17.86%），在 2010 年之前进入孟加拉国的企业，约占一成（10.71%），但本次调研样本选取主要以 2011 年以来的为主，约占八成（82.14%），其主要原因在于深度挖掘在"一带一路"倡议背景下中资企业大批量"走出去"所遇到的普遍性问题，并和在孟的深耕中资企业做比较，以寻找改进中资企业营商环境的路径。（见表 2 - 5）

表 2 - 5	企业注册时间与运营时间分布	（单位：%）
年份	注册时间	运营时间
2001—2005	7.14	3.57
2006—2010	3.57	14.29
2011—2015	57.15	42.85
2016 年以来	32.14	39.29

从公司的管理层人员构成来看，样本数据中有 67.86% 的企业招聘女性高管（见表 2 - 6）。表明随着女性在社会实践中参与率的提高，在孟中资企业也越来越关注女性高管对企业绩效的影响。在大

多数社会中，受传统观念影响，女性地位长期受到轻视，被排斥在企业管理层之外。但随着女性的崛起，企业中的性别差异已成为一种企业优势，女性高管对企业的绩效影响逐渐凸显。

表 2 - 6	公司高层有无女性占比	（单位：%）
有无女性高管	比重	
是	67.86	
否	32.14	

　　另外，在现代企业制度中，工会作为调节劳动关系、传播企业文化的重要平台，企业决策者往往依靠工会来了解员工状况，提高决策的预见性、科学性，促进企业劳资关系良性发展。工会组织的缺乏，很有可能导致企业在处理劳资纠纷时丧失主动权，恶化劳资矛盾。孟加拉有着近 200 年殖民历史，在企业行会组织方面，延续了工会传统。但孟加拉国作为一个年轻的多党制国家，政党政治发展不充分，工会往往被政治化，充当政党竞争的利器。因此，工会在孟加拉国是一个十分特殊的组织，对企业管理的影响举足轻重，故而在本次调研的企业样本数据中，团队抽取其中 25.00% 的拥有自身工会的企业进行数据收集，以便更进一步摸清企业自身工会对企业管理的影响程度（见表 2 - 7）。

表 2 - 7	企业是否有自身工会占比	（单位：%）
是否有自身工会	比重	
是	25.00	
否	75.00	

　　最后，企业作为国民经济的细胞，在生产经营过程中必定会碰到诸多来自其他方面的干扰影响，比如用户（消费者）、媒体、政府，以及同行业的各种竞争者，等等。面对诸如此类干扰，企业要

么选择闭门造车独自解决，要么寻求政府或社会组织的帮助。但企业单独行动，往往受制于自身体量和影响力的大小，解决效果不佳，所以大部分企业，尤其是海外企业往往会选择寻求政府或社会组织的帮助。如果海外中资企业在中国商务部进行过备案登记，商务部会通过与外交部的沟通联系，定期向企业发布一些商情报告，以供企业参考。同样，商会是海外企业自发组织的一个非常重要的民间组织，其主要作用在于实现政府与商人、商人与商人、商人与社会之间的相互联系，为企业解决问题提供对策建议。所以本次调研过程中，调研团队针对企业"是否加入商会""是否在中国商务部进行备案登记"来做一项调查，以进一步窥探企业加入商会和在商务部备案对企业经营的影响。在选取的企业样本中有75.00%的企业加入了中国商会（见表2-8），有65.38%的企业在商务部进行了备案登记（见表2-9），希望通过差别选择，发现商会和中国政府在企业"走出去"过程中的影响力。

表2-8　　　　　　企业是否加入孟加拉国中国商会占比　　　　（单位：%）

是否加入孟加拉国中国商会	比重
是	75.00
否	25.00

表2-9　　　　　　企业是否在中国商务部备案占比　　　　（单位：%）

是否在中国商务部备案	比重
是	65.38
否	34.62

三　在孟中资企业的资本构成概况

中国作为社会主义国家，公有制经济在国民经济中的主体地位不可动摇，因此，国有企业也一直是中国国民经济的主导力量。无论是在扎根国内建设的企业中，还是在奔赴海外拓展市场的企业中，国有企业都是中国社会主义市场经济建设的中坚力量，因此，在本次调研中，团队从企业样本中抽取了大约两成（17.86%）的国有控股企业作为数据收取的样本，以进一步了解国有企业在"走出去"过程中的优势、劣势、机遇与挑战。另外，随着中国社会主义市场经济改革的深入，非国有控股企业凭借其灵活多样的经营方式、相对较低的意识形态风险以及创新意识较强等优势，已成为中国企业"走出去"的生力军，而且在数量上呈逐年增长之势，也是一支不可忽视的力量，因此，团队抽取大约八成（82.14%）的非国有控股企业作为本次调研的数据样本，以全面了解中资企业海外营商环境（见表2-10）。

表2-10	企业是否为国有控股占比	（单位：%）
是否为国有控股	比重	
国有控股	17.86	
非国有控股	82.14	

鉴于中资企业"走出去"的两种模式：一是以国内母公司为后盾，在海外投资设立子公司，拓展业务市场；二是直接在东道国设立公司，进行生产经营。为进一步探究"在国内是否有母公司"对企业生产经营的影响大小，调研团队选取了六成多（60.71%）在国内有母公司的企业和在国内未设子公司的企业进行数据收集，以做到充分的比较研究（见表2-11）。

表2-11	企业是否有中国母公司占比	（单位：%）
是否有中国母公司	比重	
有中国母公司	60.71	
没有中国母公司	39.29	

同时，随着中国社会主义经济市场化的速度加快，中资企业

"走出去"的形式越来越丰富，逐渐形成一种"以国有企业为后盾、民营企业为先锋"的格局。为进一步探究不同资本属性的母公司对海外子公司发展的影响，本次调研团队对在中国设母公司的驻孟中资企业进一步分类，以透析不同类型的母公司对其海外子公司的影响。选取近三成（29.41%）母公司为国有控股的企业，超过一半（52.94%）的私营企业，包括个体企业、私营合伙企业、私营有限责任公司、私营股份有限公司超过一半，同时还有少量的国有与集体联营企业、股份有限公司以及港澳台合资经营企业（各占样本数据的5.88%）（见表2-12），以期最大限度囊括母公司的不同资本属性，增强调研的实用性。

表2-12　　　　　　　　企业中国母公司类型占比　　　　（单位：%）

中国母公司类型	比重
国有	29.41
国有与集体联营	5.88
股份有限公司	5.88
私营企业	17.65
私营合伙	5.88
私营有限责任公司	23.53
私营股份有限公司	5.88
与港、澳、台商合资经营	5.88

第三节　中资企业的员工样本分析

为提高员工样本数据的可靠性，本次调研所采集的员工样本均为年满16周岁的员工，并且在企业中连续工作达3个月以上的孟加拉籍员工，并从其他方面在数据采集之前对员工样本做相应的技术处理。首先，为提高样本的匹配度，调研过程中始终坚持员工样本与企业样本相一致的原则；其次，为提高样本的可信度，增加员工样本收集的数量，按照最低 1：17（1 家企业最少搜集 17 份员工问卷）的比例搜集员工样本数据；再次，为提高员工样本的准确度，本次调研针对不同层次的员工，包括不同性别、不同年龄、不同宗教信仰等进行样本搜集。

一 员工样本的年龄分布特征

不同的行业类型会产生不同性别的员工需求，鉴于驻孟中资企业以纺织类企业为主，对年轻女性员工的需求量比较大，因此在收集女性员工的样本数据时，侧重于收集 25 岁以下的员工数据（25 岁以下的女性员工占比 70.20%，男性员工占比 52.83%）。同理，随着女性年龄的增长，越来越多的女性到了适婚年龄，开始结婚生子，回归家庭，因此在 25 岁以上的员工中，团队倾向于收集男性员工的数据。26 岁以上的男性员工占比约一半（47.17%），而 26 岁以上的女性员工数据占比只有近三成（29.80%）。（见图 2－1）

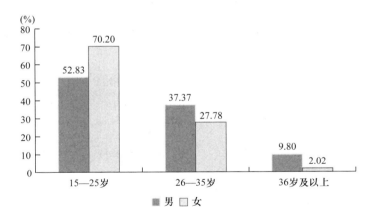

图 2－1 按性别划分的员工年龄分布（N = 851）

另外，员工婚否是影响员工流动性的重要因素，一般而言，已婚员工选择离职的可能性较未婚员工小，尤其是大部分女性员工在结婚后往往选择离职，回归家庭。因此，为减小因家庭原因而导致员工离职而带来的损失，大部分中资企业倾向于招聘已婚员工。所以在本次调研过程中，团队也倾向于收集已婚员工的数据样本，其数据样本量超过样本总量的一半（52.88%），而且已婚女性员工的比例（58.59%）略高于已婚男性员工的比例（51.15%）。由此，可以更全面调查员工婚否对企业经营的影响，以及婚姻对男女不同员工的影响。（见图2-2）

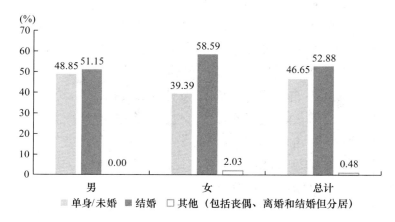

图2-2　按性别划分的员工婚姻状况分布（N=851）

　　孟方管理者是了解驻孟中资企业经营状况的重要窗口，因此本次员工数据收集中，团队选取了部分孟方的管理者（13.63%）参与问卷调查。并对这部分管理者从年龄结构上进行区分，其中在36岁及以上的员工中抽取近四成（36.76%）的孟方管理者参与问卷调查，主要是因为他们的工作年限较长，对企业的经营状况比较熟悉。一般而言，担任企业管理者，不仅需要能力突出，更需要经验丰富，尤其是在管理本地员工方面，既要熟悉当地的人文风俗，又要掌握企业的规章制度和员工的生活习惯。因此，中资企业聘请的孟方人员作为管理者时，一般都是招聘在本单位有数年工作经验、群众基础较好的人员。虽然年龄大不一定能证明其工作年限长，但工作年限长的员工，其年龄一定偏大。当然，其他年龄段的管理者也在本次问卷调查的范围之内，只是样本数据相对较少，其中25岁

以下的占该年龄段受访员工数量的5.37%，26—35岁的占21.74%，这样有利于做比较分析。（见图2-3）

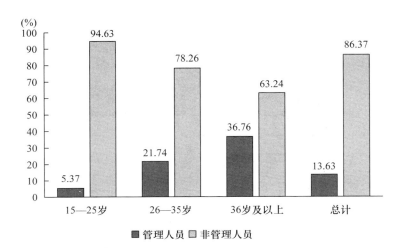

图2-3　管理人员与非管理人员的年龄差异（$N=851$）

　　工作时长也是影响员工对企业了解程度的重要变量，因此在本次调研中，团队刻意对不同工作年限的员工进行了问卷调研，并对不同工作年限的员工进行年龄划分，以充分了解员工年龄对其工作的态度和影响（见图2-4）。饶有兴味的是，从员工在中资企业工作时长来看，其中在36岁及以上的员工中，工作年限超过四年的比例最大，占该年龄段受访者的32.35%；25岁及以下的受访者中工作不满一年的占该年龄段比例将近一半（48.76%）；无独有偶，26—35岁的受访者中，其中比例最大（30.77%）的也是工作年限不足一年的人群。

　　最后，为充分了解分别来自城市和农村不同年龄段的员工对企业和工作环境的认知情况，调研组对来自农村和城市的员工，进行年龄划分，然后结合孟加拉国情做数据收集。由于中资企业中来自农村的员工占绝大多数，尤其是在25岁及以下的员工中，所以本次员工数据收集以来自农村地区的为主。在25岁及以下这个年龄段的员

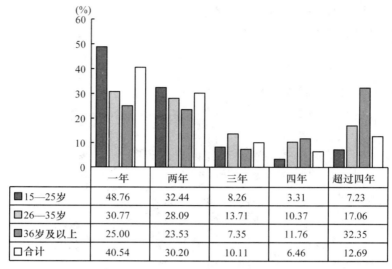

	一年	两年	三年	四年	超过四年
■15—25岁	48.76	32.44	8.26	3.31	7.23
□26—35岁	30.77	28.09	13.71	10.37	17.06
■36岁及以上	25.00	23.53	7.35	11.76	32.35
□合计	40.54	30.20	10.11	6.46	12.69

■15—25岁　□26—35岁　■36岁及以上　□合计

图 2 - 4　在当前企业工作时长不同的员工的年龄差异

工中，抽取来自农村地区的人口逾八成（83.47%），26 岁及上来自农村的逾七成（26—35 岁来自农村地区的有 73.83%，36 岁及以上来自农村的有 73.53%）。主要原因在于孟加拉国目前仍然处于发展水平较低的国家行列，农村人口占全国人口的比例较大，而且农村人口受教育程度较低，加之孟加拉国人多地少的国情现实，农村人口参加工作时间较早，而且人数较多。

表 2 - 13　　　　　　　按年龄组划分的员工出生地分布　　　　（单位：%）

出生地	15—25 岁	26—35 岁	36 岁及以上
农村	83.47	73.83	73.53
城市	16.53	26.17	26.47

注：$N = 850$。

二　员工样本的受教育程度分布概况

员工受教育程度直接影响员工的技能水平，进而影响员工的工作效率，为弄清员工受教育程度与企业发展之间的关系，调研团队根据孟方员工的性别和年龄对员工的受教育程度进行统计。

值得注意的是，孟加拉国员工整体受教育程度不高，其中大多数受访员工（男性员工占55.44%，女性员工占50.51%）只接受过中学教育。从受教育的性别上来看，受访员工中中学以前的女性受教育情况普遍高于男性，这主要得益于孟加拉国的教育优惠政策，孟加拉国法律规定八年级以前的女性有免费接受义务教育的义务。但中学以后男性受教育程度又普遍高于女性，尤其是受过高等教育的男性明显多于女性，在受访员工中，拥有本科及以上学历的男性有23.43%，但女性只有14.65%。（见图2-5）这在某种程度反映了孟加拉国的家庭教育观仍然还存在重男轻女的现象，这也有可能成为阻碍驻孟中资企业尤其是驻孟纺织业进步的一大障碍，因为女性是纺织业的主要员工构成，如果女性受教育程度低，其技能得不到充分可持续的培训，严重影响企业的长远发展。

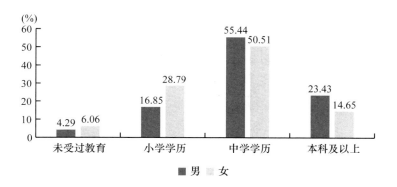

图2-5 按性别划分的员工受教育程度分布（N=851）

另外，从员工受教育的年龄分布看，本次员工问卷对不同年龄段的员工受教育情况做了相应统计（见表2-14），可以发现，26—35岁的员工受教育程度最高。从接受高等教育的情况来看，26—35岁之间的高等教育率最高达35.45%，25岁以下的受过高等教育率的只有11.57%，36岁及以上受过高等教育的人数有29.41%。从接受中等教育的情况来看，25岁及以下接受过中等教育的人数最多，比例达58.47%。值得注意的是，从中资企业的员工年龄分布来看，比例最高的是15—25岁这个年龄段的人口，这说明目前中资企业对员工的学历要求并不高，反而更突出员工的技术能力。

表2-14　　　　　按年龄组划分的员工受教育程度分布　　　（单位：%）

最高学历	15—25 岁	26—35 岁	36 岁及以上
未受过教育	4.34	4.68	7.35
小学学历	25.62	11.71	11.76
中学学历	58.47	48.16	51.47
本科及以上	11.57	35.45	29.41

注：$N = 851$。

三　员工样本的族群、宗教信仰基本概况

孟加拉国是一个以孟加拉族为主体民族的多民族国家，其主要居住在平原和沿海一带，生活环境相对较优越，其余20余个少数民族则主要居住在山区，人多地少，居住环境恶劣，显然孟加拉族的就业环境和就业条件就明显优于少数民族，在受访群体中人数最多。因此，本次调研团队主要以孟加拉族的样本为主，同时兼顾少量的其他民族样本。如图2-6所示，目前在中资企业中的男性孟加拉族占99.69%，女性孟加拉族占99.49%。

从宗教信仰来看，孟加拉国以伊斯兰教信仰为主体，穆斯林人口众多。所以，在员工样本采集过程中，调研团队也从孟加拉国这一国情出发，以伊斯兰教员工的样本为主，同时兼顾其他宗教信仰的员工样本，以便从比较视角透视宗教信仰差异所引起的员工对工作认知的差异。如表2-15所示，中资企业中男性员工信仰伊斯兰教的占比为96.17%，女性员工中信仰伊斯兰教的占比为96.46%，其余则有少量的群体信仰印度教、佛教和基督教。

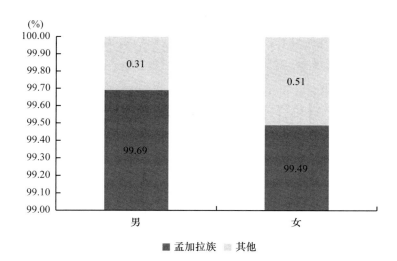

图 2 - 6　按性别划分的员工族群分布（N = 851）

表 2 - 15　　　　　　　　按性别划分的员工宗教信仰分布　　　　　（单位：%）

宗教信仰	男	女
伊斯兰教	96.17	96.46
印度教	3.37	2.53
佛教	0.15	0.51
基督教	0.31	0.51
合计	100.00	100.00

注：N = 851。

综上分析，本次调研所搜集的员工样本呈以下几个方面的特征：一是员工年龄结构青年化；二是员工性别以女性为主体；三是员工来源以农村为主；四是员工族群以孟加拉族为主体，员工宗教信仰以伊斯兰教为主体。

第三章

驻孟中资企业生产经营状况分析

本章主要对驻孟中资企业生产经营状况的问卷调研进行阐述，主要包含中资企业的运营时间、注册资金、实际投资额、企业的股权结构及其变动、母公司的类型、商务部备案情况、是否加入当地的中国商会、企业的融资活动，以及供销商的状况与变动等相关要素和客观情况。并对驻孟中资企业的运营、生产、销售以及融资状况的问卷调查进行分析，主要依据近几年来在孟中资企业的相关数据，通过对比、判断、分析和总结，从而描绘出孟加拉国中资企业的生产经营情况和运营环境。

第一节　孟加拉国中资企业运营基本状况

一　中资企业的注册与运营情况

（一）中资企业的注册情况

从 2003 年到 2018 年，驻孟加拉国中资企业注册数量最多的年份为 2017 年，该年度注册的公司占比 17.9%，而 2011 年前注册中资企业的总数量仅占这 15 年间在孟加拉国注册的中资企业总数的一成多（14.3%），2012 年后到 2018 年在孟加拉国注册的中资企业的总数量则占这 15 年在孟加拉国注册的中资企业总数的绝大部分（85.7%）。从图 3－1 上看，2011 年到 2015 年注册的中资企业数量最多，达到了近年来驻孟中资企业注册公司的峰值。

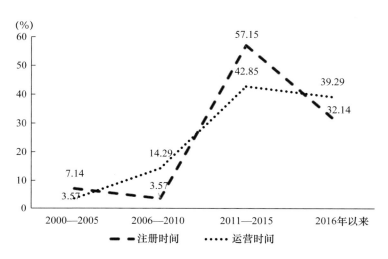

图3-1　企业注册与运营时间年份分布

　　从总体上看，在孟加拉国的中资企业注册时长超过五年的，仅占总数四成不到（39.29%），未超过 5 年的则多达半数以上（60.71%）。究其原因，这与 2013 年 9 月中国政府提出的"一带一路"倡议使得中国公民对于在孟加拉国投资设厂有了进一步的政策支持不无关系，从而使得在孟加拉国设立中资企业的数量呈现出逐年缓慢上涨的趋势。

　　（二）中资企业的运营情况

　　如图3-1 所示，在 2003 年到 2016 年，多数企业从 2016 年开始运营，该年占比高达将近四成（39.29%），而 2010 年前投入运营的中资企业数量极少，只占了调查企业总数的不到二成（17.86%），2011 年到 2015 年投入运营的中资企业数量占总数的接近一半（42.85%），因此本次调查中，中资企业的运营时长过半数（60.71%）都是低于 5 年的，只有 39.29% 的中资企业运营时长超过 5 年。将注册年份与实际投入运营年份进行比较可以看出，绝大多数中资企业在注册之后便开始投入运营，中间的时间跨度并不大。

从中资企业注册资金方面看，注册资金在 1000 万塔卡①以内的企业占比超过受访企业总数的一半（57.7%），而注册资金在 1000 万到 10000 万孟加拉塔卡的企业仅占二成多（23.1%），注册资金在 10000 万塔卡以上的中资企业仅占不到二成（19.2%）。但值得注意的是，有部分驻孟中资企业的注册资金也非常庞大，本次受访中资企业中有两家企业的注册资金高达 85000 万孟加拉塔卡。

与驻孟中资企业的注册资金相比，实际在孟投资额表现要更为突出。本次调查结果表明，投资额在 1000 万孟加拉塔卡以内的中资企业仅占一成多（14.3%）。将近半数（42.8%）的中资企业投资额在 1000 万到 10000 万孟加拉塔卡之间。另外接近半数（42.9%）的中资企业目前实际投资额超过了 10000 万孟加拉塔卡。通过以上调查可以发现，中资企业的注册资金虽然不高，但是后期实际投资额较大，对基本建设和生产流动方面的投入具有坚实的资金基础。

二 中资企业的资本控股占比及变化

（一）中国各类资本控股占比

1. 中国国有控股占比

调查数据显示，驻孟中资企业为中国国有绝对控股企业的，② 仅占中资企业总数量17.86%，占企业总数的绝大部分（82.14%）中资企业为非国有控股公司。

2. 中国集体控股③股份占比

在孟中资企业中，中国集体独资企业所占比重也非常低。调查数据显示，由中国集体百分百控股的中资企业仅占总数的不到一成

① 孟加拉塔卡为孟加拉国的官方流通货币，1 孟加拉塔卡 = 0.0754 元人民币 = 0.01285 美元。

② 国有控股是指在企业的所有资本中，国有资本控股比例较高并且由国家实际控制的企业；而国有绝对控股企业是指国家资本的占比大于等于 50% 的企业。

③ 集体控股即指企业出资人为集体的一种出资形式，集体控股企业是一种以按劳分配为主体的社会主义经济组织。

（9.64%），而由中国集体控股占比70%以上的中资企业，仅占总数的3.6%。占比高达89.3%的驻孟中资企业，都是非集体控股股份公司。

3. 中国私人资本股份占比

在孟中资企业中，私人控股的企业占了绝大比重。调查数据显示，全数由私人控股[①]的中资企业，占比高达近七成（69.29%），而完全由国有或者集体资本控股的中资企业则仅占调查企业总数的1/4（25%），由私人资本部分控股的企业仅占一成（10.7%）。

由以上对中国国有控股、中国集体控股以及中国私人资本股份在中资企业中占比的调查可以看出，中国国有绝对控股的中资企业仅占近两成（17.86%），由中国集体绝对控股的企业也仅占不到一成（9.64%），而由中国私人资本绝对控股的企业占比则高达近七成（69.29%）。由此可见，在中资企业中，中国私人资本股份控股是最为主要的经营形式。

（二）东道国各类资本控股占比

驻孟中资企业所占股份中，东道国的国有股份占比严重不足。在本次调查的中资企业中，未有任何一家中资企业中具有部分或者全部的东道国国有资本股份，这意味着在孟加拉国的中资企业中东道国国有资本存在相当程度的缺失。东道国私人资本股份占比同样不足。本次调查数据显示，不含东道国私人资本股份的驻孟中资企业，同样占了绝大比重（96.4%），仅有少数中资企业（3.6%）中东道国私人资本股份达到了50%。

（三）其他外国各类资本控股占比

驻孟中资企业中，来自第三国的国有资本或者私人资本严重缺乏。本次对中资企业的抽样调查，并未发现存在外国国有资本股份控股或者含有外国国有资本股份的企业。占96.4%的驻孟中资企业

---

① 私人资本控股是指由私人作为股东进行出资对企业进行绝对控制或者相对控制的一种出资形式。

并没有吸收来自第三国的私人资本。（见图 3 - 2）

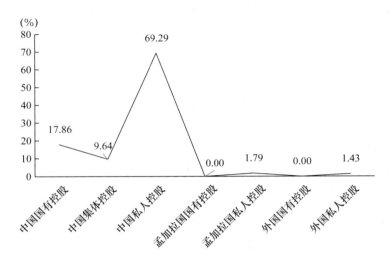

图 3 - 2   企业股权占比分布

（四）各类股东的股权变化

驻孟中资企业中，中国股东的股权并没有发生明显变化，一直处于控股状态。但东道国股东的股权变动却比较明显。调查数据显示，将近一半（46.4%）中资企业的东道国股东一直没有控股。另外还有超过一半（53.6%）中资企业属于一直没有东道国股东的状态。在除了中国股东以及东道国股东之外，其他国家股东的股权变化也有明显差异。其中一直没有其他国家（除中国之外）股东控股的中资企业占到了调查企业总数的将近三成（28.6%），另外还有七成（71.4%）中资企业中一直没有其他国家（除中国之外）股东。

按照注册是否超过五年的中资企业进行区分，从表 3 - 1 可以得出，无论注册时间是否超过五年，中国股东的股权一直都没有变化。而注册超过五年的中资企业中，孟加拉国股东一直不控股的企业占到了六成（63.64%），一直没有孟加拉国股东的企业则占到了三成（36.36%）；注册低于五年的企业中，情况则相反，孟加拉国股东一直不控股的企业仅占三成（35.29%），而一直没有孟加拉国股东的企业则多达64.71%。在其他国家股东股权变化中，注册是否超过五年并没有太大的区别，一直没有其他国家股东的企业都占到了七成，而其他国家股东一直不控股的企业则占近三成。

表3－1   **企业母公司的股权变化状况**   （单位：%）

	中国股东股权变化				孟加拉国股东股权变化				其他国家股东股权变化			
	一直控股	以前控股	一直不控	一直没有	一直控股	以前控股	一直不控	一直没有	一直控股	以前控股	一直不控	一直没有
注册超过五年	100.00	0.00	0.00	0.00	0.00	0.00	63.64	36.36	0.00	0.00	27.27	72.73
注册低于五年	100.00	0.00	0.00	0.00	0.00	0.00	35.29	64.71	0.00	0.00	29.41	70.59

三 中资企业与中国的联系

（一）与中国境内母公司的相关情况

大量在孟中资企业，在中国存在母公司。调查数据表明，占调查企业总数六成（60.7%）的驻孟中资企业，在中国境内有母公司，约四成（39.3%）在中国境内没有母公司。

图3－3显示了在中国境内有母公司的中资企业中，中国母公司的类型的差异。其中，母公司为国有企业的占到了在中国境内有母公司的中资企业总数的将近三成（29.41%）。其次是私营有限责任公司，占到了在中国境内有母公司的中资企业总数的二成（23.53%）。再次是私营企业，占到了总数的将近二成（17.65%）。其他类型如国有与集体联营、股份有限公司、私营合伙、私营股份有限公司以及与港、澳、台商合资经营性质的母公司，各占在中国境内有母公司的中资企业总数的5.88%。

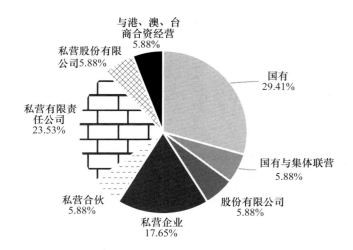

与港、澳、台
商合资经营
5.88%

私营股份有限
公司5.88%

私营有限责
任公司
23.53%

私营合伙
5.88%

私营企业
17.65%

股份有限公司
5.88%

国有与集体联营
5.88%

国有
29.41%

图 3 - 3　企业母公司类型百分比分布

按照企业是否在东道国经济开发区进行划分，从表 3 - 2 可以看出，在本国经济开发区的中资企业的母公司只有私营企业以及私营股份有限公司两种类型，而不在任何经济开发区的中资企业的母公司各种类型都有，但最多的还是国有企业性质的母公司。

表 3 - 2　　　　按是否在经济开发区划分的企业母公司类型分布　　　（单位：%）

	国有	国有联营	股份有限	私营企业	私营合伙	私营有限	私营股份	港澳台合资
不在经开区	28.57	7.14	7.14	14.29	7.14	21.43	7.14	7.14
孟加拉国经开区	0.00	0.00	0.00	50.00	0.00	50.00	0.00	0.00

（二）境外投资备案的履行

许多在孟中资企业，在中国商务部进行过境外投资备案。占总数六成多（65.4%）的驻孟中资企业，曾在中国商务部进行过境外投资备案；占总数三成多（32.1%）的中资企业未在中国商务部进行过境外投资备案；另外不到一成（7.1%）的中资企业主表示并不知道是否在中国商务部进行过境外投资备案。

　　进行过境外投资备案的中资企业的备案年份方面，2013 年进行过境外投资备案的企业最多，占到了总数的将近两成（17.7%），其次是 2012 年、2015 年、2016 年以及 2017 年进行过备案，各占总数的一成（11.8%）。而 1998 年、2003 年、2008 年、2010 年、2014 年以及截至 2018 年每年只有少量企业进行过境外投资备案登记。从备案月份上来看，每年 5 月份备案登记的中资企业最多，占全年总数的 1/4（25%），而后是 6 月、8 月、9 月以及 12 月进行备案的企业各占一成（12.5%），从 1998 年至今在 2 月、3 月、4 月和 11 月进行过备案登记的企业，各占全年登记总数的 2.3%。从登记年份和月份的趋势上可以看出，在 2012 年后驻孟加拉的中资企业在中国进行境外投资备案登记的数量明显增多（见图 3 - 4），这与"一带一路"的倡议不无关系，也可看出在"一带一路"倡议之后，中国与孟加拉国的经济关系更加的紧密。

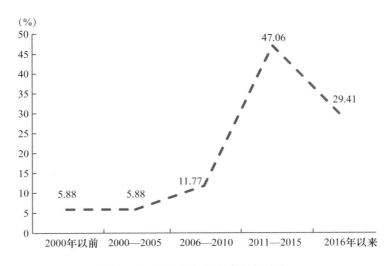

图 3 - 4　企业商务部备案年份分布

（三）加入中国商会的情况

大多数驻孟中资企业，都加入了在孟加拉国的中国商会。占企业总数的 3/4 的中资企业加入了东道国的中国商会，而另外仅有 1/4 的中资企业并没有加入中国商会。并且从调查情况来看，中资企业加入东道国的中国商会均注册过，其中有 19 家是在东道国孟加拉国注册的，占本次受访企业总数的 90.5%，另外占 9.5% 的受访企业是中国公司在孟加拉国的分公司。

第二节　驻孟中资企业生产经营状况

一　驻孟中资企业的供应商情况

（一）供应商的总体情况

中资企业的供应商总体可以分为东道国供应商以及非东道国供应商。本次抽样调查的中资企业中，没有东道国供应商的中资企业占 35.7%。有 3 个以上东道国供应商的中资企业，占总数的 20.14%。拥有 2—3 个东道国供应商的中资企业占 14.2%。东道国供应商数量分布上各只有 1 家中资企业。从分布数量上来看，有东道国供应商的中资企业占多数。

从非东道国供应商的数量上来看，中资企业中没有非东道国供应商的占比 21.4%。其次，占总数 17.9% 的中资企业有 5 家以上的非东道国供应商。有 5 个、4 个或 3 个非东道国供应商的中资企业占比分别为 14.3%、10.7%、10.7%。有 8 个和有 15 个非东道国供应商的中资企业各有 2 家，各占 7.1%。其余非东道国供应商数量分布上各只有 1 家中资企业，各占 3.6%。从分布数量上来看，有非东道国供应商的中资企业占绝大多数。

从总体来看，拥有非东道国供应商的中资企业比拥有东道国供应商的中资企业的总体数量要多，并且在既有东道国供应商也有非东道国供应商的中资企业中供应商的分布比例也是非东道国供应商要多于东道国供应商。

（二）东道国供应商的相关情况

本次受访的 28 家中资企业中，有东道国供应商的中资企业有 18 家，其中与东道国供应商合作最长的开始时间是 2003 年，但仅有一家中资企业，仅占总量的 5.6%。而合作最长的东道国供应商的开始时间在 2016 年的最多，有 6 家中资企业，占到了三成（33.3%）。另外还有 5 家中资企业与东道国供应商合作最长的开始时间是 2017 年，占 27.8%。从中资企业与合作最长时间的东道国供应商的年限分布上来看，多数的合作时间较短，绝大部分都是从 2016 年开始合作的。

从合作时间最短的东道国供应商的年限分布上来看，占总数的七成多（73.3%）的中资企业与东道国供应商的合作始于 2018 年，另外有接近三成（26.7%）的中资企业与东道国供应商合作时间从 2017 年开始。由此看来中资企业近几年都加大了与东道国的合作，从本地寻求供应商。

另外，中资企业更换本土供应商的频率相对较高。调查数据显示，在本次调查的有东道国供应商的 18 家中资企业中，有 12 家更换过本土供应商。其中有 16.7% 的中资企业甚至更换过 10 个及以上的本土供应商。而更换过 3 家本土供应商的中资企业数量占三成（33.3%）。可见，中资企业在融入孟加拉国本土化经营的过程中，在寻求合适的供应商方面，大多数经历了反复磨合的过程。

（三）非东道国供应商的相关情况

在本次调研的有非东道国供应商的 22 家中资企业中，大多数中资企业的非东道国供应商国别数量很少，多数企业仅有一个东道国以外其他国家的供应商，占非东道国供应商总数的七成（72.7%），仅有 1 家中资企业的非东道国供应商来自不同的 6 个国家，占到供应商总数的 4.5%。

在中资企业中非东道国供应商的来源方面，首先，国家为中国的中资企业最多，绝大多数企业将中国作为中资企业首先供应商，占比 67.9%。此外少数企业选择印度等南亚邻国。在本次调研的 22

家有非东道国供应商的中资企业中，第一个国家供应商的数量最多可以达到 15 家，不过仅有一家中资企业属于这种情况。超过一半（59.1%）的中资企业中第一个国家供应商的数量不超过 5 个。而在这 22 家中资企业中，与第一个国家合作最长的供应商的开始合作时间在 2016 年的最多，有 6 家，占 27.3%，开始合作时间在 2012 年的企业则有 5 家，占 22.7%。在 2015 年和 2017 年与第一个国家合作最长的供应商开始合作的企业各有 4 家，分别比占不同年份供应商最长开始合作年份总数为 18.2%。其余从 2013 年、2014 年以及 2018 年开始合作的中资企业各有 1 家，在 2015 年后与第一个国家供应商开始合作的中资企业更多，占各年份总数的 68.2%。而从与第一个国家合作最短的供应商的开始合作时间上来看，仅有 3 家企业在 2016 年开始合作，其余 14 家都是在 2017 年以及 2018 年。从资料数据上看来，近几年不断有非东道国供应商加入中资企业参与合作。

其次，有第二个非东道国供应商的中资企业仅有 6 家，有来自俄罗斯、韩国、美国、中国以及印度等，但数量不多，且国家之间的数量分布较为均匀。而第二个国家的供应商数量普遍较少，在 6 家中资企业中，有 1 家企业的第二个国家的供应商数量多达 10 个，其他 5 家中资企业的第二个国家供应商数量都在 5 家以内，占有第二个国家供应商的中资企业总数的 83.3%。在 6 家企业中，与第二个国家合作最长的供应商的开始合作时间在 2016 年前的仅有 1 家，占总数的 16.7%，另外 5 家中资企业与第二个国家的供应商合作最长的开始时间在 2016 年以后，占总数的 83.3%。而从与第二个国家合作最短的供应商的开始合作时间上来看，仅有 2 家企业 2018 年才开始合作。从数据上看，有第二个国家供应商的中资企业数量较少，且合作时间都较短。

那中资企业对非东道国供应商的更换是否频繁呢？调查数据显示，在 22 家有非东道国供应商的中资企业中，更换过非东道国供应商的有 10 家，占 45.5%，接近半数。其中有 8 家企业更换的非东道国供应商的数量不超过 2 个，另外 2 家企业分别更换过 4 家以及 5 家非东道国供应商。没更换过非东道国供应商的有 12 家，超过受访企业中存在非东道国供应商企业总数的一半（54.5%）。相较于更换本土供应商的频率而言，企业更换非东道国供应商的频率要低很多。因此中资企业中的非东道国供应商较为稳定，本土供应商更换较为频繁。

（四）与供应商的纠纷情况

中资企业与供应商之间发生经济纠纷的情况较少。在本次调研的 28 家中资企业中，仅有 4 家中资企业曾与供应商产生过经济纠纷，另外有 23 家企业并没有与供应商发生过经济纠纷，占有供应商的中资企业总数的 85.2%。但这 4 家与供应商有纠纷的中资企业至今经济纠纷仍未解决。这显示出在孟中资企业在选择合作伙伴方面的慎重和富有成效。

二　驻孟中资企业与其经销商[1]的状况及变动

（一）东道国经销商的相关情况

在本次抽样调查的企业中，其中 19 家工业企业[2]中有 11 家企业拥有东道国经销商，占调查总数的接近六成（57.9%）。其中有 1 家中资企业的东道国经销商数量达到了 70 家。总体来看，东道国经销商数量在企业之间分布较为极端，其中有 30 家以上东道国经销商的企业仅有 5 家，占有东道国经销商的中资企业总数的接近一半（45.5%）。另外 6 家中资企业的东道国经销商数量仅在 15 家以内，

---

[1]　此处的经销商是指企业直接批发或销售的商业企业，或称之为一级经销商。

[2]　本次调查的是中资工业企业以及中资服务业企业，此处与经销商的相关情况仅指调查中的 19 家中资工业企业。工业企业包括采矿业（金属与非金属矿均涵盖）、制造业（食品制造、饮料制造、烟草制造、纺织品制造、服装与皮革制造、木材制品、纸制品、化学制品、橡胶和塑料制品、非金属矿物制品、金属制品、机械制造、无线电制造、医疗器械、光学仪器、钟表制造、汽车制造、家具制造）、电力、煤气和水的供应、建筑业。

占总数的一半以上（54.5%）。此外，还有 8 家中资企业并没有东道国经销商，这在此次调查的工业企业中也是一个不小的比例。

从合作最长的东道国经销商的开始合作时间上来看，本次调研中，2012 年前与东道国经销商开始合作的中资企业只有 1 家，其余 10 家中资企业都是在 2012 年之后才开始与东道国经销商开始合作的，这与"一带一路"倡议不无关系。再从合作最短的东道国经销商的开始合作时间上来看，仅有 1 家企业与其合作最短的东道国经销商的开始合作时间是在 2015 年，另外 9 家企业与合作最短的东道国经销商的开始合作时间都是在 2017 年或者 2018 年，这意味着在有东道国经销商的中资工业企业中，有 1 家工业企业只有一个东道国经销商，还有 1 家中资工业企业在 2015 年以后并没有加入新的东道国经销商，另外 9 家中资企业在近两年也有新的东道国经销商加入。

至于企业中的东道国经销商是否更换过，这 11 家企业的回答则各有不同。有 5 家中资企业更换过东道国经销商，另外有 6 家企业并没有更换过东道国经销商，由此看来更换过东道国经销商的中资企业接近半数，更换频率较大。并且在这 5 家更换过经销商的中资企业中，有 2 家企业更换过 10 个经销商，另外有 1 家更换过 5 个经销商，还有 2 家企业更换过 3 家东道国经销商。总的来看，更换过 5 个以上经销商的中资工业企业达到了 60%。

（二）非东道国经销商的相关情况

在本次抽样调查的企业，属于工业企业的 19 家中有 9 家企业拥有非东道国经销商，另外有 10 家企业没有非东道国经销商，超过了半数（52.6%）。不但拥有非东道国经销商的企业不到一半，并且企业中的非东道国经销商的数量也并不多。只有 1 家企业的经销商数量达到了 20 家之多，另外 8 家企业的非东道国经销商数量至多不超过 13 家，占非东道国经销商的工业企业总数的八成以上（88.9%）。

对于工业企业中非东道国经销商的国别数量是否有差异，此次还进行了调查。数据显示，有 2 家工业企业的非东道国经销商来自不同的 10 个国家，国别数量最多。但非东道国经销商只来自 1 个国家的工业企业的数量最多，有 4 家，占总数的四成多（44.4%）。

此次还调查了 9 家加工业企业的最大非东道国经销商的来源国。数据显示，最大经销商来自中国的最多，有 4 家，占有非东道国经销商的工业企业总数的 44.4%。最大非东道国经销商来自丹麦、德国、马来西亚、美国以及印度的工业企业则各有 1 家。而这 9 家工业企业的最大非东道国经销商的数量全都控制在 20 家以内，其中最大非东道国经销商的数量控制在 10 家以内的工业企业有 7 家，占比超七成（77.8%），并且有 2 家工业企业的最大非东道国经销商只有 1 个。此外，仅有 1 家工业企业的最大非东道国经销商的数量达到了 20 家，占总数的一成（11.1%）。

从数据上看，9 家中资工业企业与其最大非东道国经销商合作最长的初始合作时间在 2012 年，有 2 家企业，占工业企业总数的 22.2%。最晚的则是 2018 年，有 1 家企业，占工业企业总数的一成（11.1%）。总体从年份分布上来看较为平均，从 2012 年开始每隔两三年就会有一个中资工业企业开始与非东道国的经销商展开合作。

此次还调查了 7 家与最大非东道国有 2 家及以上经销商的工业企业与其合作最短的经销商的开始合作时间。在 2015 年有 1 家企业与最大非东道国的经销商进行了新的合作，另外 6 家则是在 2018 年开始合作，总体看来，中资工业企业与其最大非东道国在 2018 年进行了大量新的经销商合作。

那么，这 9 家中资工业企业的最大非东道国经销商是否更换过？数据显示，仅有 1 家企业更换过其最大非东道国经销商，不过更换的经销商数量仅 1 家。而另外 8 家都未曾更换过最大非东道国经销商，由此看来，中资工业企业与其最大非东道国经销商的关系较为稳定。

在本次受访的有非东道国经销商的 9 家企业中，有 5 家企业拥有来自两个国家及以上的经销商，其中，各有 1 家中资工业企业的第二大经销商来自德国、尼泊尔、瑞典、印度以及中国。并且，第三方国家的经销商数量较少，仅有 1 家企业的第三方国家的经销商数量达到了 11 家，另外 4 家企业的第三方国家的经销商数量不超过 3 家，还有 1 家工业企业的第三方国家经销商仅有 1 个。占拥有第二国家经销商的工业企业总数的八成（80%）。

在 5 家工业企业中，企业与第三方国家公司合作最长的经销商的初始合作时间在 2015 年后的居多，有 4 家，占到了总数的八成（80%），仅有 1 家企业在 2015 年前（2012 年）与第三方国家的经销商开始了合作。

此外，在本次受访的 4 家有第二个国家经销商并且经销商的数量在 2 家及以上的企业中，与第二个国家合作最短的经销商的开始合作时间在 2017 年以后的较多，有 3 家，占总数的 75%。此外仅有 1 家企业是在 2013 年开始与第二个国家合作最短的经销商，也是调查中最早与第二个国家合作最短的经销商。

再来看一下第二个国家经销商的更换频率，在这 5 家工业企业中，仅有 1 家企业更换过第二个国家经销商，并且其所更换的经销商数量仅 1 个。另外 4 家企业并未更换过第二个国家经销商，未更换过第二个国家经销商的企业占拥有第二个国家经销商企业总数的八成（80%）。

（三）与经销商的经济纠纷①情况

本次还调查了企业与经销商的纠纷情况。调查显示，在受访的 28 家企业中仅有 3 家企业表示与经销商曾发生过纠纷，另外还有 12 家企业明确表示从未与经销商发生过纠纷，未与经销商发生过纠纷的企业占到了八成。并且，这 3 家曾与经销商发生过纠纷的企业都表示纠纷已妥当解决，其中两家企业是通过公司负责人或 CEO 来与供应商进行协商的方式解决纠纷，另外 1 家企业是通过按照商业合同中确定的纠纷处理方式来解决纠纷。总体来看，企业与经销商的

---

① 经济纠纷指本公司与经销商经销协议执行或履行过程中未按合同规定进行，引发纠纷。

关系都较为稳定，不存在不可调和的冲突。

三 驻孟中资企业生产与销售的基本状况

（一）中资企业的基本经营状况

驻孟中资企业营运时间普遍较长。本次通过问卷方式调查了 28 家中资企业在 2017 年的每周平均营业时间。从图 3 - 5 可以看出，每周平均营业时间在 60 个小时以内的企业有 24 家，占多数（85.71%），其中每周平均营业时间最少的两家企业为 40 个小时。另外 4 家企业的每周平均营业时间在 120 个小时以上，但占据少数（14.29%）（见图 3 - 5）。其中每周平均营业时间最多的一家企业达到了 144 个小时。

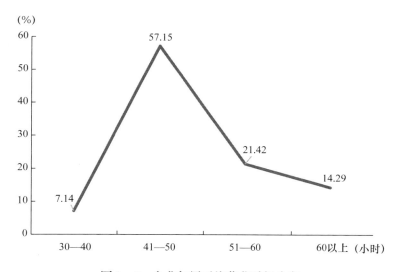

图 3 - 5 企业每周平均营业时间分布

（二）企业主营产品的市场份额分布

中资企业主营产品的市场，绝大多数面向孟加拉国本地，部分产品出口到世界其他地方，少部分企业的产品在孟加拉国生产后出口到中国。本次受访的 28 家中资企业中，有 9 家中资企业的产品主要市场是在本地①，占企业总数的三成（32.1%），另外9家企业的主要市场则在东道国②，占企业总数的三成（32.1%）。此外有7家企业的主要市场是在国际③，占1/4（25%），其中有两家企业的产品第一市场国为德国，另外5家企业的产品第一市场国为丹麦、俄罗斯、马来西亚、美国以及英国。

此外，拥有产品第二市场国的中资企业仅有5家，市场国分别为澳大利亚、德国、日本、瑞典以及意大利。拥有产品第三市场国的企业也仅有5家，其中有2家企业的第三市场国为法国，另外3家分别为德国、日本以及西班牙。由此看来，在国际市场上，中资企业销往德国的产品较多。仅有3家企业的产品主要市场是在中国④，占企业总数的一成（10.7%）。

按照注册时间是否超过五年、是否在经济开发区、在商务部是否进行过境外投资备案、有无加入孟加拉国中国商会进行区分，由表3-3可以看出，无论是注册时间超过五年又或是未超过五年的企业，产品主要市场均在本地区、孟加拉国国内以及国际市场上。并且，由于在本国经济开发区的中资企业数量还较少，未处于经济开发区内的企业在各区域的市场占有率都更高，但都没有将产品主要市场的重心放在中国。

从是否有在中国商务部进行过境外投资备案的区分可以看出，在中国商务部进行过境外投资备案的企业在本地区、孟加拉国国内以及国际上的市场占有率都更高，但以中国市场为产品主要市场的反而是未在中国商务部进行过境外投资备案的企业。从数据上看，加入了孟加拉国中国商会的中资企业的产品主要市场在孟加拉国国内和国际的比例都要大于未加入中国商会的中资企业。

---

① 产品主要卖到企业所在的同一城市或地区当中。
② 产品主要卖到企业所在国家但在其他城市中。
③ 产品主要卖到除东道国、中国之外的其他国家或市场中。
④ 产品主要卖回到中国。

表 3 - 3　　　　　　　　　企业产品的主要销售市场状况　　　　（单位：%）

	本地	孟加拉国国内	中国	国际
注册超过五年	27. 27	27. 27	18. 18	27. 27
注册低于五年	35. 29	35. 29	5. 88	23. 53
不在经开区	33. 33	29. 17	12. 50	25. 00
孟加拉国经开区	33. 33	33. 33	0. 00	33. 33
其他	0. 00	100. 00	0. 00	0. 00
商务部境外投资备案	29. 41	41. 18	5. 88	23. 53
未在商务部境外投资备案	33. 33	11. 11	22. 22	33. 33
加入孟加拉国中国商会	28. 57	38. 10	14. 29	19. 05
未加入孟加拉国中国商会	42. 86	14. 29	0. 00	42. 86

　　中资企业主营产品在孟主要市场的表现不尽如人意（见表 3 - 4）。市场份额在 10% 以下的占到了受访企业的 37.50%，而能在主要市场中占据 70% 以上市场份额的企业仅占受访企业总数的 12.50% 中资企业在 2017 年主营产品的主要市场中的市场占有率排名中，市场占有率排前 3 的中资企业占调查企业总数的过半（54.50%），但市场占有率排在第 10 位及以后的中资企业数量最多，有 7 家，占企业总数的三成（31.8%），各中资企业之间的市场占有率排名相差较为悬殊。由此看来中资企业在产品主要市场中占据的份额并不多，但市场占有率较高，并且各个中资企业之间的市场份额以及市场占有率相差较大。

表 3 - 4　　　　　　　　　企业主营产品的市场份额分布　　　　（单位：%）

	小于 1%	1%—10%	11%—20%	21%—30%	31%—50%	51%—70%	71%—100%
本地	0. 00	22. 22	44. 44	11. 11	0. 00	11. 11	11. 11
孟加拉国	0. 00	37. 50	12. 50	12. 50	12. 50	12. 50	12. 50
中国	100. 00	0. 00	0. 00	0. 00	0. 00	0. 00	0. 00
国际	71. 43	28. 57	0. 00	0. 00	0. 00	0. 00	0. 00

注：$N = 25$。

　　那么中资企业在东道国生产经营时是如何定价①的呢？本书给出了"接受市场价格""成本加成""根据进口商品定价""政府定价""同买方议价""由商业联盟定价"以及"其他"等选项，问卷调查结果显示，接受市场价格来进行定价的中资企业最多，有 13 家，占到了接近半数（48.1%），另外还有 8 家企业是同买方议价的方式进行定价，占到了企业总数的接近三成（29.6%），还有 4 家企业是用成本加成的方式进行定价，占总数的 14.8%，另外仅有 2 家中资企业分别采用依据进口商品的价格以及与政府协商方式进行定价。

　　表 3－5 对中资企业以注册是否超过五年、是否在经济开发区、有否在商务部进行境外投资备案以及有否加入孟加拉国中国商会进行相应的区分，结果表明，注册低于五年的中资企业对于定价采用的方式更为多样，而注册超过五年的企业则只采用接受市场、买方议价以及成本加成的方式进行定价。在本国经济开发区的企业全都采用政府定价、买方议价的方式来拟定价格，而不在任何经济开发区的企业多采用参考市场价的方式进行定价。在中国商务部进行过境外投资备案的企业并未采取根据进口商品来进行定价，而未在中国商务部进行境外投资备案的企业则并没有依靠政府定价的方式来进行定价。最后来看加入孟加拉国中国商会的中资企业，进行产品定价的方式多样，但未加入孟加拉国中国商会的企业只采取接受市场价格、买方议价以及成本加成的方式来进行定价。

表 3－5　　　　　　　企业在孟加拉国的定价方式分布　　　　　　（单位：%）

	市场定价	成本加成	根据进口	政府定价	买方议价
注册超过五年	63.64	9.09	0.00	0.00	27.27
注册低于五年	37.50	18.75	6.25	6.25	31.25
不在经开区	52.17	17.39	4.35	0.00	26.09

---

　　①　生产经营的定价是指主营业务产品的定价。

续表

	市场定价	成本加成	根据进口	政府定价	买方议价
孟加拉国经开区	0.00	0.00	0.00	33.33	66.67
其他	100.00	0.00	0.00	0.00	0.00
商务部境外投资备案	50.00	12.50	0.00	6.25	31.25
未在商务部境外投资备案	44.44	11.11	11.11	0.00	33.33
加入孟加拉国中国商会	55.00	10.00	5.00	5.00	25.00
未加入孟加拉国中国商会	28.57	28.57	0.00	0.00	42.86

(二) 中资企业的产品出口情况

大多数中资企业的产品面向孟加拉国当地销售。2017 年度中资企业产品的出口情况，仅有 1/4 中资企业表示产品有出口到国外，另外 21 家企业的产品仅在本国当地销售，占大多数（75%）。在这 7 家将产品出口到国外的企业中，全年出口总额相差也较为悬殊，有 3 家企业的 2017 年出口总额在 4000 万孟加拉塔卡以内，另外 4 家企业的全年出口总额在 8000 万塔卡以上。

在出口类产品中，服装类占了相当比重。在以出口为主的中资企业中，第一出口产品为服装的企业最多，占 28.6%。其次为彩色包装、电池、贸易、培训服务以及针织衫。此外，仅有 3 家企业有第二出口产品，分别为衬衫、服装吊牌以及维修服务，另外以服装标布、牛仔衣和牛仔裤以及手机市场信息为第三出口产品及服务的企业也各有 3 家。

在 2017 年各企业使用的结算货币中，美元结算额、东道国货币结算额、人民币结算额、其他币种结算额在各企业之中的比例各有不同。调查数据显示，出口企业中美元结算额占总出口的比例在 5 家出口企业中达到了 100%，另外 1 家企业的美元结算额占总出口的 80%，只有一家企业的美元结算额占总出口的比例为 0。而在这 7 家出口企业中，采用东道国货币进行结算的企业为零，此外有 1 家企业完全采用人民币进行出口结算，另外有 1 家企业的人民币结算额占总出口的比例为20%，有5家企业并未采用人民币作为出口结算货币。由此可以看出，在企业中绝大多数都采用美元来进行出口结算。用人民币进行出口结算的企业仅有2家，占将近三成（28.6%）。而用东道国货币进行出口结算的企业则没有。

最后再来看2017年中资企业出口产品的制造类型。7家出口企业中，有4家企业是由买主提出要求，公司加工后贴上买主品牌，即代加工制作买方公司的产品，贴上买方公司的品牌商标，又称原始设备制造商①，此类型最多，占出口企业的半数（57.1%）。另外有2家企业是由母公司或本公司提出要求，自行设计、加工，即原始设计制造商，② 此类型占出口产品类型的将近三成（28.6%）。另外1家企业则在问卷调查中选择了"其他"。

从表3-6来看，注册超过五年的企业并未采用母公司或本公司提出要求，然后自行设计、加工的方式制造出口产品，而注册低于五年的公司则对于出口产品的制造类型各有不同，既有买主提要求，加工后贴上买主品牌的制作方式，也有自行加工、设计产品的方式。同样，不在任何经济开发区的企业由于数量较多，故多采用不同方式来制造出口产品，而小部分在本国经济开发区的企业则均只采用买主提要求，加工后贴上买主品牌的方式制造出口产品。在中国商务部进行过境外投资备案的企业既有采取加工方式也有采取自行设计、加工的方式来制造出口产品，而未在商务部进行境外投资备案的企业则都只采取买主提要求，加工后贴上买主品牌的方式制造出口产品。最后，加入孟加拉国中国商会的企业的出口产品的制造类型也具有多样性，而未加入中国商会的企业的出口产品只有买主提要求，加工后贴上买主品牌这一种方式。

---

① 原始设备制造商 OEM（Original Equipment Manufacturer）。
② 原始设计制造商 ODM（Original Design Manufacturer）。

表3-6　　　　　　　　　企业产品出口类型分布　　　　　　　（单位：%）

	原始设备制造商	原始品牌制造商	其他
注册超过五年	75.00	0.00	25.00
注册低于五年	33.33	66.67	0.00
不在经开区	40.00	40.00	20.00
孟加拉国经开区	100.00	0.00	0.00
商务部境外投资备案	60.00	40.00	0.00
未在商务部境外投资备案	100.00	0.00	0.00
加入孟加拉国中国商会	50.00	33.33	16.67
未加入孟加拉国中国商会	100.00	0.00	0.00

（三）贸易战对孟加拉出口的影响

正在上演的贸易战，对孟加拉国企业的出口带来了机会。根据孟加拉国银行公布的数据，在2018年9月商品出口同比增长54.3%，达30亿美元；而商品进口增长24.1%，达到48亿美元。商品出口年增长率强劲的主要原因是比较基数较低。2017年9月出口受到洪水影响，导致当年经济活动放缓。尽管如此，出口仍然在过去几个月表现良好，因为成衣服装（RMG）的出货量增加，这是孟加拉国最大的出口产品，也是农产品出口。9月RMG出口同比增长51.7%至25亿美元。孟加拉国的出口得益于正在进行的美中贸易战，正是因为美国对中国产品的关税上升，从而导致一些出口订单已经从中国转向孟加拉国，也导致一些买家首次从孟加拉国采购。现今美国的需求依然强劲，同时美国也是孟加拉国最大的出口目的地。与此同时，孟加拉国也出现了对欧洲市场出口的强劲增长，这是其RMG出口的另一个支柱。从很大概率上来看，RMG出口将继续受益于贸易战，并符合政府的要求。2018—2019年（6月至7月）RMG出口收入目标为327亿美元，并有助于实现孟加拉国390亿美元的总体出口目标。9月份进口增长也很强劲，但远远超过出口大幅增长，部分原因是严重洪水导致当地产量下降后孟加拉国粮食进口量增加，导致粮食进口量与去年的高基数相比有所下降。尽管如此，孟加拉国依然严重依赖燃料进口、基础设施发展的资本投入和 RMG 部门的投入。从目前的情况来看，进口增长将继续增长，一部分原因是为了支持出口增长。但同时这也能够缩小孟加拉国的巨额贸易逆差和经常账户赤字。

根据孟加拉国的要素禀赋，生产出口产品并符合孟加拉国的比较优势，这只是出口增长的关键步骤。然而，出口竞争力只是出口成功的必要条件。全球贸易受到各种关税和非关税措施的制约，这些措施成为市场准入的障碍，特别是像孟加拉国这样的最不发达国家寻求新的出口目的地并试图更广泛地开放现有市场。为了在可持续的基础上确保出口成功，政府将在双边和多边保护伞下的持续努力中发挥积极作用，以获得孟加拉国对多样化产品和目的地市场准入的合法要求。但鉴于孟加拉国目前的关税制度，大多数研究表明这些举措的贸易转移成本很高，因此需要进一步合理化关税，以便贸易创造的利益抵消区域自由贸易协定的贸易转移成本。因此，为了通过区域贸易协定获得市场准入，孟加拉国将不得不进一步降低关税，否则就难以建立区域贸易联盟。

（四）中资企业最终产成品与中间产品的进口情况

大多数中资企业的主要最终产成品[①]，并未被作为中间产品。数据显示，本次调查的 28 家中资企业中，仅有 9 家企业的最终产成品为进口的，仅占三成（32.1%），另外 19 家企业的最终产成品非进口，占近七成（67.9%）。对于最终产成品为进口的企业，本书还咨询了其主营业务产品是从哪几个国家进口的，并要求受咨询企业按照销售额以及营业额的先后顺序进行排序来列举最主要的三个国家。结果表明，这 9 家企业的最终产成品的第一进口国皆为中国。而在有最终产成品第二进口国的 5 家企业中，有 2 家企业的最终产成品第二进口国也为中国，占两成（22.2%）。另外 3 家企业的最终

---

① 最终产成品是指企业已经完成全部征税过程并已验收入库合乎标准规格和技术条件，可以按照合同规定的条件送交订货单位，或者可以作为商品对外销售的产品。

产成品第二进口国则为印度，占三成（33.3%）。本次调研发现，拥有最终产成品第三进口国的 4 家企业中，有 2 家企业的最终产成品第三进口国为中国，占两成（22.2%），另外 2 家企业的最终产成品第三进口国分别为日本以及新加坡。由此看来，中资企业的最终产成品进口国大部分都是中国。

那么中资企业的中间产品①是否属于进口？对这 28 家中资企业进行调查发现，有 16 家企业的中间产品属于进口，占过半数（57.1%），另外还有 12 家企业的中间产品并不属于进口，占 42.9%。将企业的中间产品进口国按照销售额以及营业额进行排序发现，在 16 家中间产品属于进口的企业中，有 15 家企业的中间产品第一进口国是中国，占绝大部分（93.8%）。另外 1 家进口企业并没有中间产品的第一进口国。此外，中间产品第二大进口国为中国的企业占到了 1/4（25%），数量最多，还有 2 家企业的中间产品第二进口国为美国，另外有 1 家企业的中间产品第二进口国为印度，其余 9 家企业并没有中间产品第二大进口国。并且，有 1/4 的企业的中间产品第三进口国为中国，数量最多，另外各有 1 家企业的中间产品第三进口国分别为韩国、新加坡以及印度。从总体上来看，中资企业中间产品的第一、第二、第三进口国多数都来自中国。

四　驻孟中资企业与其他企业的竞争关系

（一）竞争压力及来源

对于中资企业是否在东道国感受到了较强的竞争压力，通过问卷调查结果可以看出，在 28 家中资企业中，有 24 家企业表示在东道国感受到了较强的竞争压力，占大多数（85.7%），仅有一成

---

①　中间产品是指为了再加工或者转卖用于供别种产品生产使用的物品和劳务，如原材料、燃料等。如棉花是初级产品，投入生产过程后得到的棉纱、坯布、色布及裁剪的服装面料等都是中间产品，但对不同的企业而言，中间产品与最终产成品的区别是看该产品在该年度生产出来之后还要继续加工生产还是被直接销售，前者则为中间产品，后者则为最终产成品。

（14.3%）的企业并未感受到较强的竞争压力。而询问这 24 家感受到较大竞争压力的企业其压力的来源时，大多数企业认为是外资的同行企业对其产生了较大的威胁，数量占到了 3/4（75.00%），另外有 6 家中资企业则认为是东道国国内的同行企业对其产生了较大的竞争压力。

而不同行业类别的竞争压力来源也各有不同，从表 3 - 7 可以看出，认为有较大竞争压力的工业企业较多，其中有七成多（75.00%）认为其竞争压力来源于外资同行，另外有 1/4（25.00%）的工业企业认为其竞争压力来源于孟加拉国同行。而服务业认为自身有较大竞争压力的企业仅占不到四成（33.3%）。其中绝大部分（75.00%）认为其压力来源于外资同行。因此，对于驻东道国的中资企业来说，有大部分企业的竞争压力来源于外资的同行。

表 3 - 7 　　　　　　　　不同行业类别竞争压力的主要来源 　　　（单位：%）

	孟加拉国同行	外资同行
工业	25.00	75.00
服务业	25.00	75.00

注：$N = 24$。

在受访的认为外资同行具有较大竞争压力的 18 家企业中，企业面临的主要竞争外资企业所属的国家中，有 12 家企业的最主要竞争外资企业所属国为中国，占到了接近七成（66.7%），另外 2 家中资企业的最主要竞争外资企业所属国为日本，此外各有 1 家企业的最主要外资竞争企业分别来自于韩国、美国、印度以及日本。其次，有 7 家企业表示其第二竞争外资企业来自中国，占 38.9%；认为第二竞争外资企业来自韩国、日本以及印度的企业各有 2 家，各占一成（11.1%）。对于中资企业所认为的第三竞争外资企业所来自的国家，则分布的较为广泛，各有 2 家企业认为其第三竞争外资企业来自韩国以及中国。从总体上看，对于在东道国的中资企业而言，更具有竞争力的同行业竞争者还是中资企业。

（二）竞争对手及形式

从产品主要销售市场来看，对于有多少家企业是自己直接的竞争对手，调查结果显示，本次抽样调查的 28 家企业，有 21 家企业认为在自身所属的产品主要销售市场中，有不到 50 个竞争对手，占绝大部分（84%），有 4 家中资企业甚至认为其在销售市场中并没有直接竞争对手。仅有 4 家企业认为其在销售市场中直接竞争对手超过了 50 个，其中有 1 家中资企业认为其直接竞争对手有 99 个，数量最多。

对于企业在东道国生产经营过程中，即 2015 年到 2017 年中是否遇到过中国企业有相互之间恶性竞争或者过度竞争的现象，有 11 家企业表示曾经遇到过，接近四成（39.3%），有六成（60.7%）的企业表示在中国企业之间并没有这类事情发生。而进一步询问这类企业所认为的恶性竞争的形式，11 家企业都表示最主要的形式就是恶意压低价格来进行不正当的竞争。

（三）近年企业面临的竞争状况、方式及地位的变化

那么在 2013 年前后，中国企业在东道国同行业的竞争状况是否有进一步的改善呢？从调查结果上来看，大部分（82.1%）企业表示竞争变得更为激烈了，仅有一成多（14.3%）的企业认为变得更好经营了，而少数企业主认为竞争环境并没有明显变化。

从表 3-8 来看，绝大部分（84.21%）的工业企业认为竞争环境更为激烈了，仅有小部分（10.53%）认为企业更好经营了；对于服务业行业而言，大部分（77.78%）也认同竞争变得更为激烈了，仅有小部分（22.22%）认为变得更好经营了。对于在中国商务部进行过境外投资备案的企业而言，82.35% 的中资企业认为竞争变得更为激烈了，而仅有 17.65% 的企业认为变得更好经营了。未在中国商务部进行过境外投资备案的企业绝大部分（88.89%）也认为竞争变得更为激烈了，仅有 11.11% 的企业认为其竞争环境没有什么变化。对于绝大部分（85.71%）加入孟加拉国中国商会的

企业而言，竞争日趋激烈，仅有 14.29% 的企业认为企业更好经营
了。未加入孟加拉国中国商会的中资企业多数（71.43%）也都认
为竞争环境变得更为激烈了，仅有少部分企业认为变得更好经营或
者是没有变化。总体而言，绝大部分中资企业都认为竞争状况愈演
愈烈，竞争趋势越来越激烈。

表 3 - 8　　　　　近五年来企业的竞争状况变化情况　　　　（单位：%）

	更好经营	没有变化	竞争更激烈
工业	10.53	5.26	84.21
服务业	22.22	0.00	77.78
商务部境外投资备案	17.65	0.00	82.35
未在商务部境外投资备案	0.00	11.11	88.89
加入孟加拉国中国商会	14.29	0.00	85.71
未加入孟加拉国中国商会	14.29	14.29	71.43

　　那么，从 2015 年到 2017 年，中资企业在市场中随着竞争越来
越激烈，其自身在东道国同行业的竞争地位是否有变化呢？有接近
半数（42.3%）的企业认为其竞争地位在这两年间正快速上升，另
外有接近三成（26.9%）的企业认为其正在缓慢的上升中，有一成
（11.5%）的企业认为其竞争地位并没有变化，另外有 15.4% 的企
业认为其竞争地位在缓慢下降中，还有 1 家中资企业认为其地位正
在快速下降。从总体上来看，有七成的中资企业认为其竞争地位在
逐步上升，情况较乐观。

　　从 2015 年以来，企业在东道国生产经营的竞争方式也有了较大
的变化。过半数（67.9%）的企业认为其竞争方式变为了打价格
战，价格方面的竞争更为激烈了。另外有近三成（28.6%）的企业
认为其竞争方式变为更加看重产品的质量，质量竞争变得更为激烈，
仅有 1 家企业认为其在东道国生产经营的竞争方式并没有显著的变化。
从表 3 - 9 上看，工业企业以及服务业企业多数（67.86%）都认为价格

竞争变得更为激烈，包括在中国商务部进行过境外投资备案以及未进行境外投资备案的企业绝大多数（73.08%）也都认为是价格的竞争变得更为激烈，小部分（23.08%）企业认为是质量竞争变得更为激烈，而极小部分（3.85%）企业认为没有变化。对于加入孟加拉国中国商会的企业，近半数（46.43%）都认为其所遇到的价格竞争变得更为激烈，少数（28.57%）认为是质量竞争变得更为激烈了；而未加入中国商会的中资企业绝大多数都认为是价格竞争变得更为激烈，仅有极少数企业认为其竞争方式并没有多大的变化。从而可以看出，各行业在产品主要市场的竞争方式多为价格方面的较量。

表3-9　　　　　　　　近五年来企业的竞争方式变化情况　　　　　（单位：%）

	没有变	价格竞争更激烈	质量竞争更激烈
工业	3.57	46.43	17.86
服务业	0.00	21.43	10.71
合计	3.57	67.86	28.57
中国商务部进行境外投资备案	0.00	42.31	23.08
未在中国商务部进行境外投资备案	3.85	30.77	0.00
合计	3.85	73.08	23.08
加入孟加拉国的中国商会	0.00	46.43	28.57
未加入孟加拉国的中国商会	3.57	21.43	0.00
合计	3.57	67.86	28.57

五　驻孟中资企业在生产经营相关方面自主决策程度

课题组还对本次被调查人员按照自主决策等级的评价划分企业内的高层管理人员（GM）近三年（2015—2017年）在生产、销售策略、投资战略、研发与雇佣（不受母公司影响或干预）方面的自主决策程度。

（一）各方面自主决策权总体情况

1. 产品生产或服务供给的自主决策程度

有半数（50%）的受访中资企业认为其对于产品生产或服务供

给的自主决策程度超过了80%，具有较高的自主决策权，另外有21.4%的中资企业则认为其对产品生产或服务供给的自主决策权低于50%，自主决策程度较低。

2. 产品或服务销售的自主决策程度

有接近半数（46.4%）的受访中资企业认为其在产品或服务销售方面具有全权（100%）的自主决策权，有接近四成（39.3%）的企业认为其对于产品或服务销售方面的自主决策权在50%—99%之间，仅有少数企业认为其自主决策权在50%以下。

3. 技术开发的自主决策程度

占受访企业总数28.6%的企业认为其对于技术开发方面具有100%的自主决策权，认为技术开发方面的自主决策程度达到50%以上的企业占60.7%，但从调查数据上可以很明显地看出有1/4（25%）的中资企业认为其对这方面的自主决策程度极低，自主决策权不超过20%。

4. 新增投资的自主决策程度

大部分（71.4%）企业认为其对新增投资的自主决策权达到了50%以上，并且受访的28家企业中，有11家企业认为其能够完全掌控对于新增投资的决策权，但也有将近二成（17.9%）的企业认为其对新增投资的自主决策权掌握程度极低，不到20%。

5. 员工雇佣的自主决策程度

六成（60.7%）受访企业认为对员工的雇佣掌握有完全的自主决策权，仅有一成（10.7%）受访企业认为对员工雇佣方面的自主决策程度低于60%，但相较于之前各个方面的自主决策程度，对于员工的雇佣方面，中资企业大多享有较高的自主决策权。

（二）按照行业类别来看企业自主决策情况

按照中资企业中工业企业与服务业企业之区别，对于各个方面的自主决策权进行了区分统计，从表3-10可以看出，工业行业在产品生产方面的企业自主决策权呈现出一个波动较大的不同区间。而服务业企业除了部分认为其对产品生产有完全的自主决策权之外，其余的企业认为其自身对产品生产方面的自主决策权只在20%—39%以及80%—89%之间进行浮动。

在技术开发方面，工业行业多数（36.84%）认为其具有完全的自主决策权，但服务行业大部分（55.56%）认为在技术开发方面，其自主决策权非常低，甚至不到20%。

在新增投资的自主决策权方面，工业企业的自主决策权偏低，服务行业多数则认为其自主决策权在70%以上。

在员工雇佣方面，工业企业和服务业企业都享有较高的自主决策权。平均自主决策权的程度都在50%以上。

表3－10　　　　　　　　不同行业类型的企业自主程度　　　　　（单位：%）

	行业类型	0—19%	20%—39%	40%—49%	50%—59%	60%—69%	70%—79%	80%—89%	90%—99%	100%
产品生产	工业	5.26	5.26	10.53	15.79	5.26	21.05	0.00	15.79	21.05
	服务业	0.00	22.22	0.00	0.00	0.00	0.00	33.33	0.00	44.44
产品销售	工业	10.53	5.26	0.00	15.79	10.53	10.53	0.00	5.26	42.11
	服务业	11.11	0.00	0.00	0.00	0.00	0.00	33.33	0.00	55.56
技术开发	工业	10.53	10.53	10.53	10.53		5.26	5.26	10.53	36.84
	服务业	55.56	0.00	0.00	0.00	0.00	0.00	22.22	11.11	11.11
新增投资	工业	15.79	10.53	5.26	15.79	5.26	5.26	5.26	0.00	36.84
	44.44	服务业	22.22					11.11	11.11	11.11
员工雇佣	工业	0.00	0.00	0.00	10.53	5.26		0.00	26.32	57.89
	服务业	0.00	0.00	0.00	11.11	0.00		11.11	11.11	66.67

（三）按照企业是否加入中国商会来看企业自主决策程度

从表3－11可以看出，在产品生产方面，加入了中国商会的中资企业绝大部分认为其自主决策程度超过了50%；但未加入中国商会的中资企业则过半数认为其自主决策程度在80%以上。

在技术开发方面，加入中国商会的中资企业认为其自主决策权低于20%的比例最多，占33.33%；而未加入中国商会的中资企业则多数都认为其在技术开发方面的自主决策程度要高于80%。

在新增投资方面，加入中国商会的中资企业对于其在这方面的自主决策程度两极分化的特征较为明显，认为其拥有100%自主决策权的占38.1%，占比第二大的则是认为其自主决策权在20%以下的企业；对于未加入中国商会的中资企业而言，则绝大多数都认为其自主决策程度在60%以上。

在员工雇佣方面，加入中国商会的中资企业大部分（80.95%）都认为其对于这方面享有较高的自主决策权（90%以上），少部分中资企业认为其自主决策权在50%—69%之间，不过未加入中国商会的中资企业都认为其自主决策权在80%以上。

表3-11　　　　　是否加入了孟加拉国的中国商会的企业自主程度　　　（单位：%）

		0—19%	20%—39%	40%—49%	50%—59%	60%—69%	70%—79%	80%—89%	90%—99%	100%
产品生产	是	4.76	9.52	0.00	14.29	4.76	19.05	9.52	9.52	28.57
	否	0.00	14.29	28.57	0.00	0.00	0.00	14.29	14.29	28.57
产品销售	是	14.29	4.76	0.00	9.52	4.76	4.76	9.52	4.76	47.62
	否	0.00	0.00	0.00	14.29	14.29	14.29	14.29	0.00	42.86
技术开发	是	33.33	4.76	9.52	9.52	0.00	4.76	9.52	9.52	19.05
	否	0.00	14.29	0.00	0.00	0.00	0.00	14.29	14.29	57.14
新增投资	是	23.81	4.76	4.76	14.29	0.00	4.76	4.76	4.76	38.10
	否	42.86	0.00	14.29	0.00	0.00	14.29	14.29	14.29	0.00
员工雇佣	是	0.00	0.00	0.00	14.29	4.76	0.00	0.00	28.57	52.38
	否	0.00	0.00	0.00	0.00	0.00	0.00	14.29	0.00	85.71

（四）按照是否进行过境外投资备案来看企业自主决策程度

如表3-12所示，在中国商务部进行过境外投资备案的企业对于产品生产方面的自主决策程度并不高，较多企业的自主决策程度处于70%—79%之间，而未进行过境外投资备案的企业较大比例认为其对于产品生产方面拥有完全的自主决策权。

　　在技术开发方面，进行过境外投资备案的企业中认为其自主决策程度在20%以下的比例最大，仅有17.65%的企业认为其拥有完全的自主决策权。而未进行过备案的企业多数（44.44%）则认为其在技术开发方面具有完全的自主决策权。

　　在新增投资方面，进行过境外投资备案的企业认为其自主决策权在50%以下的占41.17%，然而未进行投资备案的企业中仅有11.11%认为其自主决策权在50%以下。不过无论是否进行过境外投资备案，认为拥有完全自主决策权的企业比例还是最多。

　　至于员工雇佣方面，无论是否进行过境外投资备案，企业对于员工雇佣的自主决策程度比起其他方面来说还是最高的，所有企业都认为其在这方面的自主决策权在50%以上。

表3-12　　　　　　　商务部备案与否与企业自主程度关系　　　　（单位：%）

		0—19%	20%—39%	40%—49%	50%—59%	60%—69%	70%—79%	80%—89%	90%—99%	100%
产品生产	是	5.88	17.65	5.88	17.65	0.00	23.53	0.00	11.76	17.65
	否	0.00	0.00	11.11	0.00	0.00	0.00	22.22	11.11	55.56
产品销售	是	17.65	5.88	0.00	17.65	11.76	5.88	0.00	5.88	35.29
	否	0.00	0.00	0.00	0.00	0.00	11.11	22.22	0.00	66.67
技术开发	是	23.53	11.76	11.76	11.76	0.00	5.88	5.88	11.76	17.65
	否	22.22	0.00	0.00	0.00	0.00	0.00	22.22	11.11	44.44
新增投资	是	23.53	11.76	5.88	17.65	0.00	5.88	5.88	0.00	29.41
	否	11.11	0.00	0.00	0.00	11.11	11.11	11.11	0.00	55.56
员工雇佣	是	0.00	0.00	0.00	17.65	5.88	0.00	0.00	29.41	47.06
	否	0.00	0.00	0.00	0.00	0.00	0.00	11.11	0.00	88.89

六　驻孟中资企业近些年承接项目的类别及相关情况

（一）中资企业承接项目基本情况

　　在受访的28家中资企业中，有24家企业表示在2015年到2017年并未承接过东道国建筑或电力工程项目，占多数（85.7%），仅有 4 家企业表示近几年承接过相关项目。而在这 4 家承接过项目的企业中，有 1 家企业表示其承接过公路项目，4 家企业均表示没承接过铁路项目以及航运项目，另外有 1 家企业在近三年承接过东道国的水电项目以及有 2 家企业表示其近三年承接过火电项目。有 3 家企业表示其在近三年还承接过东道国的其他项目。

按照注册时长划分的企业来看其所承担的孟加拉国各类项目的情况。从表 3-13 可以看出，注册超过五年的企业中，承接建筑或者电力项目的企业仅占 9.09%，对于公路、铁路、水电、火电、航运项目都未曾承接过，但都承接过除此之外的其他项目。而在注册低于五年的企业中承接过东道国建筑、电力项目的企业有 17.65%，承接过公路以及水电项目的也有 33.33%，另外还有 66.67% 的企业承接过火电项目，除此之外的其他东道国项目上也有 66.67% 的企业承接过。由此可以看出，注册低于五年的企业承接了更多的东道国项目。

表 3-13　　企业注册时长与承担孟加拉国各类项目情况　（单位：%）

	注册超过五年		注册低于五年	
	是	否	是	否
建筑、电力	9.09	90.91	17.65	82.35
公路项目	0.00	100.00	33.33	66.67
铁路项目	0.00	100.00	0.00	100.00
水电项目	0.00	100.00	33.33	66.67
火电项目	0.00	100.00	66.67	33.33
航运项目	0.00	100.00	0.00	100.00
其他项目	100.00	0.00	66.67	33.33

表 3-14 按照运营时长来划分企业，看不同类型企业承担孟加拉国各类项目的情况。可以看出，按照运营时长来划分的企业与按照注册时长来划分的企业对于承接东道国各类项目的情况并没有太大的分别，运营低于五年的企业所承接的东道国各类项目明显要多于运营超过五年的企业。

表 3 - 14 　　　　　**企业运营时长与承担孟加拉国各类项目情况** 　　（单位：%）

	运营超过五年		运营低于五年	
	是	否	是	否
建筑、电力	9.09	90.91	17.65	82.35
公路项目	0.00	100.00	33.33	66.67
铁路项目	0.00	100.00	0.00	100.00
水电项目	0.00	100.00	33.33	66.67
火电项目	0.00	100.00	66.67	33.33
航运项目	0.00	100.00	0.00	100.00
其他项目	100.00	0.00	66.67	33.33

此次还调查了中资企业在东道国承包工程项目的方式有哪些。是传统承包方式①、总承包方式②还是项目融资方式③，又或者有其他别的方式④呢？在 4 家企业中，有 3/4 的企业表示其采用总承包方式来承揽东道国工程项目，占 75%，另外 1 家企业则表示其是采用如设计咨询的方式来承包项目，占 25%。

（二）承包项目中东道国政府合同履约风险

在承接过政府项目的中资企业中，是否曾经遇到过政府违约的现象？受访的 28 家企业中，4 家企业表示没有遇到过类似情况。但对于合同的履约能力，从图 3 - 6 可以看出，这 4 家未碰到政府违约情况的企业有着不同的看法。有 1 家企业认为政府履约程度较好，能够提前履约；另外 1 家企业认为政府的履约程度尚可，不用催促准时履约；还有 1 家企业认为政府的履约程度一般，需要 3—5 次催

---

① 指企业与业主签订的仅是施工合同。

② 指企业与业主签订的是设计—建造（D&B）或设计—采购—施工（DNC）合同。

③ 包括特许经营（BMT 及其衍生方式）类项目、公私合营（NNN）类项目等。

④ 如设计咨询。设计咨询是指新签合同额和完成营业额中企业承担地形地貌测绘，地质资源普查与勘探，建设区域规划，工程设计、生产工艺、技术资料和工程技术咨询，工程项目的可行性考察、研究和评估，工程监理，技术指导等部分的金额。

促才能正常完成合约规定条款；也有 1 家企业认为政府的履约程度不太好，需要经常催促，不一定能履约。

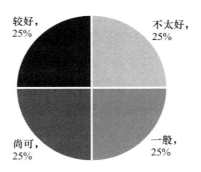

图 3 - 6　孟加拉国政府履约程度

七　驻孟中资企业的网络销售状况

（一）运用互联网销售的状况

对于是否有运用互联网来进行销售，28 家企业中仅有 8 家企业表示会通过互联网的方式来销售产品，另外 20 家企业则表示其并没有运用这种方式进行销售，占 71.4%。在 8 家运用互联网方式销售产品的企业中，2017 年内各企业通过互联网销售产品取得的销售收入具有较大的差别，通过互联网销售年收入在 1000 万孟加拉塔卡以内的企业占到了 62.5%，其中销售收入最低的企业年收入只有 10 万孟加拉塔卡，占 37.5%。另外有 37.5% 的企业通过互联网销售的年收入在 4250 万孟加拉塔卡以上，年销售收入最高的企业达到了 6200 万孟加拉塔卡。

至于中资企业采用的互联网以及移动互联网的销售渠道类型有哪些，有 1/4 的企业表示其采用自己建立网站、通过第三方电商（如亚马逊、阿里巴巴等）销售以及其他如微信、博客、Facebook、Twitter 等渠道进行销售；还有 1/4 的企业则单纯采用通过东道国特有电商销售商品；另外 1/4 的企业则采用第三方电商以及微信、Twitter 等其他渠道进行销售。虽然采用的方式多样，但大部分

（75%）企业均采用 Facebook、Twitter 等渠道来进行销售。

那么中资企业向东道国进行销售的主要网站有哪些呢？在提供的阿里巴巴批发采购平台、速卖通、eBay、京东以及亚马逊这几个选项中，仅有 25% 的企业表示其有通过阿里巴巴网站以及亚马逊向东道国进行销售，75% 的企业则是通过其他的网站向东道国进行销售。但这 8 家企业中，无论是服务业企业还是工业企业抑或是有无在商务部进行过境外投资备案登记的企业均表示其虽然有通过互联网渠道销售商品，但还是传统渠道的营业额更高（见表 3 - 15）。

表 3 - 15	企业销售渠道比较		（单位：%）	
	互联网更高	传统渠道更高	差不多	不清楚
工业	0.00	100.00	0.00	0.00
服务业	0.00	100.00	0.00	0.00
在商务部备案	0.00	100.00	0.00	0.00
未在商务部备案	0.00	100.00	0.00	0.00

当另外 20 家企业被问及是否打算通过互联网销售产品时，有 45% 的企业表示其有打算通过互联网销售产品，其中有 4 家表示会在 1 年内创建渠道，另外 2 家表示会在 2—3 年内开通，还有 1 家则表示将会在半年内创建互联网销售渠道，其余的企业则表示虽有打算但具体时间还不太清楚。不过也有 55% 的企业表示其并没有打算通过互联网来销售产品。

（二）有否投放电视广告及相关情况

此次调查了 9 家服务业中资企业在 2015 年到 2017 年是否投放电视广告作为企业的宣传手段。其中有 66.67% 的企业表示其并没有进行电视广告的投放，但另外有 33.33% 的企业表示其投放过电视广告，而在商务部备案过的企业都没有投放过电视广告，未在商务部备案的企业采用以及未采用电视广告方式的各占一半（见表 3 - 16）。

表3－16	企业投放电视广告情况	（单位：%）
	是	否
工业	无	无
服务业	33.33	66.67
在商务部备案	0.00	100.00
未在商务部备案	50.00	50.00

对于为何没有投放电视广告，6家企业中有4家企业表示其认为并不需要采用电视广告的方式来为企业做宣传，占66.67%。另外有33.33%企业则表示是由于电视广告费用太高昂（见图3－7）。

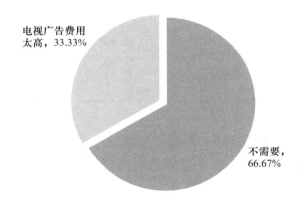

电视广告费用
太高，33.33%

不需要，
66.67%

图3－7 未投放电视广告的原因

（三）服务业企业特许经营相关事宜

对于这9家服务业企业是否有在东道国市场开展特许授权经营，本次调查发现，有44.4%的服务业企业采用了特许授权的经营方式，另外半数的企业并未采用这种方式进行授权。进一步调查了其在东道国市场上连锁店的数量，有4家企业表示其并没有连锁店，数量最多，占44.4%；另外有3家企业表示其拥有2—3家的连锁店；还有2家企业表示其连锁店数量在7家以上。从总体上看，拥有连锁店的中资服务业企业数量较之于没有连锁店的服务业企业数量要稍多一些。

第三节　驻孟中资企业融资状况分析

一　2017 年中资企业融资来源探析

对于中资企业的主要融资来源，本书给出了中国国内母公司拨款、中国国内银行以及正规金融机构贷款、孟加拉国银行及正规金融机构贷款、赊购和商业信用、社会组织贷款（如本地商会）、亲戚朋友借款以及其他选项。从图 3 - 8 可以看出，企业对不同渠道的融资选择具有偏向性，其中，融资来源于中国国内母公司拨款的企业超过半数，占 53.57%，而通过中国国内银行及正规金融机构融资的企业则仅占一成（10.71%），从孟加拉国银行及正规金融机构贷款的企业也仅占一成（10.71%），并没有企业采用赊购和商业信用的方式进行融资的，此外仅有 1 家企业是通过社会组织贷款来融资的，还有 2 家企业表示是通过亲戚朋友来借款的，另外还有一成

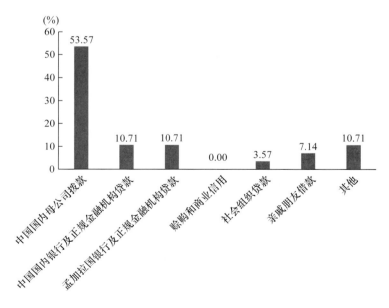

图 3 - 8　企业融资来源分布

（10.71%）的企业采用除以上之外的其他渠道融资。

二 中资企业的贷款渠道、比例以及相关信息

在 2015 年到 2017 年，在调查的 28 家中资企业中，仅有 1 家企业向当地银行申请过贷款，也成功通过当地银行的批准，通过咨询这家企业可得出，申请贷款能够被银行批准通过，是离不开公司资产与规模实力、和当地银行的良好沟通以及当地政府的帮助这三项因素的。

至于没有申请过贷款的企业，本书给出了没有申请贷款的需求、申请程序复杂，银行利率过高，担保要求过高，公司资产、规模实力不够，缺乏申请贷款的必要信息，需要特殊支付且难以负担，其他原因这几个选项。但从图 3－9 可以看出，27 家未申请过贷款的企业给出的最主要的理由是没有申请贷款的需求，其次是申请程序过于复杂以及银行的利率过高。其他的原因对于企业向银行申请贷款并不是主要原因。

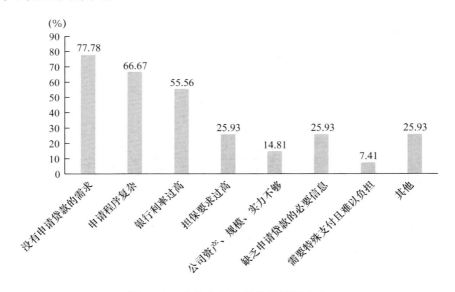

图 3－9 企业未申请贷款的原因分布

　　那么中资企业获取当地银行贷款信息的渠道有哪些？从统计结果来看，有半数的企业会通过市场渠道获取当地银行贷款信息，另外有一成（14.3%）的企业通过商会获取当地银行贷款信息，只有1家企业是通过使领馆获取当地的贷款信息，有两成（21.4%）的企业是通过当地的合作伙伴推荐来获取贷款信息的，还有接近三成（28.6%）的企业是通过其他的渠道来获取贷款信息。

　　那么，对于在孟加拉的中资企业来说，东道国融资获得程度会妨碍其在东道国的生产经营吗？从数据上看，27家企业中，只有一成（11.1%）的企业认为未能获得东道国融资会较大地妨碍其在东道国的生产经营；不过也有四成（40.7%）的企业认为融资对其生产经营并没有任何影响；接近半数（48.1%）的企业认为东道国融资的获得程度或多或少还是对自身的生产经营有着一定程度的影响，但妨碍程度较小。

第四章

驻孟中资企业对孟加拉国营商环境的评价

孟加拉国的营商环境在全球处于末位。世界银行发布的《2017年全球营商环境报告》中，孟加拉国营商环境指数排名列全球第177位。其中开办企业便利程度列全球第131位，办理施工许可证便利程度列全球第130位，获得电力便利度列全球第185位，登记财产便利度列全球第185位，获得信贷便利度列全球第159位，保护少数投资者程度列全球第76位，纳税便利度列全球第152位，跨境贸易便利度列全球第173位，合同执行程度列全球第189位，办理破产便利度列全球第152位。本章结合中资企业在孟加拉国的情况，主要从以下三个方面进行了考察：一是孟加拉国的基础设施情况，尤其是企业经营所必需的供水、电以及网络等；二是孟加拉国营商环境的制度和法律环境；三是在孟加拉国投资的风险。

第一节　孟加拉国基础设施供给分析：
中资企业视角

一　孟加拉国的电力供应与驻孟中资企业的用电环境

作为影响企业尤其是工业企业发展的最基本动力——电力供应，孟加拉国面临严重不足的窘境。截至2017年2月1日，孟加拉国全国电网总装机规模1317.9万千瓦，人均装机仅约80瓦。目前，孟加拉国国内电力普及率也仅为59.6%，仍有部分人口依靠传统的生物质能和废料来照明取暖，用电水平低于发展中国家平均水平。另外，随着孟加拉国的国民收入增长和人民生活改善，居民对电力需求也随之增加。加之，孟加拉国过去常年忽视电力能源，导致孟加拉国目前正经历着电力和能源的双重危机。

为改善用电环境，孟加拉国一方面积极引入外资以促进本国电力行业的改革和发展；另一方面2016年9月孟加拉国正式颁布《电力系统总体规划（2016）》，对孟加拉国从2016—2041年期间的电力发展做出了具体安排，预计在此期间全国累计运营装机将从10000兆瓦（2015年）增加至55000兆瓦（2041年）。①

（一）中资企业的电力使用申请状况

本书对中资企业自2015年以来是否有向当地提交过电力使用申请进行调查，结果显示，向当地提交过电力使用申请的企业超过四成（42.9%），而没有提交过电力使用申请的超半数（57.1%）。但在申请用电的企业中，最近一次申请用电的申请天数具有较大不同，申请天数最多的为180天，而申请天数最低的为3天。81.8%的企业申请用电的天数在100天以内。

企业用电审批中的非正规支付。本次调查了企业在最近一次的用电审批过程中被要求的非正规的支付，结果显示有六成（66.7%）企业在用电审批过程中被要求缴纳了非正规的支付或者是提供礼物等情形，仅有三成（33.3%）的企业表示并未遇到过这种要求。因此在用电审批过程中不公正的现象还是较为明显的。

企业在正常用电过程中遭遇的异常断电现象。调查显示，3/4（75%）的企业表示在2017年经历过断电，数量较多，仅有25%的企业在2017年未遇到过异常断电的情况。对于经历过断电的企业进

---

① 冯一铭、周保中、周畅游、卢杰：《孟加拉国电力市场研究》，《国际工程与劳务》2017年第11期。

行断电次数调查发现，其中有七成（71.4%）的企业在 2017 年断电次数超过了 99 次，有九成企业在一年内的断电次数达到了 20 次及以上。那么被断电的企业的断电平均时长是多少呢？按照小时来计算，有六成（61.9%）的企业每次断电平均在 1 个小时左右。调查发现，断电次数最高的 1 家企业，每次平均断电时长在 5 个小时左右。此外还有将近三成（28.6%）的企业每次平均断电时长在 2 个小时左右。

断电对企业年营业收入的损失情况。有 23.8% 的企业认为断电并没有给公司带来收入上的损失，有七成（76.2%）的企业认为断电给企业带来的销售收入损失在 1%—5% 之间，另外还有 23.8% 的企业因断电导致的年销售收入损失达到了全部销售收入的 10%—20%。由于电力使用给企业收入带来的损失并不算小，因此，调查中有半数（50%）的中资企业表示其在 2017 年购买了发电机以备断电时生产以及经营服务时使用。

二　驻孟中资企业的供水环境

较之于提交电力使用申请的企业，提交过用水申请的企业要少得多。本次调查显示，在 2015 年到 2017 年，仅有 7.1% 的驻孟中资企业有提交过用水申请，没有提交过用水申请的企业占到了调查企业总数的九成（92.9%）。

同样，在企业用水的审批过程中，有一半受访企业被要求提供非正规支付或者贿赂。不过这种现象正在逐步改善。受访企业都表示在 2017 年并没有遇到过异常断水现象。

三　驻孟中资企业互联网的开通及使用情况

孟加拉国的互联网整体使用频率较高。尽管收入水平低于邻国，但孟加拉国在移动市场发展指数方面的用户市场普及率超过亚洲平均水平，达到 53%。截至 2017 年 2 月，孟加拉国共有 6670 万移动互联网用户，其中 3000 万人为 3G 网络用户。仅在移动互联网普及率和 3G 方面略低，分别为所有移动连接的 33% 和 20%。

从整体上看，互联网正在孟加拉国不断走向普及。但驻孟中资企业在网络开通和使用方面，面临着不同程度的困难。本次调查结果显示，有 3/4（75%）的驻孟中资企业表示在 2015—2017 年向当地提交过网络开通申请，仅有 1/4（25%）的企业并没有提交过网络开通申请。但在申请过网络开通的企业中，有 23.8% 的企业表示其在网络开通审批过程中被要求过非正规的支付以及礼物，另有 76.2% 的企业表示在申请过程中并未遇到过这样的情况。这一情况较之于电力使用申请会稍好一些。

不过比起断电以及断水，在 2015 年到 2017 年遭受过异常断网情况的企业高达七成多（78.6%），仅有两成（21.4%）的企业表示在这两年间并没有经历过断网的情况。从 2017 年各企业经历的断网次数上来看，一年内断网超过 99 次的中资企业，占比约 10%；一年内不存在断网或者仅为 1 次的企业，约占 3.3%。但从总体情况上来看，一年内断网次数超过 30 次的企业达到了半数（50%）。从断网的平均持续时长上来看，平均每次断网 48 小时以上的企业，约 3.3%，但有将近四成（36.4%）的企业表示平均每次断网时长在 1 小时左右。从总体上看，断网时长在 5 个小时以上的企业占到了将近三成（27.3%）。

现今企业生产经营使用的网络带宽有 1/4（25%）是在 20Mbps 左右，带宽在 20Mbps 及以上的企业占到了企业总数的六成（64.3%），其中有一成（10.7%）企业的网络带宽在 200Mbps 左右。虽然也有 3.6% 的企业所使用的网络带宽仅 2Mbps 左右，但好在有六成（67.9%）的企业表示现有的网络宽带已经能够满足企业生产经营的基本需求，仅有三成（32.1%）的企业表示现有的宽带并不足够使用。

四　土地使用申请及对生产经营的影响

土地是每个企业投资办厂不可或缺的一项必要条件，那么在驻孟加拉国的中资企业中，公司自有土地和租赁土地的比例又是怎样的呢？从调查结果上看，公司自有土地占比达到100%的企业仅占不到一成（7.1%），绝大多数（89.3%）企业的公司自有土地占比为0，另外自有土地占比为50%及以上的约占3%。从自有土地的拥有率也可以看出公司租赁土地的占比，调查显示，有大部分（85.7%）的企业公司租赁土地占比达到了100%，只有3.5%的企业租赁土地占比为50%，另外还有一成（10.7%）的企业公司租赁土地为0。从公司自有土地以及租赁土地的占比可以看出，绝大部分的中资企业在孟加拉国并没有属于公司的自有土地，大多数企业依靠租赁土地来实现正常运营。

中资企业占地规模方面，相对比较大，但在土地获取和使用方面得到政府的补贴力度有限。调查数据显示，公司占地面积在10亩及以内的企业高达七成多（77.8%），占地面积在10亩以上的企业仅有两成（22.2%）。其中少数（3.2%）企业的占地面积高达200亩以上。在东道国政府对公司土地获取和使用的补贴或者是其他政策性优惠方面，仅有一成（10.7%）的企业表示在使用东道国土地时得到过东道国政府补贴或政策优惠，但其余接近九成（89.3%）的企业表示并没有得到过相应补贴。

从2015年到2017年，仅有三成（32.1%）的企业向当地提交过建筑相关申请，另外有接近七成（67.9%）的企业并未提交过类似的申请。在提交过建筑相关申请的企业中，有半数的企业所提交的建筑相关申请的用时天数为30天，受访企业的建筑相关申请用时天数最高的长达一年，用时最低的企业申请费时为5天。从总体情况上来看企业之间的建筑相关申请用时天数具有较大的差别。

此外，有四成多（44.4%）的企业表示在申请过程中需要非正规支付以及送礼，另外半数多（55.6%）的企业表示其并未遇到过这种状况。

五　企业在供水、供电、网络使用以及建筑等方面的整体评估

（一）中资企业提交水、电、网、建筑申请的比例

按照是否位于开发区来看，无论是否在东道国经济开发区，中资企业对于用水申请的比例都不是很高；而从用电申请上来看，在东道国经济开发区的企业大部分（66.67%）都提交过用电申请，但不在任何经济开发区的企业大部分（62.50%）都未提交过用电申请。此外，在东道国经济开发区的企业全都提交过用网申请，而不在任何经济开发区的企业则是有七成（70.83%）提交过用网申请。对于建筑申请方面，在东道国经济开发区的企业中过半数提交过建筑相关申请，而不在任何经济开发区的企业则大部分并未提交过相关申请。（见表4-1）

表4-1　　　　　　　按是否位于开发区划分的企业提交水、
　　　　　　　　　　电、网、建筑申请比例　　　　　（单位：%）

	水		电		网		建筑	
	是	否	是	否	是	否	是	否
不在经开区	4.17	95.83	37.50	62.50	70.83	29.17	29.17	70.83
孟加拉国经开区	33.33	66.67	66.67	33.33	100	0	66.67	33.33
其他	0	100	100	0	100	0	0	100

按照不同行业的企业划分来看，工业企业在2015年到2017年之间有少部分（10.53%）提交过用水申请，而服务业企业则都未提交过用水申请。对于用电申请，超过半数（57.89%）的工业企业申请过，而服务业企业申请用电的则只在少数。从用网申请来看，工业企业以及服务业企业对用网的需求都较大，大部分都提交过申请。而建筑申请中工业企业申请数量较之于服务业企业要多一些，但都不过半数。（见表4-2）

表4-2   按行业划分的企业提交水、电、网、建筑申请比例   （单位：%）

	水		电		网		建筑	
	是	否	是	否	是	否	是	否
工业	10.53	89.47	57.89	42.11	73.68	26.32	42.11	57.89
服务业	0.00	100.00	11.11	88.89	77.78	22.22	11.11	88.89

（二）中资企业的断水、断电、断网比例

按照是否位于经济开发区来看，所有中资企业都不存异常断水的现象。在本国经济开发区的企业全都经历过异常断电，并且大部分（70.83%）不在经济开发区的企业也都有过断电的情况。且在本国经济开发区的企业经历过断网，但不在任何经济开发区的企业也有较大部分（75.00%）经历过断网。从总体数据上来看，在经济开发区的企业除了不会断水之外全都经历过断电以及断网，这一情况比较极端。（见表4-3）

表4-3   按是否位于开发区划分的企业发生断水、断电、断网情况（单位：%）

	断水		断电		断网	
	是	否	是	否	是	否
不在经开区	0.00	100.00	70.83	29.17	75.00	25.00
孟加拉国经开区	0.00	100.00	100.00	0.00	100.00	0.00
其他	0.00	100.00	100.00	0.00	100.00	0.00

按照行业划分企业来看，工业企业以及服务业企业都没有经历过断水。但工业企业经历过断电现象的比例较大，其中有84.21%的工业企业遇到过断电的情况，没遇到断电情况的工业企业仅有15.79%；而服务业企业遇到过断电情况的则为半数以上。此外，工业企业以及服务业企业中都有较大比例的企业遇到过断网的情况，其中有78.95%的工业企业在2015年到2017年遇到过异常断网的现

象,有77.78%的服务业企业也在近三年间遇到过断网现象。(见表4-4)

表4-4　　　　　**按行业划分的企业发生断水、断电、断网情况**　　　(单位:%)

	断水		断电		断网	
	是	否	是	否	是	否
工业	0.00	100.00	84.21	15.79	78.95	21.05
服务业	0.00	100.00	55.56	44.44	77.78	22.22

(三)中资企业在申请中遇到非正规支付的比例

按照是否位于经济开发区来看,不在任何经济开发区的企业在用水申请中都没有遇到过非正规支付的现象,然而在东道国经济开发区的企业都曾在用水申请中被要求过非正规支付。如表4-5所示在用电申请上,不在任何经济开发区的企业大部分(77.78%)都被要求过非正规支付,在东道国经济开发区的企业这一比例则为半数。不过在用网申请上,被要求进行非正规支付的企业无论是否在经济开发区,这一比例都不超过半数。其中,不在任何经济开发区的企业有23.53%被要求过非正规支付,位于东道国经济开发区的企业则为33.33%。在建筑相关申请方面,在东道国经济开发区的企业被要求非正规支付的比例达到了半数,而不在任何经济开发区的企业遇到此类情况的也接近半数。

表4-5　　　　　**按是否位于开发区划分的企业提交水、电、**
网、建筑申请的非正规支付比例　　　(单位:%)

	水		电		网		建筑	
	是	否	是	否	是	否	是	否
不在经开区	0.00	100.00	77.78	22.22	23.53	76.47	42.86	57.14
孟加拉国经开区	100.00	0.00	50.00	50.00	33.33	66.67	50.00	50.00
其他	无	无	0.00	100.00	0.00	100.00	无	无

按照工业企业以及服务业企业的区分来看，服务业企业在 2015
年到 2017 年都没有提交过用水申请，但在提交过用水申请的工业企
业中，遇到过以及没有遇到过被要求非正规支付的企业各占半数。
如表 4 - 6 所示，在用电申请方面，工业企业中有大部分（72.73%）
遇到过被要求非正规支付，但服务业企业在用电申请中并未有遇到
过此类情况。在用网申请方面，服务业行业并没有遇到过被要求非
正规支付的情形，但工业行业中有小部分（35.71%）企业曾被要
求过在申请中进行非正规支付。此外，在建筑相关申请方面，有本
半数的工业企业被要求进行非正规支付，但服务业企业在建筑相关
申请中并没有遇到类似的要求。从总体上看，工业企业在水、电、
网以及建筑申请方面相较于服务业企业更容易遇到被要求进行非正
规支付的现象。

表 4 - 6　　　　　　　按行业划分的企业提交水、电、网、
建筑申请的非正规支付比例　　　　　（单位：%）

	水		电		网		建筑	
	是	否	是	否	是	否	是	否
工业	50.00	50.00	72.73	27.27	35.71	64.29	50.00	50.00
服务业	无	无	0.00	100.00	0.00	100.00	0.00	100.00

第二节　中资企业对孟加拉国公共服务供给的评价

一　中资企业与东道国税务机构

除去前述的各项公共服务，中资企业的高管①每年还有多少时间

---

① 这里的高管是指经理、首席执行官、总经办等生产或销售的直接管理层。

是花在了处理由东道国政府管制①的事务上呢？经过调查发现，28家企业中有将近半数（46.4%）的企业表示其每年花在处理政府管制事务上的时间超过了10%，其中甚至有1家企业表示公司高管一年中花在处理政府管制相关事务上的时间占去了绝大部分，但也有两成（21.4%）的企业表示并没有在处理政府管制事务上花费任何的时间。每年花费在政府管制事务上的时间在5%—20%的企业占总数的35.7%。

那么在2017年，是否有中资企业走访过或者是被税务机构检查过呢？有半数（50%）的企业表示其在2017年被税务机构检查过或者是走访过，另外半数的企业则表示没有。

从企业注册时长的区别来看，注册时长超过五年的企业占调查企业总数的37%，但在这其中有29.6%的企业表示在2017年被走访过或被税务机构检查过，占绝大多数，仅有7.4%的企业在2017年间未被税务机构检查过。注册时长低于五年的企业占调查总数的63%，在这其中，在2017年被走访过或被税务机构检查过的企业超过半数（40.7%），另外则有22.2%的企业表示没有。

从企业是否有中国母公司来看，有中国母公司的企业占调查总数的63%，其中有25.9%的企业在2017年被走访过或被税务机构检查过，但另外大部分（37%）企业并未有被税务机构检查过。然而没有中国母公司的中资企业（37%）中过半数（25.9%）的企业被走访或者是被税务机构检查过，仅有11.1%的企业表示没有。

在这些表示被走访过以及被税务机构检查过的企业中，接近半数（42.9%）的企业在一年中被走访过以及被税务机构检查过的次数为1次，年次数在2—5次之间的企业占到了50%，此外有一家企业在2017年被走访的次数最多，达到了10次。那么在检查以及走访的过程中，是否有遇到要求非正规支付或送礼的情形呢？有50%

---

①　政府管制包括税收、关税、劳动规制、许可证等，包括处理官方的正式书面文件等。

的企业表示确有其事，但另外半数企业则表示其并没有遇到过类似的情形。

按照行业性质来看企业被税务机构检查与要求非正规支付的概率。从表 4 - 7 可以看出，工业企业被税务机构走访或检查的占过半数，不过多数的工业企业并没有遇到过被税务机构要求非正规支付。这一点与服务业企业截然不同，服务业企业在 2017 年被走访以及被税务机构检查的不超过半数，但在检查以及走访过程中，服务业企业被要求非正规支付的占据了绝大多数。

表 4 - 7　　　　按行业划分的企业税务机构检查与非正规支付比例　（单位：%）

	税务机构走访或检查		税务机构非正规支付	
	是	否	是	否
工业	55.56	44.44	40.00	60.00
服务业	44.44	55.56	75.00	25.00

按照是否位于开发区来看企业被税务机构检查与要求非正规支付的概率。从表 4 - 8 可以看出，不在任何经济开发区的企业被税务机构走访以及被检查的概率超过了半数，这与在本国经济开发区的企业被走访以及检查的概率相近。但在被税务机构要求非正规支付上，不在任何经济开发区的企业有 46.15% 在检查过程中被要求过非正规支付，另外有 53.85% 的企业则没有遇到过类似的情况，但在本国经济开发区的企业则全都在检查中被要求过进行非正规支付。

表 4 - 8　　　　　按是否位于开发区划分的企业税务

机构检查与非正规支付比例　（单位：%）

	税务机构走访或检查		税务机构非正规支付	
	是	否	是	否
不在经开区	54.17	45.83	46.15	53.85
孟加拉国经开区	50.00	50.00	100.00	0.00

	税务机构走访或检查		税务机构非正规支付	
	是	否	是	否
其他	0.00	100.00	无	无

二　中资企业与东道国项目以及进口许可证申请

在 28 家企业中，仅有 5 家企业承接过东道国政府的项目，占企业总数的 17.9%，另外有 82.1% 的中资企业没有承接过东道国的政府项目。我们还询问过在这 5 家承接过东道国政府项目的企业中，平均而言，项目或合同中价值多少比例被用于非正规划支付或送礼以保证项目或合同的顺利执行。结果表明除了有 2 家企业表明其项目价值并没有被用于进行非正规支付之外，另外 3 家企业或多或少都将小部分的项目价值用于非正规支付，其中有 1 家企业的项目价值中进行非正规支付的占比最大，达到了 5%。

在进口许可证申请方面，2015 年到 2017 年提交过进口许可证申请的企业达到了 67.9%，仅有三成（32.1%）的企业未提交过申请。然而各企业提交进口许可申请获得批准的天数有较大的差别。其中，用时最短的 1 家企业申请获批天数为 7 天，用时最长的 1 家企业申请获批天数多达 180 天。不过申请用时在 30 天的企业数量最多，达到了 36.8%。从总体上看，企业的进口许可证申请天数在 10—30 天的最为普遍，占据了 52.6%。那么在进口许可证的申请中，是否有企业碰到过被要求进行非正规支付的情况呢？超过半数（57.9%）的企业表示其遇到过被要求非正规支付的情况，另外四成（42.1%）企业则表示没有。

按照行业性质来看企业提交过进口许可申请的比例以及在申请中被要求非正规支付的数量。由表 4-9 可以看出，工业企业绝大部分都提交过进口许可申请，仅有小部分的企业未提交过申请，而从服务业企业来看，提交过进口许可申请的企业则占半数以上。并且，无论是工业企业还是服务业企业，在申请过程中被要求非正规支付的企业都超过了半数。

表4-9 　　　　**按行业划分的企业进出口许可申请与非正规支付比例**　（单位：%）

	进口许可申请		进口许可申请中非正规支付	
	是	否	是	否
工业	73.68	26.32	57.14	42.86
服务业	55.56	44.44	60.00	40.00

按照是否位于经济开发区来看企业申请进口许可证以及在申请中被要求进行非正规支付的概率。不在任何经济开发区的企业提交过进口许可申请的比例为62.50%，但也有37.50%的企业并没有提交过进口许可申请，此外在申请中被要求非正规支付的企业数量也超过了一半。但在东道国经济开发区的企业则全都提交过进口许可申请。不过在申请中则全都被要求过进行非正规支付。（见表4-10）

表4-10 　　　　**按是否位于开发区划分的企业进出口许可申请与**
非正规支付比例　（单位：%）

	进口许可申请		进口许可申请中非正规支付	
	是	否	是	否
不在经开区	62.50	37.50	53.33	46.67
孟加拉国经开区	100.00	0.00	100.00	0.00
其他	100.00	0.00	0.00	100.00

三　中资企业受劳动力市场及其规制政策的影响程度

本次调研显示，从总体上看，超过一半的中资企业不同程度地受到孟加拉国劳动力市场规制政策的影响。相比工业企业受影响的程度（47.37%），服务业企业受影响程度更大，受访企业的55.56%表示受到孟加拉国劳动力市场规制政策的影响。其中，约一成的服务业企业表示孟加拉国劳动力市场规制政策"严重妨碍"了其生产经营（见图4-1）。

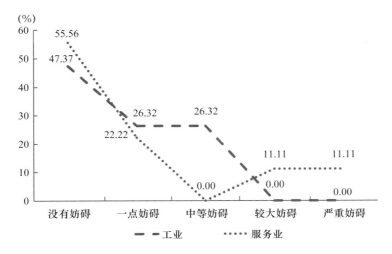

图4-1　不同行业类型劳动力市场规制政策影响程度

不同行业的普通员工素质妨碍企业的生产经营情况。员工素质对服务业企业的生产经营影响程度，要远大于工业企业。其中，超过一成的服务业企业（11.11%）表示员工素质已"严重妨碍"了企业的生产经营，这一比例在工业企业中仅占5.26%。同时，超过四成（42.11%）的服务业企业认为员工素质"较大"地妨碍了企业的生产经营（见图4-2）。

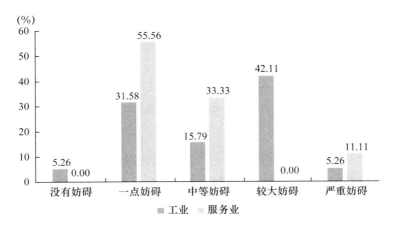

图4-2　不同行业类型员工素质妨碍生产经营的程度

　　不同行业类型管理人员妨碍生产经营的程度。一般而言，相较于普通员工来说，对企业管理人员的文化素质、管理技能和专业技术能力等综合素质，具有更高的要求，需求性更大。孟加拉国的中资企业存在着大量的孟加拉籍管理人员，由于跨文化差异以及孟国本身的教育和经济发展水平，管理人员素质的匹配程度对中资企业的正常经营，产生了一定负面影响。整体上看，对服务业企业的影响，要大于工业企业。其中，将近一半（44.44%）的服务业企业认为，管理人员的素质"较大"程度地妨碍了企业的生产经营。而这一比例在工业企业中仅占26.32%。将近四成（36.84%）的工业企业认为，管理人员素质对企业生产经营的影响只是"中等"程度（见图4-3）。

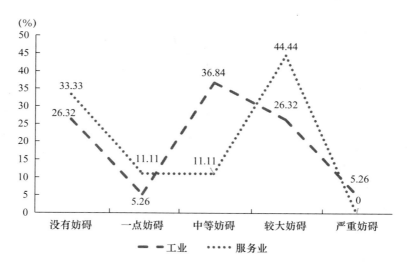

图4-3　不同行业类型管理人员妨碍生产经营的程度

　　不同行业类型技能管理人员招聘难度对生产经营的影响。绝大多数中资企业都认为技能人员的缺乏，是影响生产经营的一个重要因素。仅有一成（10.53%）的工业企业认为技能人员的招聘"没有妨碍"企业的生产经营，将近一半（44.44%）的服务业企业认为其产生了"一点妨碍"。高到两成（22.22%）的服务业企业认为，技能型人才的招聘"严重妨碍"了企业的生产经营（见图4-4）。

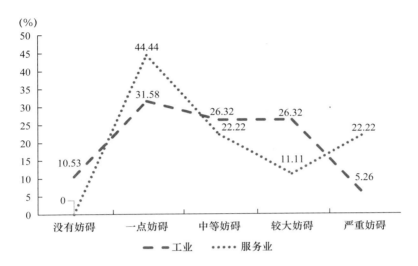

图4-4 不同行业类型技能人员招聘难度妨碍生产经营的程度

四 中资企业生产经营受工会的影响程度

本次调研从工会对企业面临的劳动力市场规制政策、企业内部员工素质提升、管理人员的招聘以及企业技能人员招聘等四个方面，进行了考察。

首先，企业有无自身工会与劳动力市场规制政策妨碍生产经营的程度。绝大多数存在工会的中资企业，认为工会不同程度地影响了企业的生产经营环境。存在工会的中资企业中，将近一半（42.86%）的企业负责人认为工会"中等"程度地影响了企业面临的劳动力市场规制政策，从而妨碍了企业的生产经营。并且有将近4.76%存在工会企业的中资企业认为，工会"较大妨碍"了企业的生产经营。而没有工会企业的中资企业，超过一半的负责人表示并不受工会影响（见图4-5）。

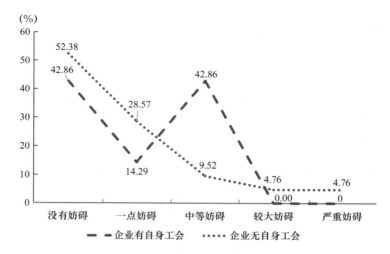

图 4 - 5　企业有无自身工会与劳动力市场规制政策妨碍生产经营的程度

其次，企业有无自身工会对员工素质提升的妨碍程度。绝大多数存在工会的企业认为，工会的存在，妨碍了企业员工素质的提升，仅有一成多（14.29%）的企业负责人认为工会"没有妨碍"企业员工素质的提升，超过半数（57.14%）存在工会企业的负责人认为，工会"较大妨碍"了企业员工素质的提升。

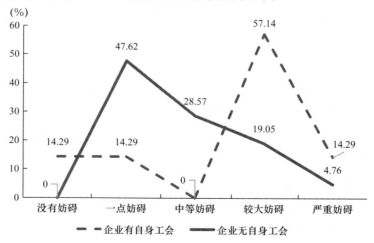

图 4 - 6　企业有无自身工会对员工素质提升的妨碍程度

　　企业有无自身工会对专业技术人员招聘的妨碍程度。将近一半存在工会的企业负责人认为，工会没有妨碍企业招聘专业技术人员；另有四成多（42.86%）存在工会的企业负责人认为，工会较大妨碍了企业对专业技术人员的招聘；另有5%左右存在工会企业的企业负责人认为，工会"严重妨碍"了企业对专业技术人员的招聘（见图4-7）。

　　企业有无自身工会对管理人员及技能人员招聘的妨碍程度。工会对企业招聘管理人员产生的负面影响，与对招聘普通员工产生的影响类似（见图4-7）。但在招聘技能人员方面产生的影响，存在差异（见图4-8）。存在工会的企业中，仅1/4左右的企业认为，工会对企业招聘技能人员产生了"中等"或者"较大"程度的影响。

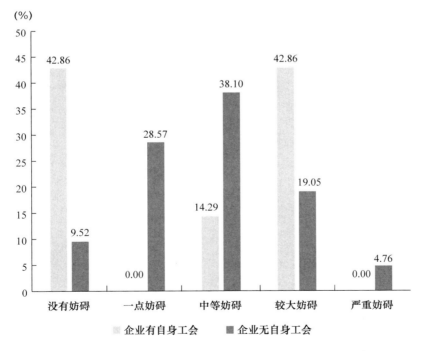

图4-7　企业有无自身工会对专业技术人员招聘的妨碍程度

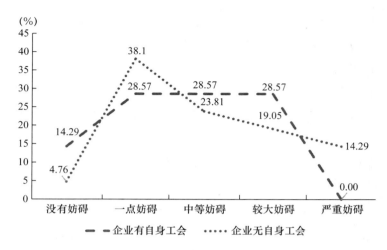

图 4 - 8　企业有无自身工会对技能人员招聘的妨碍程度

第三节　中资企业对孟加拉国公共服务治理的评价

本节主要阐述孟加拉国的税率、税收征收、工商许可、政治不稳定、腐败、土地许可，以及政府管制与审批等方面的公共服务及治理环境对驻孟中资企业营商环境的影响。

一　税收对中资企业的影响

现行孟加拉国的税收种类包括增值税、关税、消费税及所得税。现行的主要税收法律包括《关税法》（1969 年）、《所得税法》（1984 年）、《财税法案》（2016 年）、《旅游税法案》（2003 年）及《临时税征收法案》（1931 年）。孟加拉国针对企业征收的税收，纳税人分为居民企业和非居民企业。二者在征收范围、税率、免税收入等方面有所差异。

在税率方面，特别是孟加拉国的企业所得税税率，与其他中等收入国家相比，处于较高水平。高税率造成孟加拉国对国内和国外投资的吸引力不高。由于未能在过去的数年中跟随其他中等收入国家降税的步伐，造成孟加拉国企业创造的很大一部分利润都用来缴纳了国家税收。降低企业所得税负担是促进企业发展的一项措施，但是在孟加拉国，企业所得税却是用来增加政府税收收入的工具。所以尽管每年都有关于政府应降低税收的讨论，但是孟加拉国国家税务局却依然保持高税率水平。

值得注意的是，为了提高对外国投资的吸引力，孟加拉国实施了经济开发区制度，企业在经济开发区内的生产经营活动，享受一定程度的税收优惠或者减免。因此，企业所处的经营位置，面临的税率存在着差异，对企业生产经营活动产生的影响，也存在着一定差异。

（一）税率对企业生产经营的影响

本次对驻孟中资企业的调研发现，绝大多数驻孟中资企业认为孟加拉国对企业的高额税率，已经妨碍了企业的生产经营活动。从地理位置上看，如图 4 - 9 所示，仅有三成（33.33%）位于开发区的中资企业表示没有影响到企业的生产经营，约三成的企业表示有"较大妨碍"或"严重"地妨碍企业生产经营。对于未处于开发区的企业，面临的情形要略微严重。不到三成（29.17%）的企业认

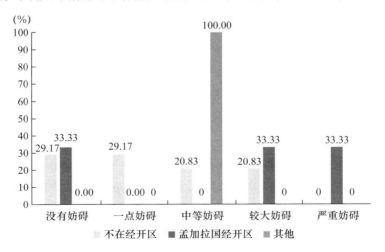

图 4 - 9 税率妨碍公司生产经营的程度

为税率不构成妨碍企业生产经营的因素，但有超过两成（20.83%）的企业认为税率"较大"程度地妨碍了企业的生产经营。

另外，从行业属性来看，整体上工业企业更容易将孟加拉的高额税率视为影响企业生产经营的一个负面因素。如图 4 - 10 所示，本次调查显示，六成多（60.32%）的工业企业和近八成（77.78%）的服务业企业认为受到高额税率的影响。其中，有超过 1/4 的工业企业认为高额税率"中等"或"较大"程度地影响了企业的生产经营。在服务业企业中，将近一半（44.44%）的受访企业表示，高额税率对企业生产经营有一点妨碍，另外认为"中等"或"较大"程度妨碍了企业生产经营的各占一成多（11.11%）。另有一成多（11.11%）的服务业企业认为高额税率"严重妨碍"了企业的生产经营。

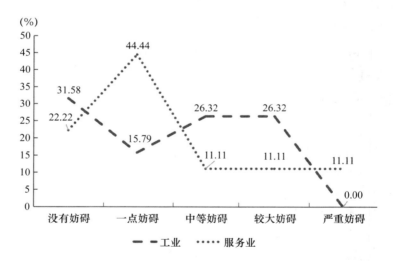

图 4 - 10 按行业划分的税率妨碍企业生产经营的程度

（二）税收征收对企业生产经营的影响

从地理位置方面看，位于经济开发区的企业，在税收征收方面似乎面临的麻烦和挑战也更小。如图 4 - 11 所示，不在开发区的企业中，不到两成（16.67%）的企业认为税收征收并没有妨碍企业的生产经营活动，而这一比例对处于开发区的企业高达三成多（33.33%）。同时，未处于开发区的企业中，认为"有一点妨碍"的占到了近四成（37.5%），另外还有近一成（8.33%）的企业认为税收征收对生产经营具有"较大"程度的影响，还有4.17%的企业认为税收征收"严重妨碍"了企业的生产经营。

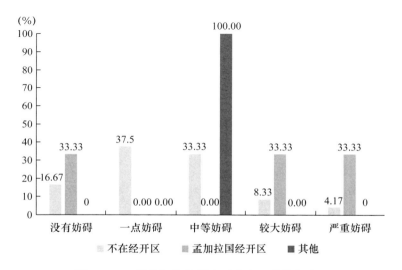

图4-11　税收征收妨碍公司生产经营的程度

从行业属性来看，工业企业更容易受到税收征收的影响。本次调查显示，仅有15%左右的工业企业认为税收征收"没有妨碍"企业的生产经营活动，而在服务业企业中这一比例占比达到两成。同时，高达四成（42.11%）的工业企业认为税收征收"中等妨碍"了企业的生产经营，而对应的服务业企业比例仅为一成左右（11.11%）。不过，一个极端的情况是，约有两成（22.22%）的服务业企业表示，税收征收"严重妨碍"了企业的经营活动。（见图4-12）

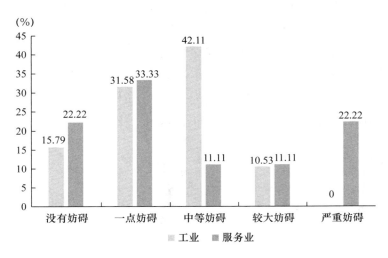

图 4 - 12　按行业划分的税收征收妨碍企业生产经营的程度

二　工商许可证及政府审批

工商许可对企业生产经营的妨碍程度。首先，从企业所处位置来看，未处于经开区的企业中，有半数（50%）企业认为工商许可对生产经营没有任何影响，有三成多（33.33%）的企业认为对企业的生产经营有一点影响，另外有近一成（8.33%）的企业认为工商许可对公司的生产经营有着中等程度影响。对于开发区中的企业而言，情形呈现出分散化区域，认为"没有妨碍""中等妨碍"以及"较大妨碍"的比例，各占 1/3 左右。（见图 4 - 13）

按照行业类型来看，如图 4 - 14 所示，超过一半（55.56%）的服务业企业认为工商许可制度，未对企业生产经营产生妨碍；同时有超过两成的企业（22.22%）认为存在"一点儿妨碍"或"中等妨碍"。而工业企业中，认为工商许可制度没有妨碍企业生产经营的比例，不到一半（47.37%），同时分别有 5.26% 和 15.79% 左右的工业企业认为工商许可制度"中等"或"较大"程度地妨碍了企业生产经营。

土地许可会对企业生产经营产生影响。从地理位置上看未处于

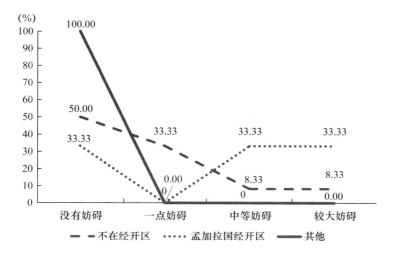

图 4 – 13　工商许可妨碍公司生产经营的程度

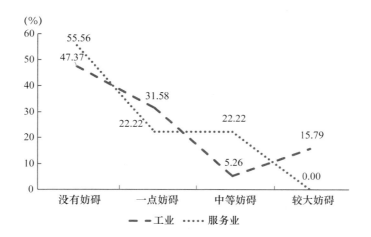

图 4 – 14　按行业划分的工商许可妨碍企业生产经营的程度

经开区的企业中，超过半数（58.33%）的企业认为土地许可对生产经营没有任何的影响，也有两成企业（20.83%）认为其对生产经营"有一点"影响。另外有 8.33% 的企业认为其对生产经营有着"中等"程度的影响，还有高于一成（12.5%）的企业认为其对企业的生产经营有着"较大"的影响。而处于经开区的企业的情形，要明显好得多。尽管认为土地许可对企业生产经营不产生任何影响的企业仅占 1/3 左右，但绝大多数企业（66.67%）认为仅有"一点妨碍"。（见图 4-15）

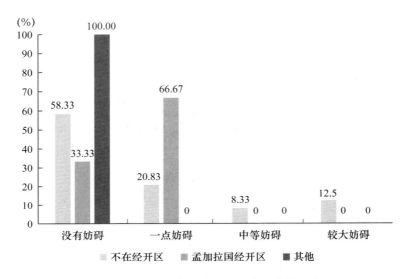

图 4-15 土地许可妨碍公司生产经营的程度

从行业类型来看，土地许可对服务业企业产生的影响明显偏小。如图 4-16 所示，高于四成（47.37%）的工业企业认为土地许可"没有妨碍"企业的生产经营，但同时有超过 10% 和 15% 的受访服务业企业认为其"中等"或者"较大"程度地妨碍了企业的生产经营。服务业企业中，认为土地许可对企业生产"没有妨碍"的比例，达到了七成（77.38%），有超过两成（22.22%）的工业企业认为存在"一点妨碍"。这种差距的原因，可能反映了服务业企业不像工业企业那样大量占用土地进行生产，因此在进行正常生产之前，已经较好地解决了土地许可及审批问题，从而避免了后续经营中存在的麻烦。

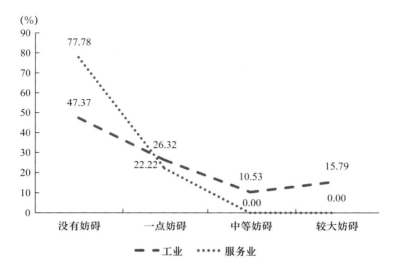

图 4 - 16　按行业划分的土地许可妨碍企业生产经营的程度

三　政府管制与审批妨碍公司生产经营的程度

从企业所处地理位置看，政府管制对企业生产经营的影响，存在着较为明显的区别。其中，位于开发区的企业，认为其仅有"一点妨碍"和"中等妨碍"的比例，分别达到33.33%和66.67%。而未处于开发区的企业中，有1/3的企业认为"没有妨碍"，其次认为存在"一点妨碍""中等妨碍"和"较大妨碍"企业的比重，分别为29.17%、16.67%和12.50%。（见图4-17）

从行业属性来看，如图4-18所示，无论是工业企业还是服务业，所面临的政府管制对企业产生的影响，结果比较类似。从整体上看，企业都面临着比较严厉的政府管制。

四　政治不稳定与行政腐败对企业生产经营的影响

孟加拉国受不稳定的政党政治影响，政治稳定性较差。政治不稳定对企业的影响，依据企业所处位置以及行业性质的差异，而呈现出较为明显的差异。整体来看，对服务业企业的影响要大于对工

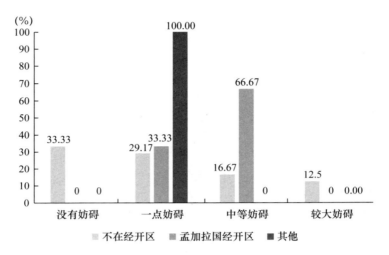

图 4-17　政府管制与审批妨碍公司生产经营的程度

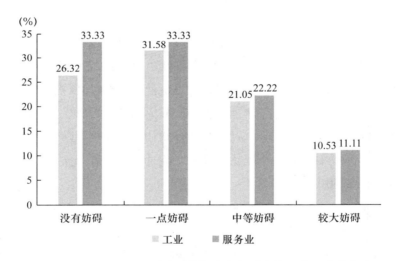

图 4-18　按行业划分的政府管制与审批妨碍企业生产经营的程度

业的影响，对经济开发区地区企业的影响要大于非经济开发区地区
企业的影响。具体情况如下。

位于经开区的企业中，超过六成（66.67%）的企业认为存在

"一点妨碍",并有三成的受访企业认为存在"中等妨碍"。而非处于经开区的企业中,有近三成(29.17%)的企业认为"没有妨碍",同时有超过三成(33.33%)的企业认为存在"一点妨碍",认为"较大妨碍"行业和"严重妨碍"的比例分别达到20.83%和12.50%(见图4-19)。

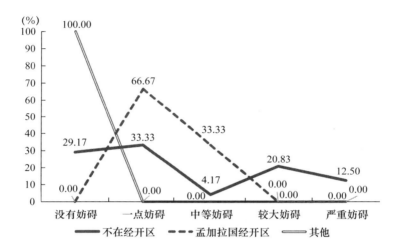

图4-19　政治不稳定妨碍公司生产经营的程度

从行业类型来看,如图4-20所示,超过三成(36.84%)的工业企业认为政治不稳定一点都不会妨碍企业的生产经营,另外有三成(35.7%)的企业认为只是有一点的影响,不过并不严重,认为有中等影响的企业占比一成(10.53%),另外有将近两成(17.9%)的企业认为政治不稳定对生产有着较大的影响,还有一成(10.7%)的企业认为这对生产经营的影响是非常严重的。

行政腐败问题是驻孟中资企业面临的一大挑战。如图4-21所示,本次调查过程中,绝大多数中资企业都面临着孟加拉国的行政腐败所引发的问题。从地理位置上看,位于经济开发区的企业,不同程度地面临着腐败问题。其中,认为腐败对企业生产经营产生了"一点""中等"和"较大"程度妨碍的比例,各占了1/3左右。而

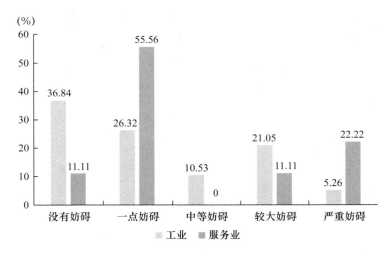

图 4-20　按行业划分的政治不稳定妨碍企业生产经营的程度

不在经济开发区的企业，面临由腐败带来的负面影响，分布相对比较分散。其中，分为"没有妨碍"的企业约占两成，认为"一点儿妨碍"的约占三成，另外认为"中等""较大"和"严重"妨碍了企业生产经营活动的，分别占比为 8.33%、20.83% 和 16.67% 左右。

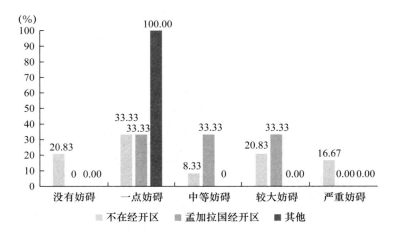

图 4-21　腐败妨碍公司生产经营的程度

从企业所属行业类型上看，腐败对企业生产经营产生的负面影响是普遍存在的。如图 4 - 22 所示，仅有两成工业企业认为腐败"没有妨碍"企业生产经营，这一比例在服务业企业中为一成左右。另外，高达两成的工业企业认为行政腐败"严重妨碍"了企业的生产经营活动。

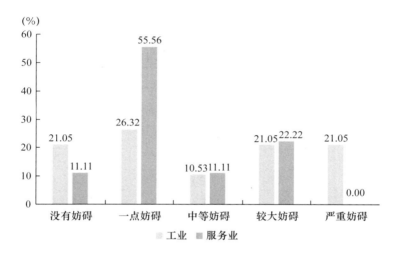

图 4 - 22　按行业划分的腐败妨碍企业生产经营的程度

第四节　驻孟中资企业的投资风险分析

本节从驻孟中资企业前往孟加拉国投资之前的风险考察情况、在孟生产经营中的安全生产额外支付、过去一年企业遭遇的偷盗损失以及企业负责人对未来一年所面临的经营风险的认知等方面，对企业投资风险进行分析。

一　企业投资前的风险考察情况

绝大多数中资企业在对孟投资前，都进行了相关的风险考察。如表 4 - 11 所示，从行业属性来看，驻孟中资企业中受访的工业企业，对风险考察率达到了 100%。接近九成（88.89%）的服务业企业进行了可行性考察。从地理位置上看，位于经济开发区的中资企业，进行可行性考察的比例达到了100%，而未在开发区的企业这一比例达到了95.83%。此外，本次调研了解到女性在企业决策风险中的角色及影响，显示存在女性高管的企业中，有约5%的企业未进行可行性考察，而没有女性高管的企业，则都进行了可行性考察。

表4-11　　　　　　企业是否进行过孟加拉国投资的可行性考察状况　　　（单位：%）

	有可行性考察	无可行性考察
工业	100.00	0.00
服务业	88.89	11.11
不在经开区	95.83	4.17
孟加拉国经开区	100.00	0.00
其他	100.00	0.00
有女性高管	94.74	5.26
无女性高管	100.00	0.00

　　在进行过投资考察的企业中，对投资风险及可行性关注的领域，各有侧重。如表4-12所示，从行业属性来看，尽管工业企业和服务业企业都关注当地的市场竞争环境、宗教、文化和生活习惯等因素；但相对于服务业企业而言，工业企业更为关注东道国的对外直接投资法律和劳动力素质等因素。从企业所处位置来看，对位于经开区的企业和非处于经开区的企业而言，前者要更为关注市场竞争情况和对外直接投资的法律法规等。

表4-12　　　　　　　　企业投资前孟加拉国考察类型　　　　　　（单位：%）

	市场竞争调查		孟加拉国外国直接投资法律法规		孟加拉国宗教、文化和生活习惯		孟加拉国劳动力素质		其他方面	
	否	是	否	是	否	是	否	是	否	是
工业	10.53	89.47	5.26	94.74	26.32	73.68	15.79	84.21	94.74	5.26
服务业	12.50	87.50	25.00	75.00	25.00	75.00	25.00	75.00	100.00	0.00

续表

	市场竞争调查		孟加拉国外国直接投资法律法规		孟加拉国宗教、文化和生活习惯		孟加拉国劳动力素质		其他方面	
	否	是	否	是	否	是	否	是	否	是
不在经开区	13.04	86.96	13.04	86.96	26.09	73.91	17.39	82.61	95.65	4.35
孟加拉国经开区	0.00	100.00	0.00	100.00	33.33	66.67	33.33	66.67	100.00	0.00
其他	0.00	100.00	0.00	100.00	0.00	100.00	0.00	100.00	100.00	0.00
有女性高管	16.67	83.33	11.11	88.89	27.78	72.22	22.22	77.78	94.44	5.56
无女性高管	0.00	100.00	11.11	88.89	22.22	77.78	11.11	88.89	100.00	0.00

二 企业安全生产的额外支付及偷盗损失情况

在孟加拉国投资经营企业，除了面临必要的日常经营活动支出，为防范风险在安全生产方面面临着额外投资。从行业属性来看，工业企业和服务业企业在安全生产的额外支付方面，存在着明显差异。调查显示，超过一半（52.63%）的工业企业，在安全生产方面存在额外支付，而这一比例在服务业企业仅占约两成（22.22%）。从地理位置上看，处于经开区和未处于经开区的企业，在安全生产额外支付方面的差异并不明显。其中，前者占比达到33.33%，后者占比达到41.67%。（见表4-13）

表4-13　　　　　　　　2017年企业安全生产额外支付　　　　（单位：%）

	安全生产有额外支付	安全生产无额外支付
工业	52.63	47.37
服务业	22.22	77.78
不在经开区	41.67	58.33
孟加拉国经开区	33.33	66.67
其他	100.00	0.00

	安全生产有额外支付	安全生产无额外支付
有女性高管	47.37	52.63
无女性高管	33.33	66.67

2017 年企业偷盗损失状况。如表 4 – 14 所示，在本次调查中，反应上一年度发生过偷盗等导致损失的企业比例整体偏低。其中，工业企业仅占约两成（21.05%），服务业企业略高，但也仅占 33.33%。同时，从地理位置上看，位于经开区的企业，在上一年几乎都发生过偷盗导致的企业损失。

表 4 – 14　　　　　　　**2017 年企业偷盗损失状况**　　　　　（单位：%）

	发生过偷盗损失	未发生偷盗损失
工业	21.05	78.95
服务业	33.33	66.67
不在经开区	16.67	83.33
孟加拉国经开区	100.00	0.00
其他	0.00	100.00
有女性高管	26.32	73.68
无女性高管	22.22	77.78

三　中资企业负责人对经营风险的认知

中资企业管理层对 2017 年孟加拉国政治环境的认知，如图 4 – 23 所示，本次调研的中资企业中，超过一半的企业负责人认为过去一年孟加拉国政治环境"稳定"或"比较稳定"，比例分别达到了 21.43% 和 35.71%。而在认为孟加拉国政治环境不稳定的受访者中，导致不稳定的主要原因主要为"党派斗争"。

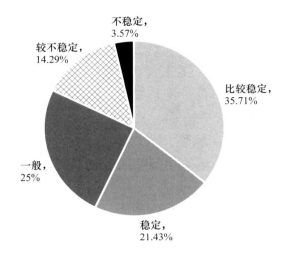

图 4 - 23　中资企业管理层认为 2017 年孟加拉国政治环境情况

　　企业未来一年经营风险主要方面及比重。"员工工资增长""市场竞争上升""资源获取难度增加""研发后劲不足""政策限制加强""优惠政策效用降低或到期""政治环境变化"及"中资企业增多"等可能影响企业未来经营环境的因素，不同程度地影响着驻孟中资企业的风险认知。（见表 4 - 15）

　　首先，市场竞争压力，是驻孟中资企业面临的一个普遍风险。从行业属性来看，无论是工业企业还是服务业企业，绝大多数企业负责人都认为市场竞争日益增大，其中超过八成（84.21%）的工业企业负责人持这一观点，而服务业企业认同这一观点的比重更是高达100%。从地理位置上看，位于经开区的企业面临的竞争压力相对较小，虽然高达六成多（66.67%）的企业认为竞争压力加大，但位于非开发区的企业比重达到九成（91.67%）。

　　与市场竞争压力相对应的是，一些中资企业面临着来自中国企业之间日益增大的竞争压力。将近一半（47.37%）的工业企业将"中国企业增多"视为未来面临的经营风险，服务业企业中也有高达两成（22.22%）的企业持这一观点。

　　其次，员工工资增长问题也表现得较为突出。在这一方面，服

务业企业面临的问题明显高于工业企业，前者高达六成
（66.67%），而后者所占比重不到五成（47.37%）。同时，经济开
发区地区的企业普遍认为员工工资上升，成为未来经营活动的一大
挑战，而非开发区地区的企业将其视为风险的仅为50.00%。

最后，政府的政策。一方面，许多企业将政府的"政策限制"，
视为企业未来经营的一大风险。另一方面，一些享受了政府优惠政
策的企业，正担心优惠政策效用下降或者到期所产生的风险。

表 4-15　　　　　　企业未来一年经营风险主要方面及比重　　　　（单位：%）

	员工工资增长	市场竞争上升	资源获取难度增加	研发后劲不足	政策限制加强	优惠政策效用降低或到期	政治环境变化	中资企业增多	产品或服务无话语权	其他方面
工业	47.37	84.21	26.32	5.26	36.84	5.26	42.11	47.37	0.00	5.26
服务业	66.67	100.00	22.22	11.11	33.33	0.00	44.44	22.22	0.00	0.00
不在经开区	50.00	91.67	20.83	8.33	29.17	4.17	50.00	41.67	0.00	4.17
孟加拉国经开区	100.00	66.67	66.67	0.00	66.67	0.00	0.00	0.00	0.00	0.00
其他	0.00	100.00	0.00	0.00	100.00	0.00	0.00	100.00	0.00	0.00
有女性高管	63.16	94.74	21.05	10.53	36.84	5.26	42.11	26.32	0.00	0.00
无女性高管	33.33	77.78	33.33	0.00	33.33	0.00	44.44	66.67	0.00	11.11

第五章

驻孟中资企业雇佣行为与劳动风险

本章将从驻孟中资企业的员工队伍构成、中资企业的雇佣行为、企业与员工的劳资纠纷及处理效果等方面，分析孟加拉中资企业雇佣行为与劳动风险。

第一节　驻孟中资企业的员工构成

一　中资企业员工构成总体情况

本次调研的企业样本来源多样，涵盖了不同行业不同规模大小的企业，因此，企业员工的规模存在巨大差异，从两三名到数千甚至上万名员工不等。在本次调研的样本中，员工人数在10—100人之间的企业，占比达到46.41%；员工人数在100—1000人之间的企业占比达到39.27%；员工人数在1000人以上占比为10.71%。

中资企业员工性别和国籍构成。在员工性别构成方面，如表5-1所示，女性员工在企业员工总数中占比平均在两成左右（22.61%）。根据企业生产经营内容的差异，女性员工所占比例也呈现出较大的差异性。比如，服务业企业中的女性员工占比整体上都高于男性。本次调研的样本中，企业的女性员工占比均值为22.61%，最大可接近九成（89.92%）。但考虑到纺织业及相关出口部门作为孟加拉国的支柱产业，其为上百万女性提供了工作岗位，22.61%的均值仍然偏低。

国籍构成方面，孟籍员工占据了绝大多数，平均占比达到八成以上（83.04%），本次的企业样本中最高占比达到99.74%。另外，部分企业员工中，还存在除了孟加拉国之外的第三国家员工，但占比太小，均值为0.02%。

表5－1 企业员工构成 （单位：%）

各类员工占比	均值	标准差	最大值	最小值
女性员工占比	22.61	23.60	89.92	0.00
孟加拉国员工占比	83.04	19.16	99.74	17.50
中国员工占比	16.94	19.17	82.50	0.26
其他国家员工占比	0.02	0.11	0.57	0.00

中资企业的管理层及成员构成。一个拥有现代治理体系的企业，在治理架构上往往采用了科层官僚模式，但科层结构及管理人员规模，往往受到企业性质、规模、生产经营内容、当地文化等多个因素影响而存在差异。本次受访的28家中资企业中，中高层管理员工占全部员工人数的比例，平均为12.79%，最大可达到一半，最小值为2.50%。中资企业的中高层管理人员的国籍构成方面，中国籍员工整体上占据主导地位。中高层管理员工中，孟加拉籍成员平均占比为39.42%，最高值可到100%；而中国籍中高层管理人员占比均值为60.07%，明显高于孟加拉籍比重。（见表5－2）

表5－2 企业中高层管理员工构成 （单位：%）

	均值	标准差	最大值	最小值
中高层管理员工占比	12.79	10.65	50.00	2.50
中高层管理人员中孟加拉国员工占比	39.42	32.67	100.00	0.00
中高层管理人员中中国员工占比	60.07	32.14	100.00	0.00

中资企业的技术人员和设计人员构成。技术人员和设计人员的构成，很大程度上取决于企业的生产经营内容，也体现了企业的科技发展水平及其在生产链和产业链中的地位。如表5－3所示，本次对中资企业的抽样调查显示，技术人员和设计人员在企业员工总人数中占比，均值为18.34%。从国籍构成来看，相对中国籍员工，孟加拉籍员工占比更大。这与中资企业的中高层管理成员的构成情形刚好相反。

表5－3	企业技术人员和设计人员构成			（单位：%）
	均值	标准差	最大值	最小值
技术人员和设计人员占比	18.34	27.35	100.00	0.00
技术人员和设计人员中孟加拉国员工占比	62.13	32.90	100.00	0.00
技术人员和设计人员中中国员工占比	37.87	32.90	100.00	0.00

中资企业的非生产员工构成。如表5－4所示，在孟加拉国中资企业中，非生产员工人数占全部员工人数的比例，均值为19.67%，最高值达100%。从国籍来看，孟加拉籍非生产岗位员工人数占非生产员工人数比例，均值为70.94%；中国籍非生产员工占比，均值为28.22%。

表5－4	企业非生产员工构成			（单位：%）
	均值	标准差	最大值	最小值
非生产员工占比	19.67	30.21	100.00	0.00
非生产员工中孟加拉国员工占比	70.94	30.79	100.00	0.00
非生产员工中中国员工占比	28.22	29.00	100.00	0.00

中资企业的一线工人或生产员工构成。本次对28家驻孟中资企

业的调查结果显示，企业一线员工或生产员工占全部员工的均值为49.06%，最大值可达94.44%。但因企业生产经营内容的差异，而呈现出极大的差异性。从国籍来看，一线员工或生产员工占全部员工的比例，孟加拉籍员工明显偏高，均值达到90.21%，最大值达到100%。中国籍员工在一线员工或生产员工中，占比明显偏低，而且这一现象在企业间普遍存在，调查结果的标准差仅为8.82%。此外，中资企业中也存在一定比例的第三国国籍员工，其一线员工或生产员工占比均值为6.14%，略高于中国籍员工的构成。（见表5-5）

表5-5   **企业一线工人或生产员工构成**   （单位：%）

	均值	标准差	最大值	最小值
一线员工或生产员工占比	49.06	39.24	94.44	0.00
一线员工或生产员工中孟加拉国员工占比	90.21	24.73	100.00	0.00
一线员工或生产员工中中国员工占比	3.65	8.82	28.57	0.00
一线员工或生产员工中其他国家员工占比	6.14	23.05	100.00	0.00

中资企业规模与员工构成。本次调查显示（见表5-6），企业的员工规模，与员工的性别构成、中高层管理人员占比、技术人员和设计人员占比，以及非生产员工占比等，存在着一定的相关性。尤为突出的是，中资企业员工中的女性比重。与员工性别相关的另外一个有趣现象是，驻孟中资企业中女性员工的占比随着企业规模的变大而增加，在大型企业中，最高占比达到近九成，最低占比为1.05%；中高层管理人员的占比则随着企业规模的变大而缩小，在小型企业中，中高层人数可以达到全部员工的一半，而在大型企业的中高层占比最多也没有超过20%；技术人员和设计人员的构成变

化也与中高层类似，企业规模越大，该类员工占比越小；非生产员工则是在中型企业占比最多，小型企业和大型企业均比较少。

表5-6　　　　　　　按企业规模大小划分的企业员工构成　　　　（单位：%）

	企业规模类型	均值	标准差	最大值	最小值
女性员工占比	小型企业	0.00	0.00	0.00	0.00
	中型企业	16.40	12.70	41.67	0.00
	大型企业	32.36	27.92	89.92	1.05
中高管理层占比	小型企业	29.44	18.73	50.00	13.33
	中型企业	16.13	8.28	30.00	2.50
	大型企业	6.60	3.77	18.18	3.63
技术人员和设计人员占比	小型企业	33.33	57.74	100.00	0.00
	中型企业	31.33	28.53	97.50	3.33
	大型企业	4.93	5.07	16.13	0.00
非生产员工占比	小型企业	5.56	9.62	16.67	0.00
	中型企业	32.54	36.75	100.00	0.00
	大型企业	12.58	24.52	95.06	0.00

二　中资企业的员工流动性

本次受访的 28 家驻孟中资企业中，除 1 家外，另外 27 家驻孟中资企业 2017 年新增雇佣人员占全部员工人数的 16.89%。其中当年雇用孟加拉籍员工占 2017 年新增员工的 98.55%，新增中国籍员工 23 人，并有 20 家中资企业在 2017 年没有雇用中国籍员工。调查统计显示，2017 年共有 6 家中资企业没有进行新增雇佣员工，占比为 21.43%；新增员工最多的企业雇用了 800 人，且均为孟加拉本国员工。在本次受访的 28 家中资企业中，2017 年共有来自 20 家企业的 681 名员工辞职，其中孟加拉籍贯员工 677 人，中国籍员工 4 人。此外，共有 8 家企业没有员工辞职，占企业总数的 28.57%，仅有 2 家企业有中国籍员工辞职，占总企业数的 7.14%。从整体上看，驻孟加拉国中资企业员工队伍基本上保持了稳定。

　　从整体上看，企业员工的流动性与企业规模呈正相关。中、大型企业的人员流动更为频繁，在新增雇佣人员方面，小型企业均值为 3 人，中型企业和大型企业均值分别为 6.09 和 108.21。员工离职方面，小型企业、中型企业和大型企业均值分别为 1.33、2.91 和 46.07。一个突出的现象是，绝大多数受访的中资企业员工，都保持了员工净流入状态。（见表 5 - 7）

表 5 - 7　　　　　　　　　　　企业全部人员流动情况

	企业规模类型	均值	标准差	最大值	最小值
新增雇佣人员	小型企业	3.00	4.36	8	0
	中型企业	6.09	4.97	15	0
	大型企业	108.21	212.66	800	0
辞职人员	小型企业	1.33	2.31	4	0
	中型企业	2.91	3.7	10	0
	大型企业	46.07	64.42	200	0
净流入人员	小型企业	1.67	2.08	4	0
	中型企业	3.18	4.38	15	0
	大型企业	62.14	159.67	600	- 30

　　如表 5 - 8 所示，中资企业中的中国籍员工占比不大，从员工的流动性方面来看，也较为稳定。而且，企业规模越大中国籍员工队伍越稳定，而在企业规模较小的时候中国籍员工的变化则要更大。

表 5 - 8　　　　　　　　　　　企业中国人员流动情况

	企业规模类型	均值	标准差	最大值	最小值
新增雇佣人员	小型企业	1.00	1.73	3	0
	中型企业	0.82	1.33	4	0
	大型企业	0.79	1.93	7	0

续表

	企业规模类型	均值	标准差	最大值	最小值
辞职人员	小型企业	0.00	0.00	0	0
	中型企业	0.18	0.6	2	0
	大型企业	0.14	0.53	2	0
净流入人员	小型企业	1.00	1.73	3	0
	中型企业	0.64	0.92	2	0
	大型企业	0.64	1.91	7	0

总之，作为企业员工主体的孟加拉籍员工队伍的变化，要远大于中国籍员工的变化。本次调查显示，2018 年度小型企业孟加拉籍员工新增雇员平均值为 2，辞职人员均值为 1.33。这一数据反映出小型企业中孟加拉籍员工变动的频率相对很高。

三　中资企业的受教育程度分析

在对孟加拉国中资企业员工受教育水平的调查中，共有 5790 人受教育水平为初等教育及以下，占全部孟加拉国中资企业员工的 61.45%，其中有 10 家企业没有初等及以下受教育水平的员工，占全部中资企业的 35.71%；受教育水平在初等及以下人数最多的企业则有 1875 人。从中可以看出，在 28 家孟加拉国中资企业中，有 10 家企业对受教育程度低的劳动力需求量非常小，而还有部分企业则需要大量的廉价劳动力。孟加拉国中资企业共有 5307 名初等及以下受教育水平的生产工人，占全部初等教育及以下员工的 91.66%，共有 14 家企业没有初等及以下教育水平生产工人，占全部企业的 50%。在孟加拉国中资企业中受教育水平较低的主要群体为生产工人，同时有半数的企业没有受教育水平较低的生产工人。

调查结果可知，初等教育及以下的孟加拉籍员工占全部初等教育及以下员工的 95.11%，而与此同时，极少存在初等及以下中国籍员工，仅有 3.57% 的中资企业存在初等教育及以下教育水平的中国籍员工。在孟加拉国中资企业中，初等及以下教育水平的员工较多，且基本为孟加拉籍员工，从中也可以反映出孟加拉国的劳动力主要以廉价基础劳动为主，而在孟加拉国工作的中国员工普遍接受了较为基础的教育。

在本次对孟加拉国中资企业的调查中，约占全部员工总数近两成（19.35%）的员工受过中等及以上教育，而且约占四成（39.14%）受过中等及以上教育的员工在企业的第一线直接从事生产活动。其中仅有两家中资企业没有中等教育员工，占比为7.14%，这说明中等教育水平的员工在孟加拉国中资企业中虽然人数不是很多，但是普遍存在的。而有12家中资企业没有中等教育水平的生产工人，占到28家企业的42.86%，这说明中资企业对生产工人的受教育水平要求不高。

2017年驻孟中资企业受中等教育的孟加拉籍员工占中资企业全部中等教育员工的88.49%，受访的28家驻孟中资企业中仅有2家企业没有接受过中等教育的孟加拉籍员工。最高学历为中等教育的中国籍员工占公司中仅接受了中等教育员工总数的9.7%，且有半数中资企业不存在仅接受了中等教育的中国籍员工。这说明在中资企业仅接受了中等教育水平的员工中，孟加拉籍员工仍然有着较大的人数优势，而中国员工数量占比相对较低，但相比于初等教育水平员工，孟加拉籍员工占比已经减少，中国员工数量也大幅度提升。

驻孟中资企业中受到大学本科及以上教育的员工占中资企业员工总数的14.02%，且仅有2家企业没有大学本科及以上学历员工。绝大多数本科学历的员工，在公司中从事着中高层等管理工作，从事一线生产工作的本科学历员工仅占全部大学本科及以上学历员工的2.65%。而且，85.71%的中资企业不存在本科及以上学历的生产工人。

2017年驻孟中资企业中具有大学本科及以上学历的员工中，孟加拉籍员工占比达到82.74%，而且仅有17.86%的中资企业没有具有大学本科及以上学历的孟加拉籍员工。相比之下，孟加拉国中资企业中具有大学本科及以上学历的中国员工，占全部大学本科及以上学历员工的 14.31%，且仅有 3 家中资企业没有大学本科及以上学历中国员工。中国员工的占比随着受教育水平的提高而不断增加，在企业中的分布也更加全面。

根据本节对孟加拉中资企业员工构成的调查及分析，我们发现孟加拉国中资企业的员工主要以本国员工为主，且女性占据着半数以上的比例。孟加拉国中资企业主要从事的加工制造行业，所以一线工人和生产员工人数较多，而技术和设计类员工相对较少且本国的技术设计员工更加稀缺。孟加拉国中资企业管理方面对于基层的管理更加倾向于采取本土化管理，包括在基层管理岗位大量任命当地员工，而在高层方面则更倾向于使用中国籍员工。在员工的受教育水平方面，初等教育及以下员工人数最多，基本都是孟加拉国员工且主要从事生产活动，大多数孟加拉国中资企业是因为孟加拉国廉价的劳动力而进入孟加拉国，因此企业招聘的员工也基本以体力劳动为主，对员工的受教育程度没有太大的要求。随着受教育程度要求的不断提高，孟加拉国中资企业中的中国员工数量和占比都在不断提升，即使人数依然远远低于孟加拉本国员工，也能体现出中国员工在孟加拉国中资企业中主要从事的是非生产类活动。

第二节　驻孟中资企业的雇佣行为分析

一　驻孟中资企业的员工工资支付成本

本次调查显示，28 家受访的中资企业 2017 财年雇佣员工的薪资总支出大约 87363.1 万塔卡，折合人民币约 7280.29 万元。其中有一半企业员工工资支出总额达到 1000 万塔卡以上，最高的支出企业为 20000 万塔卡，约合人民币 1639.88 万元。2017 年平均每名孟加拉国中资企业中员工工资约 9.27 万塔卡，折合人民币约 7727 元，远高于

2016 年孟加拉国家庭人均收入 4158 元人民币。[①]

在员工薪资方面，绝大多数中资企业按年逐步增加单个员工的工资收入。在本次受访的 28 家中资企业中，共有 7 家企业 2017 年支付工资总额比 2015 年增加一半以上，占到所有 2015 年以前建立企业的 41.18%，涨幅最大的企业 2017 年支付的工资总额是 2015 年的 3 倍。从支付工资总额的变化情况可以看出孟加拉国中资企业在员工薪酬方面是有一定增加的，同时企业自身也是在近几年得到发展，企业利润得到了提升。

二 中资企业的高管任用

孟加拉国中资企业位于孟加拉国，企业自身的管理人员的变化和构成对于企业的发展与稳定有着至关重要的影响，在 28 家中资企业中，有 18 家企业有从孟加拉国招募高级管理人员，占到全部企业的 64.29%。表明在管理层面孟加拉国中资企业的孟加拉籍员工也是重要力量。

企业高管的派遣。一些在中国有母公司的驻孟中资企业，往往从中国母公司派遣高级员工赴孟加拉公司工作。从母公司派遣的中国籍员工在孟工作时间方面，有 7590 的员工平均派遣时间在 1—3 年，7.14% 的员工平均派遣时间在 1 年，占比 14.29% 的员工派遣时间在四至六年。在受访企业中，从中国派遣的员工，在孟工作时间最短的为 3 个月，时间最长的长达 10 年。综上，绝大多数企业的平均派遣时间在 1—3 年，这使得孟加拉国中资企业有相对稳定的管理人员结构。（见图 5-1）

企业高管的工作语言技能。如表 5-9 所示，驻孟中资员工的外语技能方面，英语是主要交流工具。以企业的员工招聘为例，本次调研的绝大多数中资企业，都将英语应用能力作为一个重要指标。驻孟中

---

① CEIC（香港环亚经济数据有限公司），2019 年 5 月 22 日，https：//www.ceicda-ta.com。

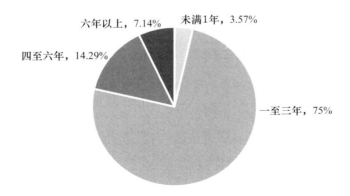

图 5 - 1　中国派到孟加拉国高管的平均派遣时间

资企业高管普遍具有一定的英语应用能力。从企业的行业属性来看，服务业企业高管的英语水平，整体上高于工业企业高管。其中，三成以上（31.58%）的工业企业高管能够"非常流利"地使用英语交流，将近四成（36.84%）的工业企业高管英语达到"流利"的程度。几乎所有服务业企业高管的英语，都达到"可以交流"的程度，还有超过一半的服务业企业高管达到"流利"甚至"非常流利"的程度。

表 5 - 9		企业高管英语流利程度		（单位：%）	
	完全不会	会一点	可以交流	流利	非常流利
工业	0.00	5.26	26.32	36.84	31.58
服务业	0.00	0.00	44.44	33.33	22.22
不在经开区	0.00	4.17	20.83	41.67	33.33
孟加拉国经开区	0.00	0.00	100.00	0.00	0.00
其他	0.00	0.00	100.00	0.00	0.00

相反，在孟加拉本国语言方面，28 家企业中仅有 6 家企业要求达到可以交流的层面，占全部企业的 21.43%。在孟加拉国大多数人都是会一部分英语的，可以满足英语交流的基本要求。企业高管孟加拉

语的流利程序具体情况见表 5 - 10。

表 5 - 10　　　　　　　　企业高管孟加拉语流利程度　　　　（单位：%）

	完全不会	会一点	可以交流	流利	非常流利
工业	10.53	73.68	10.53	0.00	5.26
服务业	0.00	66.67	11.11	11.11	11.11
不在经开区	8.33	70.83	8.33	4.17	8.33
孟加拉国经开区	0.00	66.67	33.33	0.00	0.00
其他	0.00	100.00	0.00	0.00	0.00

三　企业员工的培训

在对孟加拉国 28 家中资企业的调查中，2017 年共有 23 家企业对雇用的全部员工进行了培训，占全部企业的 82.14%，仅有 5 家企业没有对全部雇佣员工进行培训。这说明孟加拉国中资企业十分重视员工能力的发展和训练，对员工有着基本的要求，即使是没有对全部员工进行培训的 5 家企业，也会对部分员工进行培养训练。同时，孟加拉国中资企业对员工的培训主要有 10 个方面，然而由于企业的分工不同，企业的发展资金预算不同，没有任何一家企业完成对全部员工的 10 个类型的培训，大多数企业选择了第一、第二和第九种培训内容。

2017 年孟加拉中资企业对全部员工进行培训的 23 家企业，总共对 4819 位孟加拉本国员工进行了培训，占全部受访企业员工总数的 53.59%，共有 10 家企业培训员工在 100 人以上，占 23 家企业的 43.48%，培训孟加拉本国员工最多的企业培训了 1400 人。

除了培训人数外，本书还关注了孟加拉国中资企业对员工的培训次数。孟加拉国中资企业 2017 年总共对企业员工进行了 542 次培训，其中有 15 家企业对全部员工的培训次数在 10 次以内，占 23 家企业的 65.22%，共有 7 家企业对员工的培训次数在 10—50 次，占比为 30.43%。企业培训人员的规模与次数具体情况见表 5 - 11。

表 5 - 11　　　　　　　　　企业培训人员规模与次数

	均值	标准差	最大值	最小值
2017 年培训的孟加拉国员工人数	209.52	339.38	1400	2
2017 年培训的次数	23.57	75.11	365	1
工业企业员工培训次数	31.38	89.72	365	1
服务业企业员工培训次数	5.71	5.56	15	1
不在任何经济开发区的企业员工培训次数	26.05	80.50	365	1
孟加拉国经济开发区的企业员工培训次数	无	无	无	无
其他企业员工培训次数	7.00	4.58	12	3
有自身工会的企业员工培训次数	6.40	5.18	15	1
没有自身工会的企业员工培训次数	28.33	84.76	365	1

　　本次调研考察了驻孟中资企业对员工的 10 种培训内容：管理与领导能力培训、人际交往与沟通技能培训、写作能力培训、职业道德与责任心培训、中文读写能力培训、计算机或一般的 IT 使用技能培训、工作专用技能培训、英文读写培训、安全生产培训、其他能力培训。从中我们可以看出，孟加拉国中资企业较为重视员工的专业工作技能和员工的安全，对员工个人的发展，如管理与领导能力和职业道德与责任心也较为重视，对员工的写作能力和英文读写能力要求较低。

　　从行业属性来看，工业企业和服务业企业在对员工培训内容方面，存在明显差异。整体来看，工业企业相对更加重视员工的管理与领导能力、工作专用技能和安全生产，而服务行业企业更加重视员工人际交往与沟通能力。另外一个值得注意的现象是，在孟加拉国经济开发区的企业比不在经济开发区的企业更加重视对员工的培训，无论是在培训的数量还是类型方面都比不在经济开发区的企业更加出色。有自身工会的企业更加重视员工管理领导能力，而无工会的企业则更加重视员工在工作方面的能力（见表 5 - 12）。

表5–12　　　　　　　　　　企业对员工培训的类型　　　　　　　　（单位：%）

	管理与领导能力	人际交往与沟通技能	写作能力	职业道德与责任心	计算机或一般IT使用技能	工作专用技能	英文读写	安全生产	其他能力
工业	68.75	37.50	6.25	56.25	25.00	75.00	6.25	81.25	0.00
服务业	42.86	85.71	14.29	71.43	28.57	57.14	14.29	42.86	0.00
不在经开区	55.00	50.00	10.00	60.00	25.00	65.00	10.00	70.00	0.00
孟加拉国经开区	100.00	66.67	0.00	66.67	33.33	100.00	0.00	66.67	0.00
有自身工会	100.00	60.00	20.00	40.00	20.00	60.00	20.00	60.00	0.00
无自身工会	50.00	50.00	5.56	66.67	27.78	72.22	5.56	72.22	0.00

　　如图5–2所示，在受访的孟加拉国中资企业中，有约15%的企业未对员工进行正规培训。未开展培训的原因主要在于企业生产经营的性质或者企业负责人对培训价值的看法。未开展培训的企业中，3/4的企业负责人认为"不需要"对员工进行正规培训，1/4的企业负责人则认为培训的质量较低，并不能达到企业的要求。

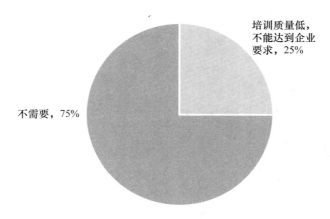

培训质量低，不能达到企业要求，25%

不需要，75%

图5–2　公司没有正规培训的原因

四　企业员工的离职

2017 年孟加拉国中资企业存在一些职员的更新变化，除了 681 名主动辞职的员工外，还有部分员工因为其他原因被中止工作而离职，其中员工离职的主要原因有以下三个方面：技能缺乏、绩效较差和劳动争议。本次受访的 28 家企业中，有 9 家企业因为员工"技能缺乏"发生了员工离职事件，占全部企业的 32.14%；共有 12 家企业因为员工的"绩效太差"无法满足企业要求而导致员工中止工作，占比为 42.86%；由于劳动争议或者要求无法满足的原因发生员工离职的企业共有 8 家，占全部企业的 28.57%。孟加拉国中资企业的员工在 2017 年被迫离职或中止工作的原因主要集中在员工的工作能力方面，而在待遇和与企业发生纠纷方面有员工离职的企业并不算多。

五　企业岗位需求与人才的匹配度

孟加拉国工人文化程度和技能水平整体较低，操作能力和学习能力较差，生产效率相对低下。根据孟统计局 2015 年发布的《劳动力调查报告》（每五年统计一次，以下简称《调查报告》），孟加拉国的劳动力人口中，40.1% 没有受过任何教育，仅有 3.7% 的人拥有高等学历，0.1% 的人接受过职业教育。孟加拉国工人大多属于低技术含量的体力劳动者，失业率高。

另外，孟加拉国劳动力利用率较低。根据孟统计局 2015 年发布的《劳动力调查报告》，孟加拉国劳动年龄人口共 9560 万，其中劳动力人口 5670 万，劳动力参工率仅为 59.3%，同期世界平均值约为 64%。其中虽然女性参工率近年呈持续上升态势，但仅为 36.1%。就业人群中，87.5% 为非正式就业，47.6% 从事农业劳动。大量的劳动力未得到充分利用。

本次调查中发现，驻孟中资企业在员工雇佣方面，面临着类似问题。调查显示，2018 年度驻孟中资企业中，近九成的企业（工业企业为 89.47%，服务业企业为 88.89%）面临招聘的员工"缺乏所需技能"的问题。另外，近半数求职者对中资企业的"期望薪酬过高"、三成左右的求职者面临着"交流困难"问题。只有少数企业面临后备劳动力不足的问题，其中，一成左右（11.11%）的服务业企业和 5% 左右的工业企业，面临求职者过少的问题。（见表 5 - 13）

表5 -13		2018 年企业招聘遇到的问题类型			（单位：%）
	求职者过少	缺乏所需技能	期望薪酬过高	对工作条件不满	交流困难
工业	5.26	89.47	42.11	36.84	26.32
服务业	11.11	88.89	55.56	12.50	33.33
不在经开区	8.33	87.50	45.83	26.09	29.17
孟加拉国经开区	0.00	100.00	66.67	33.33	33.33
其他	0.00	100.00	0.00	100.00	0.00
有自身工会	0.00	85.71	42.86	42.86	42.86
无自身工会	9.52	90.48	47.62	25.00	23.81

孟加拉国主要使用的是孟加拉语和英语，且部分民众基本具有一定的英语交流能力，因此虽然孟加拉国中资企业在孟加拉国雇用员工，且大多数企业的管理者不懂孟加拉语，但也仅有约三成的企业面临交流沟通困难的问题。除了英语是孟加拉较为普遍的适用语言外，孟加拉国中资企业雇用的员工主要是体力劳动，操作类工作较多，因而与管理者的交流较为容易。

企业员工的语言使用。在对 28 家孟加拉国中资企业员工中文听说能力的调查中，我们设置了 1—5 分，1 分最不重要，5 分最为重要，28 家企业没有全部认为员工的中文听说能力在 1—3 分之间就可以。其中 24 家企业选择了 1 分，也就是中文听说能力最不重要，占全部企业的 85.71%。这说明孟加拉国中资企业所雇用的员工不需要懂中文，中资企业的管理者会使用英文同东道国的员工进行必要的交流。

与中文交流沟通能力相反，孟加拉国中资企业对员工的英语交流能力非常重视，同样的打分标准，28 家企业中有 22 家企业认为员工的英语听说能力最重要或非常重要，占到全部企业的 78.57%，其中有 11 家企业给了 5 分的标准，仅有 1 家企业认为英语交流能力最不重要。这也反映出在孟加拉国中资企业的日常交流中是以英语为主要语言的。此外，有将近一半企业认为员工的沟通能力是很重要的。（见图 5 - 3）

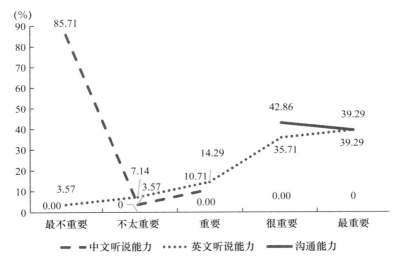

图 5 - 3　企业主认为语言沟通能力的重要性

　　企业对员工素质的要求。如图 5 - 4 所示，在本次调查的 28 家企业中，有 18 家企业认为员工的 "团队合作" 能力最重要，占全部受访企业的 64.29%。同时，有 15 家企业认为员工的 "独立工作" 能力最重要，还有 11 家企业认为员工 "问题解决" 能力重要。有 14 家企业认为员工的 "时间管理" 能力最重要，占全部受访企业的一半。有 25 家受访企业认为员工具有工作 "相关的专业技能" 是最重要或者十分重要的，占到全部企业的 89.28%。

　　孟加拉国劳动力市场规制和政策对企业的影响。由于大量外资企业因孟加拉国廉价劳动力而涌入，孟加拉国出台了一系列关于劳

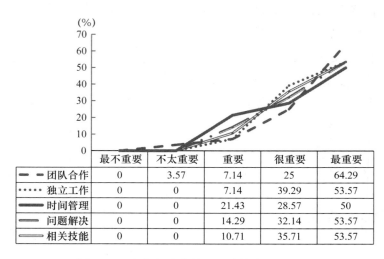

	最不重要	不太重要	重要	很重要	最重要
＝＝ 团队合作	0	3.57	7.14	25	64.29
⋯⋯ 独立工作	0	0	7.14	39.29	53.57
── 时间管理	0	0	21.43	28.57	50
── 问题解决	0	0	14.29	32.14	53.57
── 相关技能	0	0	10.71	35.71	53.57

图5-4 企业主认为员工相关能力的重要性

动力市场的规制。在对 28 家中资企业的调查中，一半企业认为孟加拉国出台的劳动力市场规制政策对企业的经营没有任何影响，仅有 1 家企业认为对自身影响非常严重，占比为 3.57%。这说明中资企业在孟加拉国雇佣工作非常遵守东道国规定，基本完全符合东道国对于用人单位在劳动力市场的规定。

在专业技术人员的招聘方面，大多数企业认为专业技术人员招聘难度对企业的生产经营存在一定的影响阻碍但并不是十分严重，属于企业的可控范围之内。仅有 1 家企业认为对自身的影响特别巨大。这说明孟加拉国中资企业对于技术类员工的招聘进行得比较顺利，并没有遇到太大的困惑。

在管理人员的招聘方面，也基本与技术人员一样，对于中资企业雇用管理人员的难度并不大，虽然有 10 家企业认为管理人员招聘对企业有较大或非常严重的阻碍，但也有 10 家企业认为没有妨碍或者仅有一点点影响。孟加拉国中资企业主要从事的经营范围使他们对员工的要求并不是很高，在技能方面招聘工作进行得也相对比较顺利，仅有 3 家企业认为技能人员招聘难度非常严重地妨碍到了企业的生产经营。

第三节　驻孟中资企业劳资纠纷及处理效果

劳资纠纷也称为劳动争议，是指劳动者（员工）与投资者（用人单位）之间由于种种利益冲突而发生的纠纷。劳资纠纷的爆发频率及其处理，除受到公司管理制度的影响，还受其所在国的法律制度、政治体系、社会环境等经营环境因素的影响。

一　中资企业的工会情况

孟加拉国的工会力量非常强大，国内各种工会组织超过 6400 个，有 12 个大型工会组织。各工会组织为了吸引更多成员，经常组织开展各种罢工活动，以扩大影响力。而孟加拉国的各党派为了政治博弈，常常利用公众关切的热点，比如工人薪酬与官员腐败等问题，与工会相结合，组织大规模的罢工游行，引起政局和社会秩序的动荡。这是在孟投资的外国企业不得不经常面临的难题。

现在随着孟加拉国推进更大力度的经济自由化政策，在劳工立法上进一步放松了对工人的限制。2018 年孟加拉国政府放宽了出口加工区（EPZ）的劳动法，以确保特殊工业园区的工人享有更好的权利。根据内阁于 2018 年 12 月 3 日批准的《孟加拉国出口加工区劳工法案》的修订稿，出口加工区工人将享有更大程度结社自由以实现他们的要求。此前，工人在出口加工区的工厂组建工人福利协会（WWA）需 30% 的工人同意，现在这一比例已经降低到 20%。这对驻孟中资企业来说，在协调处理公司与员工的关系方面，无疑将面临更大挑战。

本次在 28 家受访的孟加拉国中资企业中，有 7 家企业有自身的企业工会，占全部企业的 25%。在有工会组织的 7 家企业中，共有工会会员 1224 人，占全部孟加拉国中资企业员工总数的 12.99%，其中有 1 家企业的工会人数达到 1100 人，大多数企业的工会人数在 100 人以下，有 3 家企业的工会人员在个位数，占有工会的 7 家孟加拉国中资企业数的 42.86%。虽然 7 家企业均有男性会员但男性人数总共仅有 424 人，占全部会员人数的 34.64%，其中有 4 家企业工会男员工的人数在 30 人左右，占比为 57.14%。

在 7 家企业中共有女性工会成员 800 人，虽然在工会会员中占到 65.36%，但有 770 人来自同一家企业，这一家企业的工会女会员占全部孟加拉国中资企业工会女会员的九成以上。有 1 家企业没有女性工会员工，占 7 家企业的 14.29%，与每家企业都有相对均衡的男性工会会员不同，中资企业中仅有 1 家企业女性工会成员多于男性，共有 4 家企业女性会员在个位数，占比为 57.14%。

在有工会的 7 家中资企业中，最早的工会组织成立于 2011 年，最晚的工会组织则诞生于 2018 年。工会对于员工利益的保护非常重要，也是企业和员工之间沟通交流的桥梁，孟加拉国中资企业工会的负责人年龄较为分散，包含了老中青三代，但大多数企业是 35—45 岁之间的企业中层年龄员工。在 7 家企业中，仅有一家企业的工会负责人是女性。

在有工会的 7 家中资企业中有 6 家企业的工会负责人是企业中层管理干部兼任的，仅有 1 家企业工会负责人是普通员工。这体现出企业对于工会的重视，工会在企业中有一定发言权。同时，在有工会的 7 家企业中，仅有 2 家企业参加企业工会组织需要自行缴纳费用，其他企业都不用交纳任何参会费用。

除了企业的工会，孟加拉国还存在行业工会。本次受访的 28 家驻孟中资企业，共有 6 家企业的员工参加了全国性行业工会，占全部企业的 21.43%。在 6 家有员工参加全国性行业工会的企业中，有 1 家企业员工参加行业工会的比例达到 80%，这体现出该企业的现代化建设已经相当完备，其他 5 家企业参加全国性行业工会的员工比例均不到员工人数的 1/3。

二　企业与工人的纠纷及其解决

在受访的 28 家中资企业中，2017 年度有 3 家企业发生了罢工事件，占全部企业的 10.71%。在 2017 年劳动关系状况中这 3 家企业中有 2 家企业是企业与员工意见产生分歧，所幸没有产生法律纠纷，还有 1 家企业发生了不算严重的劳资冲突导致的罢工。在 2017 年发生过罢工行动的 3 家企业中，其中有 2 家公司发生争议次数为 2 次，有 1 家企业发生劳动争议事件 3 次，其他的 25 家企业在 2017 年均未发生任何劳动争议事件，占全部中资企业的 89.29%。

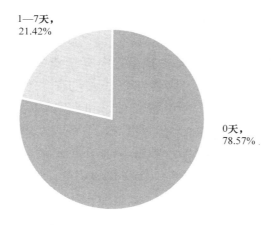

图 5-5　最长劳动争议的持续时间

从争议持续时间看，从 2015 年到 2017 年间受访的 28 家孟加拉中资企业中仅有 6 家企业发生劳动争议，且有一般的争议事件在 3 天之内便被解决，仅有 1 家企业劳动争议事件持续了 7 天。本次调研统计发现，绝大多数争议（78.57%）在当天得到解决（见图 5-5）。在涉及劳动争议的人数规模上，0—50 人规模占比 21.43%，50—200 人规模占比 3.57%，绝大多数都是单独的个体性争议。

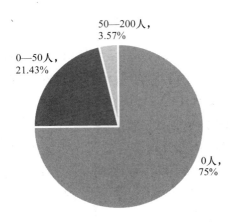

50—200人，
3.57%

0—50人，
21.43%

0人，
75%

图 5 - 6　影响最大的劳动争议涉及人数

在受访的发生过劳动争议事件的中资企业中，所涉及冲突事件的员工范围规模相对适中，多者在 200 人左右，绝大多数在 50 人以下。许多中资企业可以在冲突爆发前，进行相关商议避免与员工发生劳动争议，得到较为妥善的解决。

中资企业中员工与企业发生纠纷的主要内容，涵盖了工资纠纷、社会保障纠纷、劳动合同纠纷、雇用外籍员工产生冲突纠纷、不满现有安全生产条件纠纷、环境和资源保护力度不足纠纷等类型。如表 5 - 14 所示，其中出现次数最为频繁的，是工资纠纷。此外还产生过社会保障纠纷和雇用外籍员工引发冲突产生纠纷，涉及这两类纠纷的中资企业占比较低。

表 5 - 14　　　　　　　　　**企业产生的劳动争议的原因**　　　　　　　（单位：%）

	工资纠纷	社会保障纠纷	劳动合同纠纷	雇用外籍员工引发冲突	不满现有的安全生产条件	环境和资源保护力度不足	其他原因
工业	100.00	16.67	0.00	16.67	0.00	0.00	0.00
服务业	100.00	0.00	0.00	0.00	0.00	0.00	0.00
不在经开区	100.00	0.00	0.00	16.67	0.00	0.00	0.00

	工资纠纷	社会保障纠纷	劳动合同纠纷	雇用外籍员工引发冲突	不满现有的安全生产条件	环境和资源保护力度不足	其他原因
孟加拉国经开区	100.00	100.00	0.00	0.00	0.00	0.00	0.00
有女性高管	100.00	0.00	0.00	0.00	0.00	0.00	0.00
无女性高管	100.00	33.33	0.00	33.33	0.00	0.00	0.00
有自身工会	100.00	33.33	0.00	33.33	0.00	0.00	0.00
无自身工会	100.00	0.00	0.00	0.00	0.00	0.00	0.00

近三年发生在孟加拉中资企业的劳动纠纷有一半的解决途径并不在我们所列举的五种解决途径中，而是由企业通过其他途径解决的，仅有少数企业通过与工会或者行业工会谈判或者通过当地警察部门协商解决和通过法律途径解决（见表 5-15）。

表 5-15　　　　　　　　企业近三年劳动争议解决途径　　　　　（单位：%）

	与行业工会谈判解决		当地警察协助解决		中国商会居中调停		法律途径		其他途径	
	是	否	是	否	是	否	是	否	是	否
工业	16.67	83.33	16.67	83.33	0.00	100.00	33.33	66.67	50.00	50.00
服务业	无	无	无	无	无	无	无	无	无	无
不在经开区	0.00	100.00	20.00	80.00	0.00	100.00	40.00	60.00	60.00	40.00
孟加拉国经开区	100.00	0.00	0.00	100.00	0.00	100.00	0.00	100.00	0.00	100.00
有女性高管	0.00	100.00	0.00	100.00	0.00	100.00	33.33	66.67	66.67	33.33
无女性高管	33.33	66.67	33.33	66.67	0.00	100.00	33.33	66.67	33.33	66.67
有自身工会	33.33	66.67	33.33	66.67	0.00	100.00	66.67	33.33	0.00	100.00
无自身工会	0.00	100.00	0.00	100.00	0.00	100.00	0.00	100.00	100.00	0.00

第六章

驻孟中资企业本地化经营与
企业国际形象分析

　　随着中国与"一带一路"沿线各国合作的深入推进，越来越多的中国企业加大了"走出去"战略的实施力度。中国企业已经意识到，在国内商业竞争日臻激烈的情况下，只有在做好国内业务的同时，通过"走出去"的方式，增加企业世界影响力，才能有效推动企业发展，顺应市场潮流。中国企业可充分发挥自身生命力强、不惧市场竞争、市场洞察力敏锐等方面的优势，把生产和贸易扩展到国外，进行世界范围内的投资贸易活动。在投资海外的过程中，如何更好地迎合东道国政策法规，满足东道国民众对海外资本的需求，是中资企业在海外立足发展必须解决的问题。企业如何将"中国思维"转化为作用于东道国经济发展的"中国智慧"，成为企业植根当地、获得可持续发展的题中应有之义，同时也是传播中国企业国际形象、真正获得世界影响力的关键。中国逐步深入的现代化建设和持续进行的改革开放历程，要求中资企业不断提升国际化水平。

　　世界各国具体国情、政治体制、宗教信仰、经济发展状况等不尽相同，中资企业在实施"走出去"战略时应根据不同类型的国家分别采取不同的境外投资策略和模式。[①] 换言之，中资企业需要在东

---

① 谭畅：《"一带一路"战略下中国企业海外投资风险及对策》，《中国流通经济》2015 年第 7 期。

道国建立起一套植根当地，合法、合规、合需的属地化管理体系，才能有效规避项目建设、运营中的风险，达到赢利目的。本章将通过对驻孟中资企业在孟加拉国本地化经营程度、中资企业在孟加拉国履行的社会责任、中资企业在孟加拉国的形象传播及东道国认可度和中资企业的公共外交四个方面，探析中资企业在孟加拉国的属地化管理经营程度以及中资企业在孟加拉国企业形象的构建。

第一节　驻孟中资企业本地化经营程度

本地化经营简单地说就是企业力图融入东道国，努力成为东道国市场中的一员，所采取的一种经营策略。[①] 本地化要求企业拥有对当地要素资源进行配置的能力，其中选择当地合作商以及发掘、培养属地化人才的能力，是确保企业能够更紧密结合东道国经济社会发展及其人民需求的基石。但同时，如何对当地员工进行合规雇佣也是企业面临的一道难题。本节将通过对以上几个方面的调查分析详细解读孟加拉中资企业在孟加拉国的本地化经营程度。

一　驻孟中资企业产品采购与市场销售的本地化程度

本部分通过对驻孟中资企业的供应商和经销商本地化程度的考察，来研究企业的本地化程度，而这主要基于对提供生产资料及中间产品供应商和提供公司产品经销商的相关数据的分析。

表6-1统计了受访中资企业来自孟加拉国/非孟加拉国的供销商数量。在供应商方面，来自孟加拉国（数量均值为7个）和非孟加拉国（数量均值为5.43个）的供应商，整体水平差别不大，但在极值上有一定差距，前者最高达到60个，比后者多出45个。这种

---

① 陈天翔：《跨国公司"本地化战略"及对我国企业的几点建议》，《当代经济研究》2001年第12期。

差异，反映了个别中资企业尤其是生产规模较大企业，在生产资料的供应方面，较多依赖孟加拉国当地供应商渠道。而在产品的经销商方面，更多呈现出多元化的特征，除了依靠孟加拉国当地的销售渠道，非孟加拉国的销售商也占了相当比重。造成这一现象的原因可能在于，驻孟中资企业和孟加拉国国内大多数企业倾向于从事以出口为导向的经营方式相关。

表 6 - 1 中资企业的供应商和销售商数量

		数量均值	最大值	最小值	占比均值
孟加拉国	供应商	7.00	60	0	0.46
	经销商	16.63	70	0	0.59
非孟加拉国	供应商	5.43	15	0	

受访驻孟中资企业的非孟加拉国供销商来源方面，本次抽样统计的 28 家中资企业中，共有来自 37 个国家的供应商和 35 个国家的经销商。每家企业的供应商和经销商分别平均来自 1.68 个和 3.89 个国家，其中最大值分别可达到 6 个和 10 个（见表 6 - 2）。

表 6 - 2 非孟加拉国供应商、销售商来源国

	来源国数量	平均值	标准差	最大值	最小值
供应商	37	1.68	1.39	6	1
经销商	35	3.89	3.82	10	1

另外一个值得注意的现象是，受访驻孟中资企业还充分利用了来自中国国内母公司的资源，引入了大量来自中国的供销商。数据调查显示，平均每家驻孟中资企业来自中国供应商和销售商的平均数值分别为 5.55 和 6.89，其中供应商最大值达到 15 家，经销商最大值多达 20 家。在本次抽样的驻孟中资企业中，大多数都至少存在一家来自中国的供销商（见表 6 - 3）。

表6-3	中国的供应商、销售商数量	平均值	标准差	最大值	最小值
供应商	122	5.55	4.24	15	1
经销商	62	6.89	6.47	20	1

　　具体而言，在供应商方面，本次受访的 28 家驻孟中资企业，总共有超过 300 家供应商，来自东道国孟加拉国的供应商大约占六成（195/339，57.52%）。有东道国供应商的中资企业共 18 家，超过全部企业数的六成（18/28，64.29%）。拥有最多东道国供应商的中资企业，其东道国供应商数量达 60 家。本次调查显示，超过六成（67.86%）的中资企业的孟加拉供应商低于 10 个。具体供应商数量百分比如图 6-1 所示。

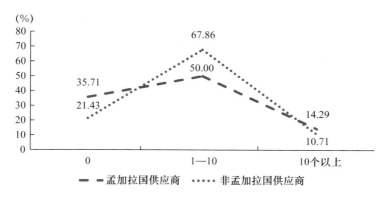

图6-1　供应商数量百分比分布

　　另外，有非东道国供应商的受访中资企业共 22 家，约占受访总企业数的八成（22/28，78.57%）。结合前文分析可知，中国供应商占据了非东道国供应商 144 家中的 122 家，这说明受访驻孟中资企业与孟加拉国供应商合作程度，要远高于同中国外其他国家供应商合作程度。

　　而在经销商方面，只有不到一半（47.3%）的受访中资企业有非东道国经销商，只有约六成（57.9%）受访中资企业有东道国经销商。共有超过 400 家经销商，来自东道国的经销商比例超过七成（316/439，71.98%）。而受访存在经销商中资企业中，没有东道国经销商的，约占存在经销商中资企业的四成（8/19，42.11%），而没有非东道国经销商的，占比超过五成（10/19，52.63%）。可以看出，驻孟中资企业主要供销商是孟加拉国本土企业，同时中资企业的产品对其他国家的经销商也有一定的吸引力。在本次调查的上一年度（2017 年度），有不到两成（5/28，17.86%）受访中资企业更换过东道国经销商，其中有 2 个企业更换了 3 家经销商，2 家企业更换了 10 家供销商，1 个企业更换了 9 家供销商。相比于受访驻孟中资企业对东道国经销商的略微更换，企业对非东道国经销商则基本没有变化，仅有 1 家中资企业更换过 1 家非东道国经销商。这也能体现出中资企业海外市场的稳定性。从总体来看，驻孟中资企业的东道国经销商相对稳定，经销商在不断增加的同时并没有出现大规模更迭现象。

本次调查还发现，驻孟中资企业的经销商分布方面并不均衡。在只有 1 家经销的中资企业中，更偏爱非孟加拉国经销商。在有 1—10 家经营商的中资企业中，二者大抵持平；经销商数量大于 10 以上时，孟加拉国当地的经销商占了更大比重（见图 6-2）。

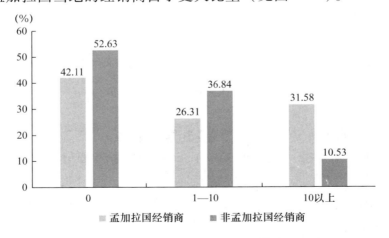

图 6-2　孟加拉国及非孟加拉国经销商数量的百分比

在有非东道国经销商的受访中资企业（共 9 家）中，大多数中资企业的非东道国经销商数量为个位数，仅有 3 家企业在非东道国的经销商达到 10 家以上。其中非东道国经销商最多的企业，仅有 20 家经销商。这说明驻孟中资企业生产经营基本面向的是孟加拉本国市场，仅有少数的企业在立足孟加拉国的同时，将产品大量推向海外国家及地区。

受访中资企业的非东道国经销商主要来自中国、印度、美国、丹麦、德国、马来西亚等国，中国是其中 4 家驻孟加拉国中资企业（有非东道国经销商的企业总共仅 9 家）的非东道国经销商主要来源地（见图 6 - 3）。这说明中资企业的产品主要面向孟加拉国市场和中国国内市场，由于企业产品的廉价和优质，也有部分产品进入了欧美市场。由此推测，中资企业的产品与孟加拉国主要的出口品（品牌成衣及廉价成衣）可能有差异，中资企业更多生产的是孟加拉国所需要的工业、生活用品和中国所需布料或成衣。

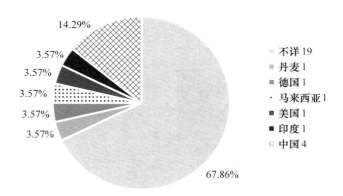

图 6 - 3 驻孟加拉国中资企业最大非东道国经销商来源

受访驻孟中资企业的第二个经销商主要来自德国、尼泊尔、瑞典、印度和中国（见图 6 - 4）。从中我们可以发现，孟加拉中资企业与中国、德国、印度经销商的关系最为紧密，因为无论是在第一经销商来源国还是第二经销商来源国，都有这两个国家的存在。值得注意的是，有八成多（6/7，85.71%）拥有多家非东道国经销商的驻孟中资企业，在近年来增加了非东道国经销商。这不仅表明中资企业重视与非孟加拉国的经销商的合作。同时还表明越来越多的非孟加拉国经销商愿意与中资企业展开合作，中资企业的产品国际化程度进一步加深，驻孟中资企业同非东道国经销商的合作时间最早开始于 2002 年，至今已经有 17 年的时间。从图 6 - 5 可以看出，2000 年后，驻孟中资企业与孟加拉国供销商的合作情况呈现了较大变化。2000—2005 年，孟加拉国政治局势从 20 世纪的动荡中稳定下来，经济开始快速成长，赴孟中资企业增多，受访中资企业与孟加拉国供销商的持续合作便由此展开。到下一个五年，由于中国对孟加拉国投资额度、赴孟加拉国中资企业数量增长放缓，这一时期没有出现任何与受访驻孟中资企业长期合作的孟加拉国供销商。

2011—2015 年，受访驻孟中资企业与孟加拉国供销商合作明显增多，这一是因为中国提出了"孟中印缅经济走廊""一带一路"等系列区域建设倡议，对孟加拉国投资迅速增加。二是因为孟加拉

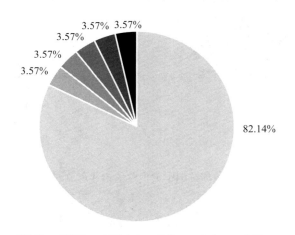

不详23   德国1   尼泊尔1   瑞典1   印度1   中国1

图 6 - 4   驻孟加拉国中资企业第二大非东道国经销商来源

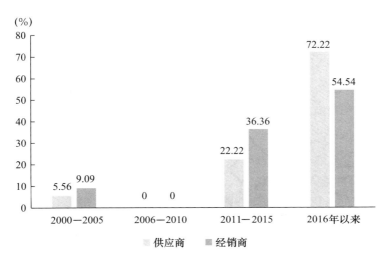

图 6－5　孟加拉国供销商合作开始时间

国国内改革取得明显进展，以纺织业为首的制造业迅速崛起，投资环境明显改善。

2016 年至今，随着中孟政府在"一带一路"合作上的加深，受访驻孟中资企业与孟加拉国供销商的合作呈井喷式增加。这不仅反映了中国对孟投资的继续增多和孟加拉国经济环境的持续改善，更说明驻孟中资企业更加注重对孟的资源整合，随着企业自身的发展进步能够更加充分地利用孟加拉国可以提供的合作机遇，从而促进中资企业的本地化经营程度加深，使中资企业在孟加拉国影响力持续加强。值得注意的是，近年来受访驻孟中资企业与孟加拉国供销商的合作态势，主要是以与供应商合作，这说明中资企业上游产业链已经大量搬至孟加拉国，从另一个角度说明了中资企业本地化程度的提高。

二　驻孟中资企业的生产设备来源

受访驻孟中资企业的固定资产来源，整体上较为多元化，分别为来自中国、孟加拉国和第三国的企业生产。其中，完全采用来自于中国企业生产设备的中资企业，占比达到最高，超过四成（42.86%）；而完全使用孟加拉国企业生产设备的企业仅占3.57%，完全不使用孟加拉国企业生产设备的占7.14%（见图6-6）。

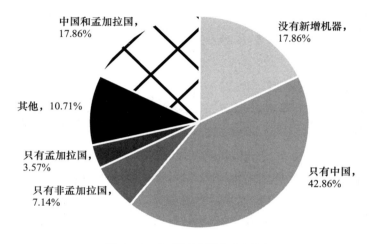

图6-6 企业固定资产来源国

在对驻孟中资企业的机器来源情况调查中，我们统计出有超过八成（23/28，82.14%）受访企业有新增机器，而新增机器的企业中不到三成（6/23，26.09%）。关于企业采购东道国孟加拉国机器设备方面，有且仅有1家中资企业增加了孟加拉国机器设备的采购力度，有约六成（4/6，66.67%）增加购买过孟加拉国生产机器设备的企业，在2018年购买过孟加拉国企业生产的机器。由此断定，中资企业目前已经开始大范围采用孟加拉本国生产的机器设备，也说明孟加拉国的制造生产水平有了一定程度的提高。

驻孟中资企业的供销商本地化程度相对不高，但差异较大。本次调查显示，来自孟加拉国的供应商数量均值为7.00，经销商数量均值为16.63。而来自非孟加拉国的同一类别分别为5.43和6.37

（见表 6 - 4）。

表 6 - 4　　　　　　　　　中资企业供销商本地化程度

		数量均值	标准差	最大值	最小值
孟加拉国	供应商	7.00	14.21	60	0
	经销商	16.63	25.24	70	0
非孟加拉国	供应商	5.43	4.80	15	0
	经销商	6.37	15.95	70	0

三　驻孟中资企业的员工本地化程度

本次调研的 28 家驻孟加拉国中资企业，共有 8993 名孟加拉国员工。经过对受访的中资企业孟加拉国员工人数调查，我们发现每个驻孟中资企业都有孟加拉国员工，员工数从 1 到 2000 不等。孟加拉员工最多的一家企业，其孟加拉员工人数超过整个受访员工数的二成。根据受访驻孟中资企业本国员工和中国员工人数的统计可以看出，不管按照总数，还是每个企业，孟加拉中资企业都是以孟加拉本国员工为主（见表 6 - 5）。

表 6 - 5　　　不同条件下的孟加拉国员工占总体的比例　　　（单位：%）

	均值	标准差	最大值	最小值
孟加拉国员工占比	83.04	19.16	99.74	17.50
中高层管理员工中的孟加拉国员工占员工总人数的比例	3.91	4.08	16.67	0.00
技术人员和设计人员中的孟加拉国员工占员工总人数的比例	12.15	21.46	90.00	0.00
非生产员工中的孟加拉国员工占员工总人数的比例	15.63	26.78	94.91	0.00

续表

	均值	标准差	最大值	最小值
一线员工或生产员工中的孟加拉国员工占员工总人数的比例	44.82	39.75	94.44	0.00
初等教育及以下的孟加拉国员工占员工总人数的比例	32.74	34.06	93.14	0.00
中等教育的孟加拉国员工占员工总人数的比例	25.37	21.87	93.75	0.00
大学本科及以上的孟加拉国员工占员工总人数的比例	20.06	26.42	88.44	0.00

　　受访孟加拉国中资企业中，孟加拉本国管理人员超过六成（325/511，63.60%）。同时，孟加拉本国中高层管理者占全部孟加拉本国员工的3.61%，只有1/4左右的中资企业没有孟加拉本国员工。孟加拉本国员工在中层或高层管理中占据相当重要的地位，这不仅是因为其人数占比较多，更因为其对于孟加拉国中资企业本地化生产经营活动有着较为积极的影响。

　　尽管受访中资企业孟加拉国技术和设计人员仅占受访企业所有技术和设计类员工比重的三成（137/380，36.05%），但在本次调查的28家驻孟中资企业中，只有不到两成（5/28，17.86%）企业没有孟加拉本国技术和设计类员工，这也体现出孟加拉国为中资企业提供了大量的技术和设计类员工，这些员工的技术和思想深刻影响着中资企业的生产经营活动，使得中资企业更好地融入孟加拉国。

　　在受访驻孟中资企业中，孟加拉国非生产员工人数超过九成。另外，约21%的中资企业没有孟加拉国非生产员工。根据对孟加拉中资企业一线工人或生产员工人数的调查，中资企业共有一线员工或生产员工7471人，孟加拉国一线员工或生产员工占比高达96%，孟加拉国一线员工或生产员工占全部孟加拉国员工约九成，由此可以得出，孟加拉国中资企业一线工人或从事生产活动的员工主要为孟加拉国员工，中资企业为孟加拉国的劳动力市场提供了大量的工作岗位，为孟加拉国的就业率降低做出了自己的贡献。

关于驻孟中资企业的经济纠纷方面，表6-6总结了中资企业在孟加拉国各级城市的经济纠纷情况。与供应商经济纠纷方面，在首都城市与供应商的经济往来占总体经济往来的比重大，较少发生纠纷（占总比重92.59%，发生经济纠纷的占14.81%，未发生经济纠纷的占77.78%）。在商业城市的比重很少，未发生过任何经济纠纷（占总比重3.70%）。在非城市地区的比重很少，未发生过任何经济纠纷（占总比重3.70%）。由此单项统计，与供应商发生经济纠纷的占14.81%，未发生的占85.19%。

表6-6　　　　　　　　　　城市类型与经济纠纷情况　　　　　（单位：%）

	与供应商经济纠纷		与经销商经济纠纷	
	是	否	是	否
首都城市	14.81	77.78	13.33	80.00
商业城市	0.00	3.70	6.67	0.00
合计	14.81	85.19	20.00	80.00

注：$N = 27$。

与经销商经济纠纷方面，在首都城市与经销商的经济往来占总体经济往来的比重很大，纠纷较少（占总比重93.3%，发生经济纠纷的占13.33%，未发生经济纠纷的占80.00%），在商业城市的比重很少，未发生过任何经济纠纷（占总比重6.67%）。由此单项统计，与经销商发生经济纠纷的占20.00%，未发生的占80.00%。相对企业与供应商，企业与经销商一是在首都的经济往来总量、纠纷比重与之相当，二是经济往来未深入到农村地区。

总的来看，中资企业与孟加拉国供销商的经济往来非常集中于首都，且所有经济纠纷都集中于首都，这就要求中资企业能够根据孟加拉国首都情况，优化纠纷处理方式，还要求中资企业克服艰苦环境，积极将业务拓展至孟加拉国小城市和农村地区，从而落实本地化经营。就处理企业纠纷途径而言，中资企业需要符合孟加拉国政策、制度、法律法规的各项要求，需要接受孟加拉国各级政府和部门的监督和管理。

综上所述，驻孟中资企业在孟加拉国积极进行企业的本地化经营，主要体现在对孟加拉国员工的雇佣以及所生产的产品大量流入孟加拉国市场。由于生产条件和技术方面的匮乏，孟加拉本国的供应商并不能完全满足中资企业的要求，使得中资企业对其上游企业的选择依然偏重于非东道国企业。这表明孟加拉国的资本可能并没有大量流入中资企业之中，这既是中资企业独立自主的表现，也反映出中资企业并没有充分利用孟加拉本国的社会资源。孟加拉国劳动力资源丰富的同时就业率一直较低，这使得孟加拉国人民也较为贫穷，中资企业在孟加拉大量雇用孟加拉本国劳动者，使得中资企业更好地融入了孟加拉国。值得关注的是，中资企业不仅仅雇用孟加拉廉价劳动力，还雇用了相当一部分的孟加拉国管理和技术设计类人才，这使得孟加拉国中资企业在生产和经营方面能够更加贴近孟加拉国国情。

随着中国"走出去"战略的深入实施和中孟经贸合作的不断深化，驻孟中资企业在孟加拉的本地化经营使得企业有了更为广阔的发展前景，将为创造中孟经贸合作新亮点和服务中国国民经济持续快速健康发展做出更大贡献。

第二节　驻孟中资企业社会责任履行程度

企业社会责任是企业以其透明和道德的运营，为其决策和活动对社会和环境的影响而承担的责任。具体表现为，企业树立对社会和环境负责任的经营理念，遵守商业道德、法律法规，为客户提供安全、优质的产品和服务，维护员工权益，尊重商业伙伴，保护生态环境，投身公益慈善等，同时，主动披露社会环境信息、积极对外沟通。"透明"是企业履行社会责任的基本要素之一,因此,做好对外信息披露和传播也是企业履责的必然要求。在企业社会责任运动席卷全球的背景下,企业社会责任深刻地影响着全球的贸易和投资格局,逐渐成为企业竞争的制高点和不可或缺的软实力。中国对外投资的持续稳健发展,需要构建新的竞争优势,对外投资企业应积极履行企业社会责任。

一　驻孟中资企业履行社会责任的整体情况

在本次调研的企业管理人员问卷中,我们就"贵公司 2017 年履行了以下哪一个或哪些社会责任(多选)"这一问题,设置了"教育援助""培训项目""卫生援助""基础设施援助""修建寺庙""水利设施""文化体育设施""文体交流活动""直接捐钱"等 11 个选项,得到了中资企业领导层较为全面的回答。统计结果显示,绝大多数驻孟中资企业都不同程度地在不同领域提供了不同形式的援助。当然,这些援助形式和履行社会责任的程度,存在差异。其中,"文体交流活动"和"培训项目"是中资企业参与最多的援助形式,分别占比达到 45.00% 和 40.00%。另外,直接以提供实物或者现金等形式的援助方式也较多,这一比例在 30.00%。而受访企业中未发现援助"文化体育设施"的行为,对经常遭受洪水等自然灾害的孟加拉而言非常重要的水利设施,则较少涉及(仅有 5% 的企业在这一领域提供过援助)(见图 6-7)。

驻孟中资企业为履行企业社会责任所做出的内部组织结构调整,其整体情况不尽如人意。受访的 28 家中资企业中,只有约两成(7/28, 25%)企业专门设置了企业社会责任办公室或相应的主管人员。在企业管理制度方面,受访企业中有不到两成(5/28, 17.86%)企业建立了社会责任、企业公益行为准则的相关规章制度。值得关注的是,建立有关制度的企业大多属于中国国有企业。

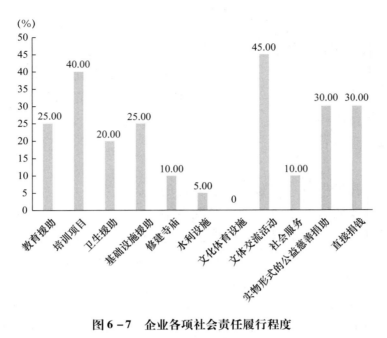

图 6－7 企业各项社会责任履行程度

表 6－7　　　　　　　　企业社会责任履行程度　　　　（单位：%）

	设置专门社会责任办公室或相应主管		建立了社会责任、企业公益行为准则的规章制度		是否在公司年度计划中制订年度公益计划		2015—2017 年企业社会责任支出变化		
	是	否	是	否	是	否	减少	不变	增加
参与国际标准化制定	33.33	66.67	66.67	33.33	33.33	66.67	0.00	0.00	100.00
没有国际标准化制定	25.00	75.00	12.50	87.50	25.00	75.00	0.00	25.00	75.00
工业	26.32	73.68	21.05	78.95	26.32	73.68	0.00	20.00	80.00
服务业	22.22	77.78	11.11	88.89	0.00	100.00	0.00	无	无
不在经开区	16.67	83.33	12.50	87.50	20.83	79.17	0.00	20.00	80.00
孟加拉国经开区	100.00	0.00	66.67	33.33	0.00	100.00	0.00	无	无
其他	0.00	100.00	0.00	100.00	0.00	100.00	0.00	无	无
有自身工会	42.86	57.14	42.86	57.14	42.86	57.14	0.00	0.00	100.00
无自身工会	19.05	80.95	9.52	90.48	9.52	90.48	0.00	50.00	50.00

在将本地开展公益活动制度化方面，驻孟中资企业的表现也有所欠缺。本次受访的 28 家中资企业中，仅有不到两成（5/28，17.86%）企业在公司年度计划中制订了企业公益投入计划。2017年度这 5 家企业在公益方面的投入，总支出为 790 万塔卡，约 97111美元，折合人民币为 649093 元。其中有 3 家企业在 2017 年度的公益支出达到上万美元，最高的支出为 61462.82 美元。一个可喜的现象是，从 2015 年开始这 5 家有年度社会责任支出专项经费的企业中，4 家企业在公益方面的固定投入经费，呈现年度增加的趋势，这体现出中资企业社会责任意识的增强。从社会责任支出占公共关系支出比例来看，五家企业呈现出较大差异，高者达 63.3%。低的占 1.3%。（见图 6 - 8）

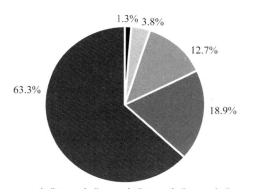

图 6 - 8　五家中资企业社会责任支出

进一步讲，受访国有企业开展履行社会责任相关措施较好，而民营企业较差的原因，主要有两点：一是中国政府尤其重视对外建设、投资的可持续性，把推动"一带一路"共建的民心相通，作为国有企业对外发展的基本要求，因此，国有企业比民营企业更为重视开展履行社会责任相关措施；二是大部分国有企业资金比民营企业的资金更为充足，对盈利的要求也远低于民营企业，因此对开展履行社会责任相关措施的力度更大，投入也更多。以国企中国能建东电一公司为例，该公司在建设孟加拉国装机容量最大的燃煤电站项目——帕亚拉 2×660 兆瓦超临界燃煤电站实施过程中，义务为项目建设地修缮了 21 公里长的村路。[①]

二 中资企业员工的薪资福利与工作环境

2015—2017 年三年间，受访的 28 家中资企业仅有 1 家企业发生过拖欠员工工资的情况，占全部企业数的 3.57%，这说明中资企业基本上都能按时如约给付员工薪水。其次，员工工作时间方面，普遍存在着加班的现象。本次受访的 28 家驻孟中资企业中，共有 23 家企业存在员工需要经常加班的情况，占企业总数的 82.14%。在承认存在员工经常加班的 23 家中资企业中，东道国员工加班的现象更为普遍，共有 18 家企业主管表示加班主要发生在孟加拉国籍员工，这一比例接近受访企业总数的八成。其原因一方面是由于孟加拉籍员工的数量更多，另一方面也是因为孟加拉籍员工从事的工作类型主要以生产或一线工人为主。

驻孟中资企业在解决员工在工作时间的餐饮和住宿问题方面，存在差异。受访的 28 家企业中，有 18 家企业有员工食堂或者为公司员工提供午餐，占全部受访企业总数的 64.29%。由表 6-8 可以看出，在孟加拉国经济开发区的企业员工餐饮待遇明显好于不在经济开发区的企业，这可能受开发区餐厅建设更为便利、员工离家较远、食材更为便宜等因素影响。有企业自身工会的餐饮条件比没有的更好，这说明企业工会重视员工餐饮情况。

---

① 王一军：《筑梦一带一路 践行央企担当——东电一公司孟加拉国积极践行央企社会责任》，2017 年 12 月，中国能建网（http://www.ceec.net.cn/art/2017/12/6/art_ 11019_ 1531318.html）。

表6-8　　　　　　　　　　　　企业福利待遇比较　　　　　　　　（单位：%）

	是否有加班		是否有员工食堂或午餐安排		是否提供员工宿舍		是否有员工文体活动中心	
	是	否	是	否	是	否	是	否
参与国际标准化制定	100.00	0.00	66.67	33.33	33.33	66.67	0.00	100.00
没有国际标准化制定	81.25	18.75	62.50	37.50	68.75	31.25	43.75	56.25
工业	84.21	15.79	63.16	36.84	63.16	36.84	36.84	63.16
服务业	77.78	22.22	66.67	33.33	55.56	44.44	22.22	77.78
不在经开区	79.17	20.83	58.33	41.67	62.50	37.50	29.17	70.83
孟加拉国经开区	100.00	0.00	100.00	0.00	33.33	66.67	33.33	66.67
其他	100.00	0.00	100.00	0.00	100.00	0.00	100.00	0.00
有自身工会	85.71	14.29	85.71	14.29	71.43	28.57	57.14	42.86
无自身工会	80.95	19.05	57.14	42.86	57.14	42.86	23.81	76.19

　　同时，受访企业中近六成企业表示为员工提供了住宿。企业提供的住宿主要以在公司附近租用民宅的形式提供，企业自建提供住宿的企业有5家，占17家提供住宿企业的29.41%。在对员工提供住宿的17家中资企业中仅有2家企业是由企业与员工按一定比例分担，其余15家企业均由企业完全承担。此外，还有约32%的企业，为员工建立文体活动中心。从调查情况来看，工业企业加班情况比服务业加班更严重，但也提供了更好的住宿和娱乐。企业自身工会不仅对员工饮食，也对住宿和休闲状况保持重视，对中资企业有较大影响。而在开发区的企业可能因为租赁房屋不便、建筑宿舍大楼／活动中心昂贵等原因，其住宿和娱乐条件，落后于不在经济开发区的企业。

　　讨论企业的社会责任问题的出发点，在于正确认识企业的性质和目标。[①] 在孟加拉国，中资企业不仅为了谋求利润和进口资源，更要为中孟友谊服务，成为两国联系的桥梁。这一性质决定了，在很多情况下，孟加拉国中资企业的社会责任问题不可避免地将是一个非常复杂的问题。我们既不能简单地运用适合于一般企业的社会责任的标准来衡量孟加拉国中资企业履行社会责任与否，也不应该过多地停留在微观层面围绕企业在履行社会责任方面的小得小失进行讨论，而应该深入地关注国有企业的制度建设问题。本节从企业履行社会责任的措施和履行社会责任的表现两个方面进行分析，发现多数驻孟中资企业较好地履行了企业社会责任，但在加班等问题上仍需要得到进一步的改进。

第三节　驻孟中资企业形象传播及东道国认可度分析

　　所谓企业形象，是指公众对企业的整体印象和评价。[②] 树立企业国际形象对于驻孟中资企业，具有在助推企业产品销售以及推动企业本土化经营的重要作用。当前世界，各大跨国企业都非常重视企业形象的维护和塑造，因为形象问题事关企业的生存和发展，不重视企业国际形象的塑造，就不可能在市场上占有份额，更不可能扩大企业规模。如果中资企业形象为孟加拉国社会所接纳，孟加拉国社会将会有更高的责任期许，希望中资企业能够带动他们获得更快的进步和发展。反过来，中资企业的发展也必然得到孟加拉国社会的大力支持。而本节主要通过研究驻孟中资企业宣传方式和宣传效

---

　　① 黄速建：《国有企业的性质、目标与社会责任》，《中国工业经济》2006 年第 2 期。

　　② 秦启文：《论企业实力与企业形象的关系》，《西南师范大学学报》（人文社会科学版）2001 年第 3 期。

果，来探讨中资企业形象塑造情况。

一　中资企业的品牌传播及其方式

企业宣传方式直接关系到企业形象的建立，影响企业在各地区的发展。本部分调查了中资企业在中国新媒体、国际新媒体、华人媒体、孟加拉国媒体的宣传情况。

首先，超过六成参与国际标准制定的受访中资企业，都宣传过海外企业社会责任，而没有参与过的企业，其比例仅有三成（见图6－9）。结合前文研究对比两类企业，前者往往是大企业或是国有企业，这些企业较好地履行了海外企业社会责任，有意愿也有资金对企业社会责任进行海外宣传。

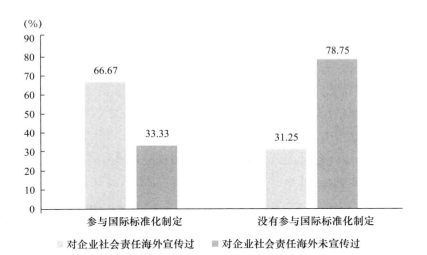

图6－9　驻孟中资企业的海外企业社会责任宣传情况
（按是否参与国际标准制定）

其次，受访工业企业比服务业企业的海外企业社会责任宣传情况更好（见图6－10）。从孟加拉国社会需求来看，建筑业、纺织业等工业行业人数众多，工作条件也更为艰苦。工业领域中资企业正是基于孟加拉国的这种情况，不断加大自己对履行社会责任的宣传，营造良好形象。另外，国有中资企业和大型中资企业更多进入的是孟加拉国的工业，这对整个宣传比例也有影响。

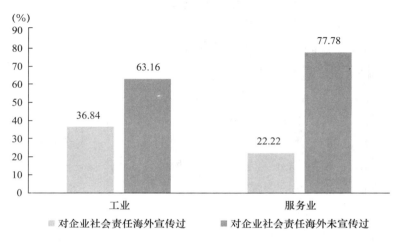

图6-10　驻孟加拉国中资企业的海外企业社会责任宣传情况
（按工业和服务业）

再次，受访的孟加拉国经济开发区企业比受访不在开发区企业的宣传情况更好（见图6-11）。经济开发区是一个国家经济发展的基石，也是外国企业进入该国的重要跳板。在经济开发区各国企业社会责任宣传的强烈竞争下，中国企业尤为重视开发区企业的标杆性作用。而企业工会方面，有企业工会的受访企业约有七成（71.43%）宣传过企业海外社会责任，远高于无工会受访企业的二成（19.05%），这说明企业工会对推动企业社会责任宣传有着非常大的影响力（见图6-12）。

在对外传播的媒介上，选择使用孟加拉国本地媒体以及选择使用新媒体如Facebook或Twitter等进行宣传的受访企业，两者均占受访企业总数的四成（42.86%）。作为服务于海外华人的华人媒体，也受到了驻孟中资企业的青睐，有1/4的受访企业会选择在孟加拉国华人媒体进行宣传。值得注意的是，部分受访中资企

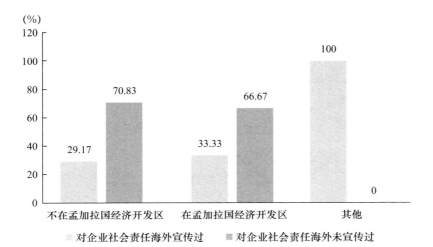

图6-11 驻孟加拉国中资企业的海外企业社会责任宣传情况（按是否在开发区）

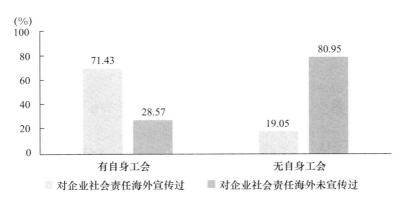

**图6-12 驻孟加拉国中资企业的海外企业社会责任宣传情况
（按有无自身工会）**

业认同"只做不说"的理念，强调将重心放在发展自身素质上（见图6-13）。

在新媒体使用方面，驻孟中资企业的整体表现欠佳。绝大多数受访企业（53.57%）未开通社交媒体账号诸如Facebook、Twitter

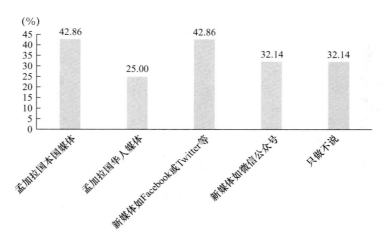

图6-13　企业形象宣传手段对比

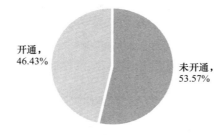

图6-14　驻孟中资企业社交媒体公众账号拥有情况

等。图6-14则统计了受访驻孟中资企业社交媒体公众账号数量。结合图6-13的数据可以推测认为，一些企业虽然使用了社交媒体进行宣传，但却未建立公共账号。

二　驻孟中资企业的产品认可度

本次调研通过对"贵公司的产品或服务品牌的认可度如何"进行问卷访谈，按照1分为最不认可，10分最为认可，请中资企业领导层进行打分。结果显示，近八成（81.82%，27/33）的受访企业负责人认为公司产品在市场上的认可度在8分或以上，显示出中资企业负责人对本公司在孟加拉国市场的信心（见图6-15）。

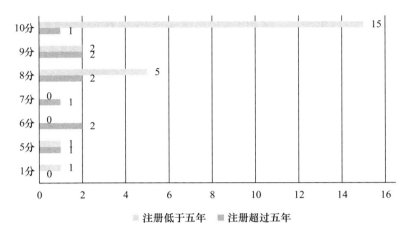

图 6 - 15　按企业注册年限给企业产品或服务品牌打分（单位：个）

在孟注册时间长短不同的受访公司，对公司产品在市场上的认可度看法存在差异。注册五年及以上的受访公司，对自身产品在市场上认可度给出的平均分值为 7.8 分，而注册低于五年的受访公司这一值为 8.27 分（见图 6 - 16）。我们还可以发现，虽然新注册企业的产品中存在超低分（1 分）和低分（5 分），但整体得分远远高于老企业的产品，这说明新企业对企业自身产品有更多的期望和信心。

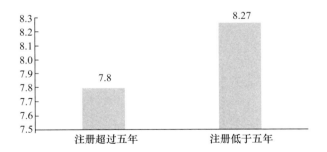

图 6 - 16　按企业注册年限给企业产品或服务品牌打分

本次调查还显示，凡参与国际标准化制定的公司，对自身产品在市场上认可度的打分均值（8.33 分），要高于没有参与国际标准化制定的公司（8分），这进一步体现能够参与产品国际标准化制定的企业，对自身产品的认可度持有更大信心（见图6-17）。

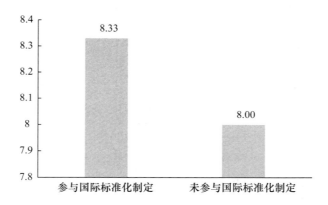

图6-17　按是否参与国际化标准制定给企业产品或服务品牌打分

本次受访服务业企业大多来自运输业和餐饮业，其赢利情况较好，对自身在孟加拉国市场处境有更为乐观的看法。正是基于此，孟加拉国中资服务业企业，对自身产品在市场上认可度的打分均值（8.11分），要高于工业企业（8.06分）（见图6-18）。

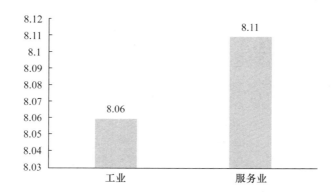

图6-18　按工业、服务业给企业产品或服务品牌打分

孟加拉国近年来通过设立大量的经济开发区，吸引外资，发展本国经济。是否在经济开发区设立公司或者在开发区建立分公司，对企

业产品的市场认可度，也具有一定影响。统计显示，位于开发区的公司相对不在开发区的公司，对自身产品在市场上的认可度持有更大信心，前者均值为 8 分，而后者均值为 8.67 分（见图 6 - 19）。

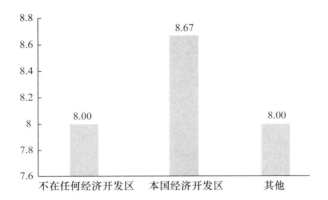

图 6 - 19　按是否在开发区给企业产品或服务品牌打分

　　本次调研还发现，部分没有建立工会的中资企业，对其产品的市场认可度普遍偏低。按照 10 分的打分统计，没有建立工会的企业，对自身产品市场认可度打分的均值为 7.94 分，而建立了工会的企业，这一数值为 8.43 分（见图 6 - 20）。原因可能是，建立了工会的企业在公司规模、管理制度等方面更为现代化，对自身的产品认可度持有更大信心。同时，还可能因为工会的存在，推动企业领导层不断提高企业形象和产品质量，也使领导层较有信心。

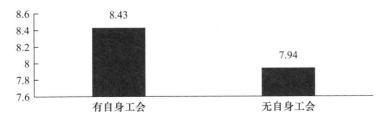

图 6 - 20　按是否有工会给企业产品或服务品牌打分

调研关于企业负责人对"贵公司在该国的投资，当地居民的态度"的访谈中，超过六成（66.67%）的企业负责人认为孟加拉国居民"欢迎"本国公司在当地的投资，接近三成（29.63%）的企业负责人认为"比较欢迎"，仅有3.7%的企业负责人认为当地居民的看法是"无所谓"（见图6-21）。从受访企业负责人的看法进行推测，孟加拉国居民普遍对中资企业在当地的投资持欢迎态度。

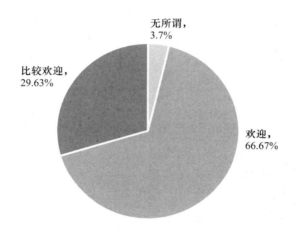

图6-21 当地居民对于公司在孟加拉国投资的态度

三 在孟投资主要国家的企业形象比较

本次调研统计结果显示，尽管绝大多数驻孟中资企业都不同程度地履行了社会责任，但其未能很好地将其对东道国的社会责任和贡献向外宣传和传播。本次受访的28家中资企业中，仅有9家企业有过对企业履行的社会责任进行了宣传，占全部企业数的32.14%。

本书在对驻孟中资企业负责人的访谈中，要求负责人对主要国家"企业国家社会责任（公益活动）的履行效果进行打分"，其中1分为最不受欢迎，10分为最受东道国居民欢迎，结果显示，大多数驻孟中资企业负责人认为中资企业最受欢迎（均值为8.15

分）（见图 6 - 22）。将近一半的中资企业负责人对中资企业社会责任履行程度表示满意（40.1%），仅有 15% 的中资企业负责人对当前中资企业的社会责任履行情况不满意。同时，在对各国驻孟企业在孟加拉国履行社会责任的表现中，中资企业负责人比较推崇德国驻孟企业在这一方面的表现（均分值为 6.58），最差的是印度（均分值为 4.58）。

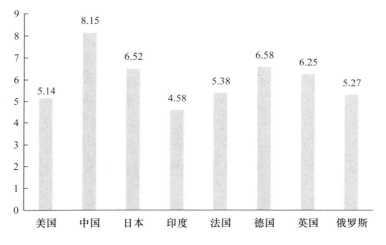

图 6 - 22　各个国家社会责任履行效果对比

　　基于本节研究，我们来分析学术界几种观点：一是企业来源国的形象通过企业形象间接影响消费者对产品的整体评价，因此，企业不应关注来源国形象的建设，只需要建设好企业自身形象；二是企业来源国形象直接影响消费者对品牌的认知和评价，如果来源国形象非常好，则企业可以不必花太多的精力在企业自身形象上；三是企业来源国形象对消费者态度和行为既有直接影响，也存在间接影响，因此，企业不能仅仅追求建立优秀的企业形象，还应该积极行动起来改善消费者对来源国形象的认知。[1] 对于驻孟

---

　　[1]　张珣等：《来源国形象、企业形象对消费者购买意愿的影响研究》，《财贸研究》2013 年第 6 期。

中资企业而言，不管是企业来源国，还是企业自身形象，对于孟加拉国都是较为陌生的，这就要求中资企业不仅应重视对企业自身形象、自身品牌的维护，更应该加强彼此合作与监督，共同加强企业社会责任宣传力度，维护中国产品、中国企业在孟加拉国的形象。

第四节　驻孟中资企业的公共外交分析

中资企业的公共外交对于企业本地化经营有着至关重要的作用。本节主要通过分析驻孟中资企业领导层与孟加拉国同类企业高层管理者往来情况，分析中资企业领导层与孟加拉国当地规制或行政管理部门的主要领导的往来情况，以及分析企业管理层对孟加拉国政治环境情况的认知，探讨研究驻孟中资企业的公共外交情况。

一　与孟加拉国同类企业的高层管理者的交往

本次调研分别就企业所属行业及其所在区地，调查了企业管理层（28 家企业）与孟加拉国同类企业的高层管理者往来情况。就行业方面，虽然一部分工业企业与同类企业的高层管理者来往密切，但从总体上服务业与同类企业来往更多："工业"企业在"没有往来""极少往来""有往来""往来频繁"的比例约为 5∶1∶10∶3（26.32%∶5.26%∶52.63%∶15.79%），"服务业"均与同类企业的高层管理者有来往，其在"极少往来""有往来""往来频繁"的比例约为 1.5∶2∶1（33.33%∶44.44%∶22.22%）（见图 6-23）。

就"是否在经济开发区"方面，"在本国经济开发区"或"其他"类企业与同类企业的高层管理者往来更为频繁："不在任何经济开发区"的企业在"没有往来""极少往来""有往来""往来频繁"的比例约为 2.5∶2∶6.5∶1（20.83%∶16.67%∶54.17%∶8.33%），"在

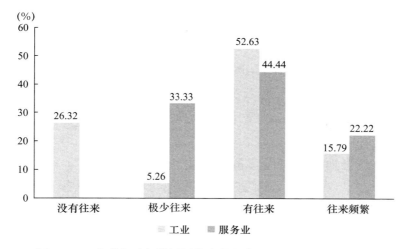

图 6 - 23　企业与孟加拉国同类企业的高层管理者的往来情况
（按工业/服务业）

本国经济开发区"的企业均与同类企业的高层管理者"有往来"或
"往来频繁"，两者比例约为 1∶2（33.33%∶66.67%），而"其他"
类企业均与同类企业的高层管理者"往来频繁"（见图 6 - 24）。

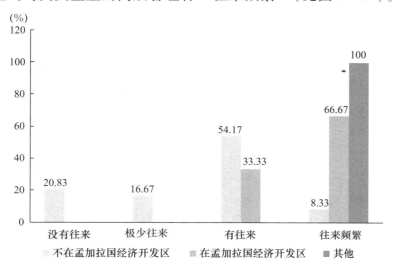

图 6 - 24　企业与孟加拉国同类企业的高层管理者的往来情况
（按是否在开发区）

通过以上分析，我们可以推测整个驻孟中资企业与孟加拉国同类企业的高层管理者的往来情况：一是中资企业普遍建立了良好的企业沟通机制；二是孟加拉国经济开发区拥有良好的企业沟通平台，因此企业互动较多；三是工业企业产业链长、规模大，需要与孟加拉国同类企业有更多沟通。

二 与当地政府部门官员的交往

至于企业与当地规制或行政管理部门的主要领导的往来情况，此次也做了相关的调查。就行业方面，受访的工业企业与同类企业的高层管理者来往更为密切："工业"企业在"没有往来""极少往来""有往来""往来频繁"的比例约为 6∶1∶10∶1（31.58%∶10.53%∶52.63%∶5.26%），"服务业"企业均没有选择"往来频繁"，其选择"没有往来""极少往来""有往来"的比例约为 1∶1.5∶2（22.22%∶33.33%∶44.44%）（见图6-25）。

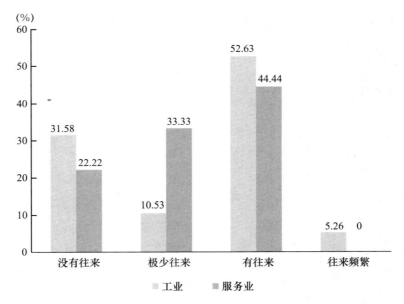

图6-25 企业与当地规制或行政管理部门的主要领导的往来情况
（按工业/服务业）

　　就"是否在经济开发区"方面，"在本国经济开发区"或"其他"类受访企业与当地规制或行政管理部门的主要领导往来更为频繁："不在任何经济开发区"的企业在"没有往来""极少往来""有往来""往来频繁"的比例约为8：5：10：1（33.33%：20.83%：41.67%：4.17%），"在本国经济开发区"企业的与"其他"类企业则全部选择了"有往来"（见图6-26）。

图6-26　企业与当地规制或行政管理部门的主要领导的往来情况
（按是否在开发区）

　　总体来看，虽然中资企业同"当地规制或行政管理部门的主要领导往来"的情况略差于同"孟加拉国同类企业的高层管理者往来"的情况（前者"进行过往来"的总平均指数在82.1%，后者总平均指数在71.4%），但两者的趋势完全一致："工业"企业、"在本国经济开发区"企业的情况更好。此项数据反映的中资企业情况：一是反映了中资企业普遍建立了良好的政府沟通机制；二是孟加拉国经济开发区拥有良好的政务沟通平台，企业与地方政府互动较多；三是工业企业规模大，需要与孟加拉国地方政府有更多沟通。

三　驻孟中资企业负责人对孟加拉国政党政治的看法

　　本次调研还询问了企业高层有关孟加拉国政治环境情况的问题。企业领导选择比例最高的为"比较稳定"，选择比例超过三成（35.71%），最低的为"党派争斗比较激烈，经常有冲突发生"，选择比例低于一成（3.57%），两者相差32.14个百分点。选择"比较稳定"和"稳定"的比例接近六成（57.14%）（见图 6 – 27）。可见，受访企业多数认为孟加拉国政治环境是稳定的。

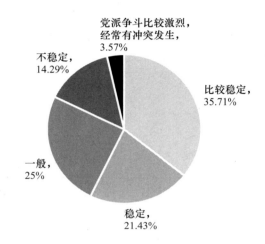

图 6 – 27　企业管理层认为孟加拉国政治环境情况

　　事实上，孟加拉国党派斗争十分激烈，不少国家的驻孟企业都曾受波及。那么，为何驻孟加拉国中资企业却普遍认为孟加拉国政治环境是稳定的？其主要原因可能有三点：首先，中国与孟加拉国关系长期友好，孟加拉国各党派均对华友好，对中资企业也较为友好。其次，结合前文其他统计，中资企业高层与孟加拉国同类企业高层以及与孟加拉国政府管理层接触较多，形成了较好的营商环境，因此中资企业可能较少因党派斗争受到孟加拉国政府和其他企业的冲击。最后，中资企业较好地进行了本地化经营，较好履行了社会责任，树立了较好的企业形象，因而受到了孟加拉国社会普遍支持和保护。

　　纵观当今世界，一流的国家必定有一流的企业和企业品牌，一流的企业品牌必将提升国家形象。目前，中国企业的公共外交还处在刚刚起步的阶段，与一些耳熟能详的国际跨国公司相比，中国的企业还缺乏形象意识、品牌意识，不愿意更不善于开展公共外交，缺乏跟媒体打交道的能力与经验，尚未形成较为成熟稳定的企业公共外交实践路径。① 对于中国而言，驻孟中资企业公共外交应该成为中国对孟加拉国外交体系中必要有机组成部分，以丰富国家形象的塑造渠道，构造包括政府、企业和社会的立体公共外交体系。对于驻孟中资企业而言，企业间相互交流、政企相互交流，无疑对于企业的进一步发展有着至关重要的作用。

---

① 李志永：《企业公共外交的价值、路径与限度——有关中国进一步和平发展的战略思考》，《世界经济与政治》2012 年第 12 期。

第七章

驻孟中资企业员工的
职业发展与工作条件

　　孟加拉国具有宽松的投资贸易政策及充足的劳动力市场，近年来成为中国企业"走出去"的热门地。在投资贸易政策上，孟政府对外国投资提供一系列税收减免政策，对部分行业投资企业的产品出口给予一定的现金补助，法律对资本形态和股权比例无限制，允许外商投资独资企业、合资企业、私人有限公司等。孟加拉国是多个贸易协定和经济组织成员国，享受多国优惠关税和市场准入政策，重大的投资项目还可以采用"一事一议"，争取到政府更多的优惠政策。在劳动力上，孟加拉国劳动力充足，2017年劳动力数量达到6664万人，[①] 而且工资水平较低，最低工资约为70美元/月，仅为中国的1/8。孟加拉国工人吃苦耐劳、劳动积极性高，易于管理。但因受教育水平低，操作能力和学习能力较差，生产效率相对低下。据统计，孟加拉国的劳动力人口中，40.1%没有受过任何教育，仅有3.7%的人拥有高等学历，0.1%的人接受过职业教育。[②]

　　随着中孟两国关系的不断发展，在政府的积极推动下，许多中资企业赴孟投资建厂，本章主要考察孟加拉国中资企业员工的职业发展与工作条件，从员工的职业经历和工作环境，工作时间与职业

---

　　① 调研中，中国港湾公司提供的数据。
　　② 《孟加拉国人力资源优势及用工规定》，孟中国华人华侨联合会收集整理。

培训、晋升，工会组织与社会保障，个人和家庭收入，家庭地位和耐用消费品五个方面进行分析。根据调查数据，了解在孟中资企业中员工的总体工作环境、收入和晋升状况、社会保障与福利，以及员工的总体工作满意度。

第一节　职业经历和工作环境

工作环境是员工决定进入企业中首先要考察的重要部分，环境的好坏是决定员工流动性大小的重要参考指标，本节通过对在孟中资企业孟加拉籍员工在同一公司的连续工作年限、进入公司的途径、员工在公司中存在的亲属关系、员工办公设备的现代化程度等指标来衡量员工的职业经历和工作环境。

员工的职业经历是员工的职场经验体现，在一定程度上可以反映出企业员工的流动性。本次调查显示，在孟中资企业的孟加拉员工具有很高的流动性，七成（70.74%）员工在企业工作时间不到两年，其中工作时间为一年的员工有四成多（40.54%），只有一成多（12.69%）员工在企业工作时间超过四年，一成不到（6.46%）的员工工作时长为四年。同时还有一成（10.11%）的员工工作三年后从公司离职。说明员工流动性比较大。（见图7-1）

在孟中资企业工作的当地员工主要通过亲戚朋友介绍获得当前的工作。通过亲友介绍途径获得现有工作的员工近五成（46.30%）；同时有三成多（33.61%）员工通过直接前往企业应聘获得现有工作；还有一成多（11.16%）的员工通过企业的招聘广告应聘获得现有的工作（见表7-1）。其余途径包括职业中介机构、招聘会、学校就业中心和雇主直接联系以及其他方式进入企业工作，总量不到一成。

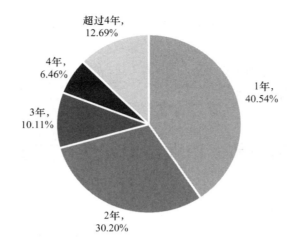

图7-1　员工在当前企业的工作时长分布（N=851）

表7-1　　　　　　　员工获得现工作的主要途径

获得此工作主要途径	频数（个）	百分比（%）
在职业介绍机构登记求职	22	2.59
参加招聘会	9	1.06
通过学校就业中心	4	0.47
看到招聘广告	95	11.16
通过亲戚朋友	394	46.30
直接来企业应聘	286	33.61
雇主直接联系你	38	4.47
其他	3	0.35
合计	851	100

　　驻孟中资企业中孟加拉籍员工中存在着大量的亲属关系，这与员工主要通过亲友介绍获得当前的工作有关。亲友之间相互介绍工作导致该企业中约七成（68.94%）员工有一个家人在同一家企业工作；两成（20.45%）员工有两个家人在同一企业工作；同时还有两个百分点的员工有三个家人以及占比近一成（8.33%）的员工有四个以上家人在该企业工作。结合表7-1和表7-2来看，员工家人在企业工

作与员工主要通过亲戚找到现有工作不无关系，当地员工把亲戚和朋友介绍到自己工作的企业，导致员工之间有亲属关系，从一定程度上体现了当地员工对在中国企业工作具有较高的满意度。

表 7 - 2　　　　　　　　　　员工家人在本企业的数量

有几个家人在本企业	频数（个）	百分比（%）
一个	91	68.94
两个	27	20.45
三个	3	2.27
四个以上	11	8.33
合计	132	100

在孟中资企业工作的孟加拉国员工办公现代化水平不高。表 7 - 3 展示了孟籍员工的电脑使用率。本次调查显示，仅有三成（31.55%）左右的男性员工会使用电脑，其余大部分男性员工则不会使用；和男性员工相比，使用电脑的女性员工则更少，有接近九成（85.86%）的女性员工不会使用电脑工作。孟加拉国作为世界上最不发达的国家之一，网络覆盖率和电脑普及率较低。国际电信联盟（ITU）近日公布的数据显示，孟加拉国网络覆盖率仅为14.4%，为南亚地区最低，全球排名第 144 位。截至 2015 年 12 月，孟固定宽带用户数为 386.7 万，占总人口的 2.41%。2016 年国际电信联盟发布的一份报告显示，孟有 1.48 亿人口无法使用网络，人群数量为世界第五。① 孟个人计算机普及率相对较低，2009 年孟加拉国开始实施数字孟加拉战略，在电脑普及率上有很大的提高，但是依旧处于发展较低的国家行列。据国际电信联盟统计，2015 年，孟加拉国的电脑普及率为 6.9%，属于电脑普及率较低的国家，与卡塔

---

① 中华人民共和国商务部："国际电信联盟：孟加拉网络普及率仅为 14.4%"，2016年 7 月 31 日，http：//www.mofcom.gov.cn/article/i/jyjl/j/201607/20160701369350.shtml。

尔（97.2%）、巴林（94.6%）和文莱（92%）电脑普及率较高的
国家比较差距明显，具有很大发展空间。孟成人识字率、网络覆盖
率和电脑普及率较低，限制了孟加拉国人民对电脑的使用和熟悉程
度，一定程度上导致孟加拉国员工掌握办公自动化的能力较弱。总
体上看，孟员工使用电脑程度不高，在日常工作中，男性比女性使
用电脑要多。造成这一现象的原因，可能也与驻孟中资企业办公现
代化程度普遍偏低、员工从事的多是劳动密集型产业有关。

表 7 - 3　　　　　　　按性别划分的员工日常工作使用电脑状况　　　　（单位：%）

日常工作是否使用电脑	男	女
是	31.55	14.14
否	68.45	85.86
合计	100	100

注：$N = 851$。

　　驻孟中资企业中的孟籍员工，大多数从事第一线生产行业。受
访者中的非管理人员占据了大多数，达到总数的 86.37%，绝大多
数员工在劳动密集型的中资企业的生产间、操作间或工地等环境比
较嘈杂的环境中工作。管理人员相对较少，占比 13.63%，因此日
常工作中使用电脑工作的机会相对较少。

第二节　工作时间与职业培训、晋升

　　孟加拉国对于企业用工都有相关的管理规定，驻孟中资企业在
享受孟加拉国带来的优惠政策的同时也要遵守孟加拉国相关的用人
规定，合理安排工作时间，严禁使用童工。本节对孟加拉国在中资
企业工作的当地员工的管理人员比例状况、入职后的培训内容以及
最近一次的培训内容进行说明，了解员工的职业培训情况。同时还

对员工的职业晋升状况和每周工作天数（按是不是管理人员进行划分）进行说明，从而了解员工的职业发展状况。

在孟的中资企业中工作的当地管理人员中，男性比女性多。在管理人员的性别分布上，男性比女性成为管理人员的概率更大，男性中 14.85% 的员工是管理人员，而女性员工的这一比例仅为 9.6%，低了 5 个多百分点（见表 7－4）。这与企业中管理人员占比少，普通员工占比多，多数企业的管理人员聘用的是中国人这一现实有关。另外，孟加拉国为伊斯兰国家，在伊斯兰教习俗中，女性外出工作的比率就比男性低。据《金融快报》10 月 27 日报道，世界经济论坛发布的 2016 年全球性别差异数据显示，孟加拉国在 122 个国家中排名第 72，位列南亚第一，较 2015 年下降 8 个名次，虽然孟加拉女性在参政方面取得历史性进步，但是在劳动权和收入方面与男性差距正在扩大。①

孟加拉国的男性和女性在就业方面差距逐步增大，根据孟加拉国《2018 年统计年鉴》，在非正式就业中，根据年龄和性别划分的数据可知，孟加拉 15—29 岁男性员工占比为 66%，女性员工为 34%；30—64 岁员工之间，男性占比 65.96%，接近 66%，接近女性员工的两倍；同样 65 岁以上员工明显是男性要远远高于女性，占比达到 87.56%。各年龄阶段之间男性就业率明显高于女性，尤其是 65 岁以上的人。在青年劳动力占总劳动力的比例中也可看出男性劳动力依旧高于女性，比如 15—19 岁中男性占比 71.87%，20—24 岁中男性占比 63.5%，25—29 岁男性员工占比 63.16%。根据总数据来看，孟加拉青年人口中男性劳动力占总劳动力的比例为 65.21%，远远高于女性劳动力，说明在孟加拉国女性劳动力占据较小劳动力市场，这与孟加拉国是伊斯兰国家，妇女外出就业相对较少有关。孟加拉国贫困人口多，2018 年孟加拉国贫困人口比例为

①　中华人民共和国驻孟加拉人民共和国大使馆经商处，"孟加拉性别平等方面世界排名 72"，2016 年 11 月，http://bd.mofcom.gov.cn/article/jmxw/201611/20161101557205.shtml。

21.8%，《孟加拉国第七个五年计划（2016—2020）》将生产和就业的结构转型作为减贫的根本基础，到 2020 年，贫困人口要减少到 18.6%，孟要完成减贫目标，需应进一步发挥女性劳动力的作用。

表 7－4　　　　　　　　按性别划分的管理人员与非管理人员分布　　　　　（单位：%）

是否是管理人员	男	女
是	14.85	9.60
否	85.15	90.40
合计	100	100

注：$N = 851$。

在孟中资企业工作的员工多从事劳动密集型产业的工作，未经过职业培训就直接工作是普遍现象。据表 7－5 所示，约一半的员工入职后没有得到任何培训，且入职后没有进行任何培训的员工中女性员工偏多（男性占比 48.09%，女性占比 52.02%），比男性员工多出约四个百分点。在培训的内容里，培训最多的是安全生产，男女员工培训比例差别不大（男性员工占比 23.43%，女性员工占比 25.76%）；其次是技术性技能，约一成员工入职后会进行技术性技能培训，进行技术性技能培训的员工中男性员工偏多（男性员工占比 20.67%，女性员工占比 16.16%），比女性员工多出约三个百分点。其它的培训如计算机技能、中英文读写、职业道德、写作能力、人际交往技能和管理技能培训非常少，员工中平均培训比例仅两个百分点左右。值得注意的是，男性员工进行写作能力培训的人数为 1.68%，女性员工进行中文读写培训的比例为 3.03%，女性员工的职业道德培训是除安全生产和技术性技能培训外的培训中比例最多的。综上，中资企业对员工入职后一般不进行培训，如果要进行培训，也主要是对安全生产进行培训。结合表 7－3 和表 7－5 看，中资企业中员工绝大部分从事生产一线的低技能劳动工作，仅有少量的员工从事管理岗位和技术性岗位。

表 7 - 5　　　　　　按性别划分的员工入职后的培训内容　　　　（单位：%）

入职后培训或进修内容	男	女
管理技能	7.35	5.05
人际交往技能	10.41	10.10
写作能力	1.68	3.03
职业道德	10.11	14.65
中文读写	2.30	2.53
英文读写	4.44	3.54
计算机技能	4.59	3.03
技术性技能	20.67	16.16
安全生产	23.43	25.76
其他	3.98	3.03
没有培训	48.09	52.02

注：$N = 851$。

表 7 - 6 是公司对员工入职之后开展的培训内容分布情况。从内容方面看，企业比较注重"安全生产"方面的内容，约占培训内容的四成，且女性员工进行"安全生产"培训多于男性员工（女性员工占比 52.63%，男性员工占比 42.77%），比男性员工多了近一成。其次是"技术性技能"培训，男女员工接受的技术性技能培训比例差别不大，男性员工职业培训中，"技术性技能"培训的内容占了不足四成（36.58%），女性员工技术性技能培训的内容不足三成（28.42%）。"职业道德"和"管理技能"占培训内容的一成左右，其余的培训内容为"计算机技能""英文读写""中文读写"等方面，但所占比例都比较少，不足 5%；但是在"职业道德"方面，女性员工比男性员工多了五个百分点。总体来说，中资企业对员工的职业培训重视不足，培训内容也主要是安全生产，也侧面说明在中资企业中孟加拉国员工主要从事的是劳动密集型的工作，对读写方面的要求不高。

表 7 - 6　　　　　　　　　按性别划分的员工最近一次的培训内容　　　　　　（单位：%）

最近一次培训的内容	男	女
管理技能	9.14	8.42
人际交往技能	15.34	23.16
写作能力	2.65	5.26
职业道德	14.45	28.42
中文读写	2.95	4.21
英文读写	3.83	5.26
计算机技能	4.72	2.11
技术性技能	36.58	28.42
安全生产	42.77	52.63
其他	6.78	5.26
没有培训	7.08	3.16

注：$N = 434$。

将表 7 - 5 和表 7 - 6 结合起来看，中资企业在招聘新员工后，并不倾向于立即对员工进行职业培训，而是在员工工作一段时间满足了企业用工要求、员工工作相对稳定后，再对其进行培训。相比于入职后的培训，员工工作稳定之后开展"技术性技能"和"安全生产"培训比例有显著提升，"技术性技能"培训提高了约一成，"安全生产"培训提高了约两成；男性的职业培训内容更注重"技术性技能"，对女性的培训内容则更偏重"安全生产"。虽然培训比例仍然偏低，但男女员工的"职业道德"培训都翻了一倍，值得注意的是，职业道德培训仍然是女性员工除"安全生产"和"技术性技能"培训外占比最多的培训内容。男女员工入职一段时间后其余培训均有小幅上升。

在孟中资企业中管理层次员工多为中国人，孟加拉员工能够得到晋升的概率较中国员工小。进入中资企业工作，男性员工获得职业晋升的比例高于女性员工，比女性员工多了近一成，约四成（38.19%）男性员工不同程度地获得了职业晋升，女性员工只有约三成（30.30%）（见表 7 - 7）。可以看出员工的职业晋升与性别有关，但是参照图 7 - 1 不难发现，其实职业晋升最大的原因是工作年限，只有工作达到一定年限，公司才会考虑提拔。如图 7 - 1 所示，在中资企业工作满两年以上的员工仅占三成，这与员工获得晋升机会的比例是吻合的，如果员工想要在企业中获得晋升，持久地服务于同一企业是必不可少的条件，服务于同一企业两年以上获得晋升的机会比较大。

表 7 - 7　　　　　　　　按性别划分的员工的职业晋升状况　　　　　　（单位：%）

进本企业后是否有职业晋升	男	女
是	38.19	30.30
否	61.81	69.70
合计	100	100

注：$N = 850$。

在孟加拉国星期五为休息日，政府机构则将周五周六定为休息日。孟劳动法规定，工人有 17 天年假，13 天的带薪病假，4 个月的产假。表 7 - 8 是管理人员与非管理人员上个月的平均每周工作天数。从表 7 - 8 中可以看出，绝大部分管理人员上月平均每周工作 6 天，管理人员上月平均每周都工作 5 天及以上。具体来说，九成以上（91.38%）的管理人员上月平均每周工作 6 天，分别还有 4.31% 的管理人员上月平均每周工作 5 天和 7 天，管理人员工作量较大。非管理人员上月平均每周工作 3 天及以上，约八成（77.69%）的非管理人员上月平均每周工作 6 天，两成（20.82%）工作 7 天，少部分非管理人员上月平均每周工作 3 天、4 天和 5 天。上个月平均每周工作 7 天的非管理人员比管理人员多，多了约 15 个百分点；上个月平均每周工作 6 天的管理人员比非管理人员多，多了近 15 个百分点。综上，在管理人员和非管理人员中上月平均每周工作天数结构存在明显差异（管理人员工作 5 天及以上，非管理人员工作 3 天及以上），但平均来说，管理人员和非管理人员上月平均每周工作天数差不多，绝大多数的孟加拉国员工的每周工作天数为 6 天，这与孟加拉国提出的周工作日数相吻合，符合孟加拉国政府提出的用工时长要求。

表 7 - 8 管理人员与非管理人员上月平均每周工作天数的差异 （单位：%）

上月平均每周工作天数	管理人员	非管理人员
3	0.00	0.14
4	0.00	0.41
5	4.31	0.95
6	91.38	77.69
7	4.31	20.82
合计	100	100

注：$N = 851$。

中资企业对新员工的培训尚待加强。前文数据可知，有接近一半的员工没有任何培训就直接上岗，就算是进行培训也主要进行的是安全生产的培训，其次是技术性技能的培训，培训内容比较单调。值得注意的是，员工在企业工作相对稳定后，企业对他们的职业道德培训均有提高，说明企业对员工的职业道德重视度有所上升，企业也在努力改变和进步。同时也看到在职业晋升方面包括管理层次方面，男性多于女性，男女很难达到真正意义上的平等。这三个方面反映出的现象不只是该企业需要改进的地方，也是社会需要进步的地方。

第三节　工会组织与社会保障

工会（Trade Union）也称为工人联合会，是基于共同利益而自发组织的社会团体，有企业工会和行业工会。"企业工会"组织的成员来源于为同一雇主工作的员工。"企业工会"组织成立的主要意图是与雇主谈判工资薪水、工作时限和工作条件等。"行业工会"通常由同一行业的工人组成的劳工组织，其目的是在工资、福利和工作条件方面（通过集体谈判）促进其成员的利益。工会有责任向所在企业或行业及时反映情况，并代表职工与企业或行业方面就维护职工劳动权益的问题进行交涉，从而维护其成员（工人）的合法权益，为工人提供保护。若工会力量比较强大，就能为其成员提供强有力的保护，则工人的福利待遇总体上较好；相反，若工会力量弱小，则不能为其成员提供保护，工人福利待遇总体上就较差。而决定工会力量大小的一个非常重要的因素就是有多少员工加入了工会，一般来说，工会成员越多，工会力量越强，就越能很好地维护工人的权益。社会保障和员工福利是除工资外最为重要的因素，是员工权益的有效衡量指标。因而本节对在孟加拉国中资企业员工参加工会情况和员工的社会保障情况进行调查，进而考察工会与工人享受社会保障的关系。由以下分析可知，在孟加拉国中资企业员工加入工会比例非常少（约七成员工没有加入企业工会，约九成员工没有加入行业工会），因而企业工会力量不大，可以部分地解释绝大多数工人没有享受到社会保障这一社会状况。

本节对员工加入企业工会和行业工会状况（基于性别和是不是管理人员两方面）进行了调查，从而了解工会的力量大小，进而认识员工受工会保护的程度。并对员工享有的社会保障状况进行考察（基于是不是管理人员），以及管理人员与非管理人员解决纠纷采用的方式，进而充分地了解员工的社会福利状况。

表 7-9 是依据性别划分的员工加入企业工会的状况。表 7-9 中数据显示员工加入企业工会比例偏低，仅有三成以上（34.04%）的员工加入了企业工会。其中加入企业工会的女性员工比男性员工多了一成还多（男性员工 30.61%，女性员工 41.86%），说明女性员工比男性员工更善于保护自己，维护自己的权益。

表 7 - 9 　　　　　按性别划分的员工加入企业工会状况 　　　（单位：%）

本人是否加入企业工会	男	女	合计
是	30.61	41.86	34.04
否	69.39	58.14	65.96

注：$N = 141$。

表 7 - 10 是男女员工加入行业工会的状况。绝大部分员工都没有加入行业工会，加上当地没有行业工会的员工，共有约 95% 的员工没有加入行业工会。当地没有行业工会占比较少，不超过两个百分点。除去当地没有行业工会的员工，有行业工会的地方，只有近 5 个百分点（4.37%）的员工加入了行业工会。虽然加入当地行业工会的员工比例很少，但也呈现出了性别差异，男性员工加入当地行业工会的比例高于女性员工（男性员工 5.39%，女性员工 1.01%），高了 4 个百分点。将表 7 - 9 和表 7 - 10 结合起来，不难看出，不管是男性员工还是女性员工加入工会比例都非常低，而且员工加入行业工会比例远远低于加入企业工会，说明孟加拉国对员工加入工会维护权益的普及度较低，致使孟籍员工没有这种意识。

表 7 - 10 　　　　　按性别划分的员工加入行业工会状况 　　　（单位：%）

本人是否加入行业工会	男	女	合计
是	5.39	1.01	4.37
否	93.68	95.96	94.21
当地没有行业工会	0.92	3.03	1.42

注：$N = 847$。

表 7 - 11 是管理人员与非管理人员享有社会保障情况。从表 7 - 11 可以看出，企业员工中享有社会保障员工比例相对偏低，仅有近四成的员工享有社会保障。其中，管理人员享有社会保障比例为 38.79%，非管理人员享有社会保障比例为 45.95%，虽然

非管理人员享有社会保障比例高于管理人员,高了约 7 个百分点,但是依旧没有超过一半,说明驻孟中资企业中职员享有社会保障的人太少,企业有保护自己员工的职责,应尽快为员工们完善社会保障制度。

表 7 - 11 管理人员与非管理人员是否享有社会保障 单位:%

是否享有社会保障	管理人员	非管理人员
是	38.79	45.95
否	61.21	54.05
合计	100	100

注:$N = 845$。

表 7 - 12 是管理人员与非管理人员享有的社会保障类型状况。企业享有社会保障的员工中,绝大部分员工享有的社会保障为“医疗保险”,其次为“养老保险”,且这两种保险中非管理人员占比都略高于管理人员。在“医疗保险”中,非管理人员为 88.96%,管理人员为 84.44%。其次是养老保险,约 15% 的员工享有养老保险,非管理人员占比 14.93%,管理人员占比 13.33%。享有其它保险类型的管理人员比例高于非管理人员。明确一点的是,由于企业里非管理人员受教育程度偏低,因而有一小部分非管理人员不清楚自己享有哪种类型社会保障。

表 7 - 12 管理人员与非管理人员享有社会保障类型 (单位:%)

享有哪些社会保障	管理人员	非管理人员
医疗保险	84.44	88.96
养老保险	13.33	14.93
其他	13.33	5.97
不清楚	0.00	4.78

注:$N = 380$。

　　表7-13是管理人员和非管理人员加入行业工会状况。绝大部分员工都没有加入行业工会。即使有些地方没有行业工会，但是没有行业工会的地方只有不到两个百分点，那么在有行业工会的地方，不论是管理人员还是非管理人员，都仅有约5%的员工加入了行业工会，其中管理人员占比5.26%，非管理人员更少，只有4.23%。这些数据显示出员工们没有强烈的维护自己权益的意识，也可能是不清楚行业工会的作用，也或许是他们充分相信企业不会侵犯他们的权益。

表7-13　　　　　　　管理人员与非管理人员加入行业工会状况　　　　（单位：%）

是否加入行业工会	管理人员	非管理人员
是	5.26	4.23
否	92.98	94.41
当地没有行业工会	1.75	1.36
合计	100	100

注：$N=847$。

　　表7-14是管理人员与非管理人员解决纠纷方式的分布状况。从中可以看出，中资企业员工，不论是管理人员还是非管理人员，主要通过"向企业管理部门投诉"解决纠纷。当发生纠纷时，有八成以上（85.34%）的管理人员和七成以上（75.55%）的非管理人员通过企业管理部门解决纠纷。与管理人员相比，非管理人员解决纠纷的方式要多于管理人员，比如"向劳动监察部门投诉""找行业工会投诉"等。也有5.17%的管理人员"独自停工、辞职"解决纠纷，还有3.45%的管理人员和6.56%的非管理人员在发生纠纷时没有采取任何行动，选择默默承受。但是这些占比都不是很多，不到一成，特别是管理人员中没有人"找企业工会投诉"。孟加拉国的罢工情况严重，但调查显示，在中资企业工作的孟加拉国员工只有约1%的人会选择参加罢工来解决纠纷。总的来看，在孟中资企业中

工作的员工比较理智，在有问题发生时，大部分员工还是会采用比较适当的方式来解决问题。

表 7 - 14　　　　管理人员与非管理人员解决纠纷方式的差异　　　（单位:%）

最有可能采取的解决纠纷方式	管理人员	非管理人员
向企业管理部门投诉	85.34	75.55
找企业工会投诉	0.00	3.14
找行业工会投诉	0.86	1.23
向劳动监察部门投诉	1.72	7.38
独自停工、辞职	5.17	4.10
参与罢工	0.86	1.37
没有采取任何行动	3.45	6.56
其他	2.59	0.68
合计	100	100

注: $N = 848$。

驻孟中资企业员工只有少部分人选择进入行业工会，并通过行业工会来维护自己的权益。约七成员工没有加入企业工会，约九成员工没有加入行业工会。工会是维护员工权益的重要组织，仅有很少部分员工加入工会，会造成一定影响。一方面，只能有很少的员工的利益能得到工会的保护；另一方面，工会力量薄弱，工会力量有限，导致很多加入工会的员工的利益并不能得到工会的保护，而进入工会的员工觉得工会作用不大，周而复始，工会力量只会更加薄弱。员工享受的社会保障覆盖面小，类型单一。绝大多数员工享受的社会保障主要是医疗保险和养老保险。所采访的员工中仅有不到三成（26.83%）的员工与所在企业签订了就业协议或者合同，即有约七成员工是非正式员工，非正式员工不能享有与正式员工一样的待遇，这些非正式员工不能享有公司各种福利和保障。这么多未与所在企业签订就业协议或者合同的非正式员工，能部分地解释为什么社会保障覆盖面小。

第四节　个人和家庭收入

劳动、知识、财产都可以产生收入，资本家主要依靠财产转化为收入，绝大多数人只能依靠体力和知识转化为收入。收入是员工的生计来源，一个人若没有收入将无法在社会中生存，也很难承担起个人的责任，而且收入在一定程度上还是个人价值的体现。因而收入是员工在工作中考虑的最为主要的因素之一，对于员工来说，其目标是使其福利最大化，其中就包括收入的提高；收入是衡量员工人力资本存量、生活和工作情况的主要标杆，因而也是政府等公共部门关系的指标；收入也称为工资，对于大多数企业来说，人员工资是企业成本的重要组成部分，企业会想方设法在同等利润水平下减少工资（成本）或者在同等工资水平下使企业利润最大化，因而员工收入也是企业家最为关心的因素。因此，对于员工的收入进行量化研究意义重大。

本节首先对员工的工资拖欠情况进行分析，接着对员工的月收入进行考察，基于性别、是不是管理人员、年龄、教育程度和出生地五个方面，从而了解这五个方面对员工的月收入影响状况及影响程度。

表 7 - 15 是管理人员与非管理人员工资拖欠状况。从表 7 - 15 中可以看出，有效样本量为 849 时，九成以上员工的"工资结算未超过一个月"。管理人员和非管理人员"工资结算超过一个月"的比例很接近，相差不到一个百分点。仅有 2.59% 的管理人员"超过一个月"结算工资，3.55% 的非管理人员"超过一个月"结算工资。可见，在孟加拉国的中资企业一般不会出现拖欠员工工资的情况，员工的工资基本上都能得到及时的结算。

表 7 - 15　　　　　　　**管理人员与非管理人员工资拖欠状况**　　　　　单位:%

未结算工资是否超过一个月	管理人员	非管理人员
超过一个月	2.59	3.55
未超过一个月	97.41	96.45
合计	100	100

注:$N = 849$。

员工工资一般由劳资双方协商决定,但不得低于孟最低工资标准。孟近年来工人工资水平增长很快,2019 年,孟政府将基本工资提高了一倍,目前孟最低工资标准为每月 8000 塔卡,但因政府规定的增长幅度太快,很多工厂(包括本国投资的及外国投资的工厂)仅提高了 20%—50%。国家还规定,正式员工的基本工资每年增幅在 5%—10%。

表 7 - 16 是男女员工的月收入层次分布。月收入从低到高划分为 5 个区间,员工工资不低于 5300 塔卡、不高于 500000 塔卡。总体上月收入呈现出中间收入占比多,两头收入占比少的正态分布。据表 7 - 16 可知,更多的男性员工获得了高月收入,女性员工获得高收入相对较少,即男性员工月收入普遍高于女性。女性员工月收入分布呈现一个递减的趋势,即随着月收入的增加,女性员工占比越来越少。具体地说,女性员工中,有四成以上(42.78%)的员工收入在 5300—7000 塔卡之间,在最高月收入 20001—500000 之间只有五个百分点(5.67%)的女性员工。男性员工则分布较为平均,占比最多的员工月收入在 8901—13000 塔卡之间,为 25.00%,并且与其他四个区间相差不大,尤其是在 13001—20000 塔卡之间,相差只有 2 个百分点左右,最少的是月收入在 7001—8900 塔卡之间,相差一成。总的来说,中资企业中员工月收入存在显著的性别差异,在最低的两个月收入区间即 8900 塔卡以下,女性员工占比远高于男性,女性员工有七成,男性员工有三成。有 30.16% 的男性员工月收入在 8900 塔卡以下,有近三成(27.84%)的女性员工收

入在 7001—8900 塔卡之间，有四成多（42.78%）的女性员工月收入在 7000 塔卡以下。而月收入在 13001 塔卡以上的男性员工比例为女性员工比例的 4 倍，仅有远不到一成的女性员工获得了相对较高的月收入（20001—500000 塔卡）。男性员工月收入普遍比女性员工月收入高，更多的男性员工获得了高收入，更多的女性员工获得了低收入。

表 7 - 16　　　　　　　按性别划分的员工月收入层次分布　　　　（单位：%）

性别	5300—7000 塔卡	7001—8900 塔卡	8901—13000 塔卡	13001—20000 塔卡	20001—500000 塔卡
男	15.16	15.00	25.00	23.13	21.72
女	42.78	27.84	17.01	6.70	5.67
合计	21.58	17.99	23.14	19.30	17.99

注：$N = 834$。

表 7 - 17 是按年龄组划分的员工月收入分布。月收入同表 7 - 16 一样从低到高依次划分，我们将年龄从低到高划分为 3 个年龄段。更多较大年龄的员工获得了高月收入，更多的较小年龄的员工获得了低月收入，即绝大部分高收入属于年龄较大的员工。15—25 岁的员工有近三成（29.65%），获得了 7000 塔卡以下的最低月收入，仅约 6 个百分点的低年龄段员工获得了最高收入即 20000 塔卡以上；26—35 岁的员工有约三成（31.38%）获得了最高月收入即 20000 塔卡以上；36 岁及以上员工有近一半（46.15%）获得了最高月收入即 20000 塔卡以上。

从横向来看，15—25 岁的员工月收入分布呈现递减的趋势，即随着收入的增加，该年龄段员工占比越来越少；年龄在 26—35 岁和 36 岁以上的员工月收入分布呈现出递增的趋势，即随着月收入的增加，这两个年龄段的员工占比逐渐增多。

从纵向来看，在较低收入的三个区间即月收入在 13000 塔卡以下，15—25 岁的员工占比最多，其次是 26—35 岁的员工，占比最低的是 36 岁及以上的员工；同理，在月收入高的两个区间即 13000 塔卡以上，占比最多的是 36 岁及以上员工，最少的是 15—25 岁的员工。总的来看，年龄与月收入呈现正比例关系，即年龄越大，收入也越高。

表 7 – 17　　　　　　　按年龄级划分的员工月收入分布　　　　（单位：%）

年龄组	5300—7000 塔卡	7001—8900 塔卡	8901—13000 塔卡	13001—20000 塔卡	20001—500000 塔卡
15—25 岁	29. 65	21. 09	27. 77	15. 45	6. 05
26—35 岁	12. 07	14. 83	17. 93	23. 79	31. 38
36 岁及以上	4. 62	9. 23	12. 31	27. 69	46. 15
合计	21. 58	17. 99	23. 14	19. 30	17. 99

注：$N = 834$。

表 7 – 18 是按教育程度划分的员工月收入。月收入同表 7 – 16 一样从低到高划分为 5 个区间，教育程度从低到高依次划分为未受过教育、小学学历、中学学历和本科及以上四个教育层次。总体上看，更多的高学历的员工获得了高月收入，更多的低学历的员工获得了低月收入，即绝大部分高收入被高学历的员工拿走。

横向来看，未受过教育的员工大多数（35%）获得了中等月收入即 8901—13000 塔卡；近三成（27.5%）的员工获得了最低月工资收入即 5300—7000 塔卡；没有员工获得最高层次的月收入。小学学历的员工和中学学历员工获得 8901—13000 塔卡和 5300—7000 塔卡月收入的员工相差不大，都为两个百分点左右，只有少部分（小学学历为 4.85%，中学学历为 8.73%）这两种学历层次的员工获得最高月收入即 20001—500000 塔卡。

与其他三个教育阶段的员工相比，本科及以上学历的员工月收入分布呈现递增趋势，即随着收入的增加该学历的员工占比越来越多。有近六成（59.65%）的员工获得了最高月收入即 20001—500000 塔卡；其次有 23.98% 的员工获得了次高月收入即 8901—13000 塔卡；仅有 2.34% 的该学历的员工获得了最低月收入即 5300—7000 塔卡。

纵向来看，月收入在 13000 塔卡以下的区间本科及以上学历占比最低，月收入在 13000 塔卡以上的区间本科及以上学历占比最多，在最高月收入区间本科及以上学历占比近六成。中学学历、小学学历及未受过教育的员工在月收入 8900 塔卡以下占比差不多，在月收入 8901—13000 塔卡区间这三个学历的员工占比依次递增，在月收入 13000 塔卡以上中学学历员工占比比其余两个学历员工占比都多。

总的来看，月收入在未受过教育、小学学历和中学学历三个组别之间的对比不明显，但是在本科及以上，差距就特别明显，学历和月收入呈现正比例关系，学历越高，收入相对就高。

表 7-18　　　　　接受教育程度划分的员工月收入分布　　　　（单位：%）

最高学历	5300—7000 塔卡	7001—8900 塔卡	8901—13000 塔卡	13001—20000 塔卡	20001—500000 塔卡
未受过教育	27.50	22.50	35.00	15.00	0.00
小学学历	28.48	21.21	30.91	14.55	4.85
中学学历	25.76	21.83	24.02	19.65	8.73
本科及以上	2.34	3.51	10.53	23.98	59.65
合计	21.58	17.99	23.14	19.30	17.99

注：$N = 834$。

表 7-19 是按出生地划分的员工月收入分布。月收入同表 7-16 一样从低到高划分为 5 个区间，员工出生地分为农村和城市。出生地在城市的员工月收入普遍高于出生地在农村的员工。在月收入 13000 塔卡以下时，出生地在农村的员工占比均高于出生地在城市的员工，有接近七成（67.77%）的来自农村的员工收入在 13000 塔卡以下，而来自城市的员工只有四成多（42.77%）的员工在

13000 塔卡以下，其余的来自城市的员工收入都在 13000 塔卡以上，特别是在高收入区间中有四成还多的员工月收入在 20001—500000 塔卡之间，而来自农村的员工只有 11.69%。出生地不同会影响员工的月收入，往往来自城市的员工月收入要高于来自农村的员工。因为出生城市的大部分员工家庭条件略好于农村，所以受教育程度好于农村，据表 7－18 所示，学历越高月收入就越高，所以出生城市的员工月收入高于农村情有可原。

表 7－19　　　　　　　　按出生地划分的员工月收入分布　　　　（单位:%）

农村或城镇	5300—7000 塔卡	7001—8900 塔卡	8901—13000 塔卡	13001—20000 塔卡	20001—500000 塔卡
农村	23.84	19.64	24.9	20.54	11.69
城市	12.65	11.45	18.67	14.46	42.77
合计	21.61	18.01	23.17	19.33	17.89

注: $N = 833$。

　　管理人员月收入总是高于非管理人员。表 7－20 是管理人员与非管理人员的月收入分布。月收入同表 7－16 一样从低到高划分为 5 个区间，员工分为管理人员和非管理人员两个群体。虽然受访者中管理人员较少，但是管理人员月收入普遍高于非管理人员。随着收入的增加，管理人员比例逐渐增多。近九成（88.57%）管理人员员工获得了较高月收入（13000 塔卡以上），而非管理人员中仅三成员工获得了较高月收入。月收入在 13000 塔卡以下的三个区间上，非管理人员员工占比远远高于管理人员员工占比，其中有 25.24% 的非管理人员获得 8901—13000 塔卡的月收入，这也是非管理人员中月收入占比最多的，而管理人员在这个区间的占比一成都不到，仅 8.57%；其次就是企业中最低收入，有 24.55% 的非管理人员每个月只拥有 5300—7000 塔卡之间的收入，而管理人员只有不到一个百分点的员工月收入在此区间；在 7001—8900 塔卡区间依旧呈现出这种情况。只有约两个百分点的管理人员月收入在此区间，而非管理人员则有 20.30%。不管如何分析与比较，管理人员月收入普遍高于非管理人员，这是事实，也是常态。企业中管理人员工资高于非管理人员才是正常现象。

表 7 - 20　　　　　　　管理人员与非管理人员的月收入分布　　　　（单位：%）

是不是管理人员	5300—7000 塔卡	7001—8900 塔卡	8901—13000 塔卡	13001—20000 塔卡	20001—500000 塔卡
是	0.95	1.90	8.57	25.71	62.86
否	24.55	20.30	25.24	18.38	11.52
合计	21.58	17.99	23.14	19.30	17.99

注：$N=834$。

表 7 - 21 是家庭年收入状况。本书所指的"年收入"是指 2017 年家庭各项收入的合计。包括农业生产的纯收入、个体经营或开办私营企业的利润收入、出租和出卖财物所得的收入、所有家庭成员的工资性收入、存款利息与投资金融产品的收入、政府、国际组织与 NGO 的各种补助和援助收入、养老金收入、社会保障、他人的经济支持等全部收入。① 调查将家庭年收入从低到高依次划分为五个区间。从表 7 - 21 中可以看出，家庭年收入分布相差不大，年收入在 174001—250000 塔卡的区间的家庭数占比最多，为 21.21%，占比最低的是在最低水平年收入即 50000—115200 塔卡之间的家庭，为 18.62%，两者之差不超过 3 个百分点（为 2.59%）。但总体上家庭年收入分布呈现出正态分布，即在中等水平年收入 174001—250000 塔卡之间家庭数占比最多，最低水平年收入区间上和最高水平年收入区间上家庭数占比相对较少。约六成以上（61.29%）家庭获得了中等水平以上年收入（174000 塔卡以上），约四成家庭获得了中等以下年收入。总的来看，中资企业中员工的家庭年收入在每个区

---

① 平时住在企业，周末或节假日回自己家的不算一个人居住，要计算所有同住家庭成员的平均月收入。

间的家庭数相差不大，每个区间都是两成左右。

表 7 - 21 　　　　　　　　　　家庭年收入状况

家庭年收入	频数（个）	百分比（%）
50000—115200 塔卡	151	18.62
115201—174000 塔卡	163	20.10
174001—250000 塔卡	172	21.21
250001—432000 塔卡	165	20.35
432001—13000000 塔卡	160	19.73

注：$N = 811$。

综合以上分析来看，同一企业中的员工个人月收入和家庭年收入之间差距比较明显。在孟加拉国的中资企业一般不会出现拖欠员工工资的情况，员工工资基本上都能得到及时的结算。员工月收入在 5300—500000 塔卡之间，约四成（37.29%）员工获得了 13000塔卡以上的月收入。员工收入受性别、年龄、学历和出生地四个方面影响较为明显。员工收入的性别差异明显，男性员工收入普遍高于女性员工，在高月收入层次上男性员工占比远远高于女性员工。各年龄段的员工的收入差距明显，年龄大的员工月收入普遍高于较小年龄的员工，近八成（77.53%）的 26 岁及以上员工获得了20000 塔卡以上的月收入，约七成（73.84%）36 岁以上的员工获得了 13000 塔卡以上的月收入，只有约两成的 25 岁及以下员工获得了 13000 塔卡以上的月收入。

各学历的员工收入差距明显，学历较高的员工月收入普遍高于学历较低的员工，八成以上（83.63%）的本科及以上学历的员工获得了 13000 塔卡以上的较高月收入，而高中学历的员工为近三成（28.38%），小学学历的员工为近两成（19.4%），仅 15% 的未受过教育的员工获得 13000—20000 塔卡的月收入，未受过教育的员工没有人能获得 20000 塔卡以上的月收入，这与本科学历高收入对比较为明显，进一步反驳了读书无用论。不同出生地的员工的收入差距明显，出生地在城市的员工月收入普遍高于出生地在农村的员工，近六成（57.23%）的出生地在城市的员工获得了13000塔卡以上的较高月收入，三成以上（32.23%）的出生地在农村的员工获得了13000塔卡以上的较高月收入。出生地与受教育程度可以联系起来看，出生农村的要比出生城市读书少这是常态，因此城市出生的员工工资要高于农村出生。应当关注到的是，是否为管理人员也严重影响收入情况，管理人员月收入普遍高于非管理人员。

总体来看，个人收入和家庭收入分布都呈现出一般的正态分布，即中等收入水平以上员工和中等收入水平家庭占比较多，两边的最高收入水平和最低收入水平的员工和家庭占比低。个人收入方面，在各收入水平上，员工占比最多和最低的比例之差仅为5.15%；家庭收入方面，在各年收入水平上，家庭数占比最多和最低的比例之差仅为2.59%。虽然各收入水平上，人数或家庭数占比相当。但是由于最高月收入（取最低值20001塔卡和最大值500000塔卡的平均值，为260000.5塔卡）和最低月收入（取最低值5300塔卡和最大值7000塔卡的平均值，为6150塔卡）之差太大，最高月收入约为最低月收入的13倍，最高家庭年收入（取最低值432001塔卡和最大值13000000塔卡的平均值，为6716000.5塔卡）和最低家庭年收入（取最低值50000塔卡和最大值115200塔卡的平均值，为82600塔卡）差距更大，最高家庭年收入约为最低家庭年收入的80倍。因此，在孟加拉国的中资企业工作的当地员工收入差距较大，孟加拉国社会不平等程度高。

第五节　家庭地位和耐用消费品

家庭社会经济地位是员工对自己在社会上存在价值的体现，也是其生活满意度的重要体现，是人们生活幸福度的重要衡量标尺。

若员工家庭社会经济地位较高，则说明其生活满意度较好，员工在社会上生活更幸福；但若员工家庭社会经济地位偏低，则说明其生活满意度较差。若总体上员工家庭社会经济地位不低，说明其生活满意度不错，社会也会比较和谐。耐用消费品的拥有状况可以体现员工的生活质量情况，若拥有耐用消费品的员工比例越高或拥有的耐用消费品种类越多，则员工的生活质量越好；反之，则说明员工生活质量较差。因此，家庭社会经济地位和耐用消费品拥有状况是个人价值和员工生活满意度的重要体现。

本节对员工的生活工作感受度进行考察，了解员工的工作条件和职业发展状况。前面四节对员工的工作状况包括职业经历、工作环境、工作时间、职业培训、收入状况、社会福利、工会组织和社会保障进行了考察，本节先对员工当前和进入企业时的家庭社会经济地位变化进行分析，了解工作是否对员工的家庭社会地位有影响，是否实现员工的自我价值；然后根据员工耐用消费品拥有状况，来体现他们对生活和工作满意度的高低。

表7-22是当前和进入企业时两个时段上员工的家庭社会经济地位自评。家庭社会地位最低为1，最高为10。当前员工的家庭社会经济地位自评均值为5.68，高于员工进入企业时的家庭社会经济地位自评5.50，说明这份工作提升了员工的家庭社会经济地位，给员工的经济或人际关系带来帮助。值得注意的是，当前和进入企业时员工的家庭社会经济自评平均都在5—6之间，说明员工的家庭社会经济自评为中等水平。并且当前和进入企业时员工的家庭社会经济自评标准差分别为2.22和2.36，两者相差不大，说明员工的家庭社会经济地位有一定波动，但波动不大。

表7-22　　　　　当前和进入企业的家庭社会经济地位自评　　　（单位：个）

时间点	样本量	均值	标准差	最小值	最大值
当前	848	5.68	2.22	1	10
进入企业时	850	5.50	2.36	1	10

　　表 7 - 23 是按教育程度划分的家庭耐用消费品拥有率。学历更高的员工拥有的耐用消费品比例更多，种类也更多，即学历越高的人，越有能力负担耐用消费品的消费。总的来看，"手机"是拥有最多的耐用消费品，有九成以上（96.71%）的员工拥有手机，说明在孟加拉"手机"的普及率相对较高；其次是"电视"，有七成（70.39%）的员工拥有"电视"，"电视"普及率虽不如"手机"，但是大部分家庭可以观看电视；相对来说拥有"冰箱""摩托车"和"汽车"的员工家庭相对较少，"冰箱"有一半（51.23%）的员工拥有；"摩托车"只有一成（12.1%左右）的员工拥有；"汽车"则更少，仅约 6 个百分点的员工可以拥有"汽车"这类奢侈耐用品。

　　根据统计孟加拉国的劳动力人口中，40.1% 没有受到任何教育，仅有 3.7% 的人拥有高等学历，0.1% 的人接受过职业教育。① 教育不普及，收入差距大。据表 7 - 23 所示，不同教育层次员工拥有最多的耐用消费品都是"手机"，学历在中学的员工拥有手机的人接近百分百（97.84%），最少的是未受过教育的员工，接近九成（87.50%）。其次普及率相对较高的是"电视"，本科及以上的员工家庭有近九成（85.71%）的员工拥有，未受过教育的员工家庭只有一半（50.00%）的员工拥有。根据表 7 - 23 中数据可以明显看出家庭拥有"电视""摩托车"和"冰箱"这三类家庭耐用品的比例与学历呈正相关关系，学历越高，拥有这三类家庭耐用品的家庭就越多，反之则越少。尤其是未受过教育的员工在冰箱的拥有率上只有 7 个百分点（7.50%），与学历为本科及以上的员工相比少了近八成（77.66%），与小学学历的相比少了近三成（29.03%）。最特殊的是在"汽车"这一项上，未受过教育的员工没有一个拥有汽车，最多的依旧是本科及以上学历的员工，有一成以上（14.84%），小学学历和中学学历的员工分别有约 5 个百分点（5.39%）和约 3 个百分点（3.25%）的员工拥有。

---

① https：//mp. weixin. qq. com/s/6Juy5DUW8o8ffvjUM8ROlA.

　　总的来说，各学历层次拥有耐用消费品情况与总体情况一致，均是拥有手机最多，其次是"电视"，再次就是"冰箱"，拥有最少的是"汽车"。就耐用消费品种类来看，拥有汽车最多的员工的教育水平为本科及以上。总的来看，本科及以上学历拥有家庭耐用消费品的种类最多，和中学学历以下的员工相比，他们的生活水平较高，对生活满意程度也较高。

表 7 – 23　　　　　　接受教育程度划分的家庭耐用消费品拥有率　　　　（单位:%）

	汽车	电视	摩托车	手机	冰箱
未受过教育	0.00	50.00	2.50	87.50	7.50
小学学历	5.39	64.67	5.99	94.61	36.53
中学学历	3.25	68.18	8.87	97.84	46.97
本科及以上	14.84	85.71	28.02	97.80	85.16
合计	5.99	70.39	12.10	96.71	51.23

注：$N = 851$。

　　表 7 – 24 是按出生地划分的家庭耐用消费品拥有率。耐用消费品同表 7 – 23 一样分为五类。出生地分为农村和城市。由表 7 – 24 可知，出生地为城市的员工拥有的耐用消费品比出生地为农村的员工拥有的耐用消费品多。无论出生农村还是出生城市的员工，拥有最多的耐用消费品均是"手机"，其次是"电视"，最后是"汽车"。

　　具体来说，员工拥有最多的耐用消费品是"手机"，农村的员工手机拥有率接近百分之百（96.44%），来自城市的员工比农村还多1.29%；其次是"电视"，来自农村的员工有接近七成（66.91%）的家庭拥有，八成以上来自城市的员工拥有电视机；员工拥有最少的耐用消费品是"汽车"，来自城市的员工都只有一成以上（14.20%），农村的仅占3.71%。这五类耐用消费品，均为出生城市的员工拥有率最高，出生地为农村的员工和出生地为城市的员工仅拥有手机差别不大，其余四类耐用消费品中，出生地为城市的员工拥有率均远远高于出生地为农村的员工，侧面反映出来自城市的员工生活条件好于来自农村的员工，才会拥有较多的家庭耐用消费品。

表 7 - 24　　　　　　按出生地划分的家庭耐用消费品拥有率　　　（单位:%）

	汽车	电视	摩托车	手机	冰箱
农村	3.71	66.91	9.20	96.44	43.03
城市	14.20	83.52	22.73	97.73	82.39
合计	5.88	70.35	12.00	96.71	51.18

注：$N = 850$。

表 7 - 25 是按月收入划分的家庭耐用消费品拥有率。耐用消费品同表 7 - 23 一样分为五类，月收入从低到高分为五类：5300—7000 塔卡、7001—8900 塔卡、8901—13000 塔卡、13001—20000 塔卡、20001—500000 塔卡。这五类月收入层次的员工拥有最多的耐用消费品是"手机"，最少的是"汽车"。月收入越高的员工拥有的耐用消费品越多，月收入越低的员工拥有的耐用消费品越少。不过，无论月收入高低，都有九成以上的员工拥有"手机"，即无论哪种月收入层次拥有"手机"情况相差不大。在月收入 5300—7000 塔卡的员工拥有第二多的耐用消费品是"电视"，接近六成（58.33%）；拥有最少的是"摩托车"，为 3.33%。7001—8900 塔卡月收入的员工拥有"电视"占比为七成以上（72.67%）；该月收入的员工没有人拥有"汽车"。8901—13000 塔卡月收入的员工拥有"电视"比例为 64.25%，是家庭中第二多的家庭耐用消费品；最少的耐用消费品依旧是"汽车"，为 3.11%。13001—20000 塔卡月收入的员工拥有最多的耐用消费品是"手机"，为 98.76%，接近百分百，是五个月收入层次中拥有手机最多的，其次是"电视"，接近七成（67.08%）。20001—500000 塔卡月收入的员工拥有第二多的耐用消费品和其他三个收入层次不一样，九成以上（92.67%）的该收入

层次员工拥有"冰箱";虽然他们拥有最少的耐用消费品还是"汽车",为13.33%,但是五个收入层次中拥有"汽车的人数最多的"。不管月收入如何,收入在每个区间的员工拥有最多的都是"手机",说明"手机"普及率较高,并且对于员工来说使用也比较方便。其次除了在月收入为20001—500000塔卡之间的员工之外,其余四个区间拥有第二多的家庭耐用消费品都是电视,电视是现代社会很难缺少的消费品。总的来看,家庭耐用消费品的拥有量和个人收入有很大的关系,收入水平达到一定程度才会购买家庭耐用消费品,收入越高才会更容易购买更多的家庭耐用消费品。

表7-25 按月收入划分的家庭耐用消费品拥有率 (单位:%)

个人月收入	汽车	电视	摩托车	手机	冰箱
5300—7000 塔卡	5.00	58.33	3.33	94.44	30.00
7001—8900 塔卡	0.00	72.67	8.67	96.67	45.33
8901—13000 塔卡	3.11	64.25	7.77	96.37	36.79
13001—20000 塔卡	6.83	67.08	11.18	98.76	56.52
20001—500000 塔卡	13.33	92.00	32.67	97.33	92.67
合计	5.52	70.02	12.11	96.64	50.72

注:$N = 834$。

孟加拉国在汽车制造业方面比较落后,在孟加拉国大多数员工更喜欢使用产自日本的汽车。图7-2是家庭拥有"轿车/吉普车/面包车的原产国"百分比分布。调查中拥有"轿车/吉普车/面包车"的员工共51人,其中近七成的员工家庭使用的是产地非孟加拉国的汽车,其中四成(43.14%)的员工家庭拥有的汽车产自日本,二成(21.57%)的员工家庭拥有的汽车产自印度,员工家庭中使用的汽车产自中国和美国及其他国家的都比较少,均不足一成。总的来说,孟加拉国员工更偏爱日本产的轿车/吉普车/面包车。

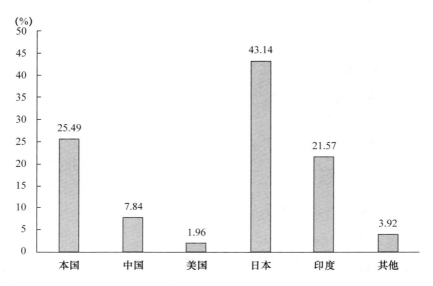

图 7 - 2　家庭拥有轿车/吉普车/面包车的原产国百分比分布（多选题）（N =51）

　　图 7 - 3 是家庭拥有彩色或黑白电视的原产国百分比分布表。从图中可以明显看出，在孟加拉国中资企业员工家庭中使用的彩色或黑白电视三成（31.22%）产自当地，三成以上（33.56%）的员工家庭中使用的电视产自中国，两成（22.87%）的员工家庭中使用的电视产自日本，使用产自印度和美国电视的员工家庭较少，均不足3%（2.67%和0.50%）。说明在孟中资企业员工更喜欢产自中国的彩色或者黑白电视。

　　孟加拉国和印度地理毗邻，长期以来各领域的交往密切，印度是孟加拉国第二大贸易伙伴的军事的关系，产自印度的摩托车质量比较好，具有区位优势和建交的关系，孟印两国之间关系较好，因此孟加拉籍员工中使用使用"滑板车/摩托车/轻便摩托车"这三类轻便型交通工具原产国最多的是印度，有效样本量为103 时，约一半（47.57%）的员工使用产自印度的这三种交通工具；其次使用最多的是产自日本的，约两成（19.42%）；第三是孟加拉国自产的，占比14.56%；原产国是中国的占比较少，只仅占11.65%，其

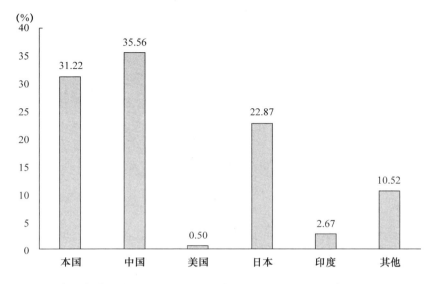

图7-3 家庭拥有彩色或黑白电视的原产国百分比分布（多选题）（N=599）

它的为4.85%。说明在孟中资企业工作的员工中，来自印度的"滑板车/摩托车/轻便摩托车"更受欢迎。

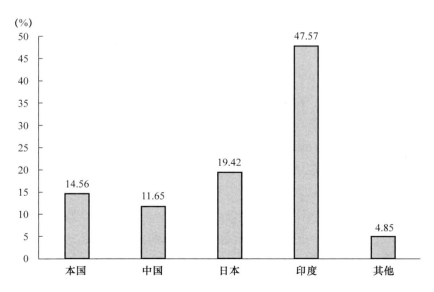

图7-4 家庭拥有滑板车/摩托车/轻便摩托车的原产国百分比分布（多选题）（N=103）

　　孟加拉国在信息与通信技术方面比较落后，全国网络覆盖率低。近年来，中孟在信息与通信技术方面开展了多项合作，2017年9月，两国政府在达卡签署框架协议，中方将为孟方提供优惠贷款，用于建设孟加拉国网络基础设施项目。中国华为、中兴等通信公司已经和孟加拉国开展了信息与通信技术方面的合作，加强孟信息基础设施建设，并探索开展"5G"合作，助力"数字孟加拉"建设。2018年7月，在达卡举行的孟加拉国5G峰会上，孟加拉国邮政、电信和信息技术部与华为及Robi展开了合作。

　　中国产的手机因价格适中，质量优异，所以在孟中资企业中的员工家庭使用的移动电话产地多来自中国。如图7-5所示，有七成（72.78%）以上员工家庭的移动电话产自中国，使用孟自产的移动电话的员工家庭只有不到三成（28.31%）；使用产自其他国家的移动电话的员工家庭只有11.38%，而使用产自印度、日本和美国的家庭比较少，均在4%左右。说明来自中国的手机更受孟加拉国员工及家人欢迎。

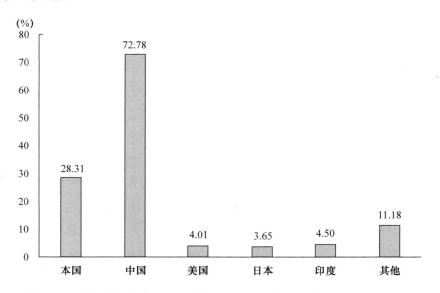

图7-5　家庭拥有移动电话的原产国百分比分布（多选题）（N=823）

图7-6是家庭拥有冰箱的原产国百分比分布柱状图。可以看出，在有效样本为436时，员工家中拥有的冰箱的原产国最多的是孟加拉国，占58.03%，接近六成；两成（20.87%）的员工表示家庭中使用的冰箱产自中国；和孟加拉国、中国相比，使用来自日本的冰箱少一些，一成（13.30%）的员工选择了日本产的冰箱；而选择美国和印度产的员工家庭就更少了，只有1%左右（分别为1.15%和0.69%）。员工们倾向于选择产自本国的冰箱，说明孟加拉国产的冰箱的性价比更高，更受孟加拉人欢迎。

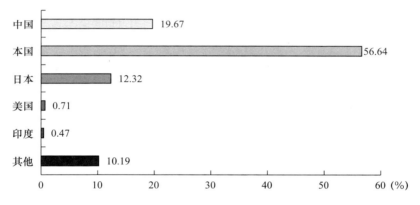

图7-6 家庭拥有冰箱的原产国百分比分布（多选题）（$N=436$）

综合以上分析，员工的家庭生活水平有所提高，但是依旧还有很大的提升空间。员工进入企业工作后的当前家庭社会经济地位自评均值为5.68，比进入企业时的家庭社会经济地位自评均值有所提高。但总体上家庭社会经济地位自评均值不算高，只能算中等水平，员工的生活满意度提升空间很大。员工拥有的耐用消费品汽车（轿车/吉普车/面包车）有约四成原产地来自于日本，约1/4原产地是本国（孟加拉国）；使用的电视有约三成原产地来自于中国，约三成原产地是本国；使用的冰箱有近六成原产地是本国，说明孟加拉国生产的电视和冰箱在孟市场上具有较强的竞争力。员工拥有的滑板车/摩托车/轻便摩托车和手机原产地是孟加拉国的仅占约15%，说明孟加拉国在这两类耐用消费品的生产力有所欠缺，还有待提高。员工拥有的耐用消费品最多的是手机，在员工中，手机的普及率很高，基本上全员拥有；其次是电视，近七成的员工拥有电视；约一半的员工拥有冰箱；汽车和摩托车这样的花费更多的耐用消费品拥有率非常低，说明员工的生活水平还有待提高。

工作环境和职业培训方面。绝大多数员工在劳动密集型中资企业的生产间、操作间或工地等比较嘈杂甚至恶劣的环境工作，孟员工的工作环境还有待提升。进入企业后有约四成的男性员工获得了职业晋升，约三成的女性员工获得了职业晋升，员工的职业晋升比例较大，以及员工的工资基本上都能够得到及时的结算，这些都是好现象，说明在财务方面，在孟中资企业的管理较为规范。在孟加拉国的中资企业员工流动性较大，绝大多数（七成左右）员工在本企业工作不到两年，企业应当改善员工工作环境和相关福利提升企业对员工的吸引力，从而降低员工流动性，也就降低了企业的人员招聘及管理成本。从以上分析中了解到，中资企业中员工绝大部分从事生产一线的低技能劳动工作，仅有少量的员工从事管理岗位和技术性岗位。而且企业对员工的培训主要进行的是安全生产培训，其次是技术性技能的培训，培训内容较为单一，企业应当拓宽对员工培训的内容，从而提升员工的人力资本存量。

员工社会保障方面。员工中仅很少部分加入工会，且工会力量弱小，员工的利益并不能得到工会的有效保护。企业中仅有近四成员工享有社会保障，且享有社会保障的员工中绝大部分是医疗保险，社会保障覆盖面小，社会保障种类较为单一。因此政府应当努力扩大员工的社会保障覆盖范围并拓宽社会保障的种类，以使绝大多数员工能多方位地享有社会保障，提升社会安全网对员工的保护度。

收入方面。无论是员工个人收入还是家庭收入，均呈现出正态分布即最高收入和最低收入人数占比少，中等收入占比多。虽然各收入水平上，人数或家庭数占比相当，但是最高月收入和最低月收入之间、最高家庭年收入和最低家庭年收入之间差距巨大，往往高达几十倍，因此，社会不平等程度高，政府应加强顶层设计和责任落实来帮扶低收入员工，减少贫困，消除赤贫，避免收入差距过大引发的社会不满，甚至动荡，提升民众的幸福感。

员工生活满意度方面。员工当前的家庭社会经济地位自评均值为 5.68，处于中等水平，不算差，但也不算高（由于员工家庭社会经济地位评价是生活满意度的体现），员工的生活满意度提升空间还很大。员工拥有的耐用消费品主要停留在手机、电视上，约一半的员工拥有冰箱，拥有汽车、摩托车这类花费较大而且能有效提升员工生活效用的耐用消费品还比较少，员工的生活水平还有待提高。员工使用本国生产的冰箱、电视占较高比例，但是使用本国生产的手机、摩托车就比较少，说明孟加拉国在生产电视和冰箱方面具有较强的竞争力，但在生产汽车和摩托车方面还有待提高。

第八章

驻孟中资企业员工的社会交往与观念态度

社会化是个体与社会的互动过程中，从生物人转化为社会人，逐渐适应社会生活的过程。在社会化的过程中，需要与不同的人进行互动和交往，除了最主要的血缘和地缘关系之外，人的社会化过程中，最重要的结合就是业缘，业缘是成员之间通过工作原因而联系起来的社会关系构成。驻孟中资企业将中国籍和孟加拉籍员工相互连接，有的成为朋友，有的成为伴侣，形成新的社会关系网。

中资企业的入驻为当地增加了就业岗位，带动当地的经济发展和就业模式的转变，推进中孟两国友好往来。利用孟加拉国良好的区位优势，帮助中资企业开拓孟加拉国乃至南亚东南亚市场、扩大企业知名度。中资企业"走出去"，打开了中国同孟加拉国合作的新大门，共享合作共赢的胜利果实。

本章主要考察企业员工之间的社会交往和社会距离、对企业的了解程度以及他们对企业的看法。员工是企业发展的根本，为了企业更好地发展，了解员工的需求和态度即是调查研究员工对企业规章制度的满意程度，也能够在未来更好地满足员工的需求。孟加拉国作为一个伊斯兰教国家，与中国人民的信仰存在差异，因此，避免宗教信仰和风俗习惯不同而产生的矛盾是维持在孟中资企业稳定发展的关键。了解员工对企业的看法是判断企业是否满足员工对生活和工作要求，同时也为调整企业和员工双方最适应的状态提供参考。主要分为两个小节进行论述，分别是：社会交往与社会距离和企业评价根据数据分析，能让我们更全面、更具体地分析员工在工作中的需求，企业在哪些方面还需更加完善，以帮助企业更好地适应在孟发展，推动中孟两国人民相互了解，使在中资企业工作的员工有较强的幸福感与获得感，促进中孟民心相通。

第一节　社会交往与社会距离

社会交往是在一定的历史条件下，人与人之间的相互往来，进行物质、精神交流的一种社会活动。跨国企业中不可避免地有不同国家的员工，共同工作的过程中难免产生互动，有互动就会有交往。但是人都是不同的个体，亲密接触之下还会存在或近或远的距离，我们称之为社会距离。社会距离是指各社会存在体之间在空间、时间和心理上的距离。一般情况下，良好的社会交往越频繁，人们之间的社会距离就会越近。本节分析孟加拉籍员工对中美印日四国民众的社会距离，将员工根据性别和职位来划分，通过他们在企业内和企业外拥有的中国朋友数量进行比较分析，以此来了解员工与中美印日四国民众的社会距离。

图 8-1 是孟加拉国中资企业员工对中美印日四国民众的社会距离调查。调查显示，相比美印日，中资企业员工与中国的社会距离更近。33.25% 的员工愿意和中国人成为同事，同时还有三成（30.67%）的员工愿意和中国民众成为朋友，一成多（13.28%）的员工愿意与中国人成为邻居。中国是在这四个国家中当地员工愿意与之成为邻居比例最高的国家，并且是被拒绝来访中占比最少的国家，说明中国民众在孟加拉国比较受欢迎。但是我们也要看到一个数据，就是关于愿意与中国民众居住在同一个城市的占比，美国的 24.88%、印度的 21.84% 以及日本的近三成（29.91%）都远远高出中国民众的 5.76%，大多数员工不喜欢和中国人居住在同一城市，大约是中国民众的生活方式与他们的生活方式存在较大的差异

性，因为在孟加拉国伊斯兰教是国教，他们是穆斯林，饮食上具有很大差异。总的来说，员工们喜欢和中国人成为同事和朋友，但是不喜欢和他们居住在同一城市；员工不喜欢和美印日三国的员工成为同事，但是愿意和他们居住在一起。

综合来看，孟加拉国民众不具有明显的排外性，尤其是对中印日美四国，但是想要更进一步，比如结为伴侣，认同度就低了。孟加拉人愿意与外国人结为伴侣最高的是与美国民众，只有一成（10.78%），说明孟加拉人很难接受与外国人结为伴侣，更希望彼此只是朋友、同事和邻居这一类的关系。

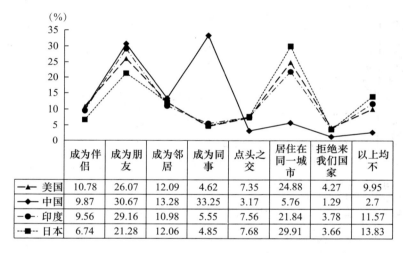

	成为伴侣	成为朋友	成为邻居	成为同事	点头之交	居住在同一城市	拒绝来我们国家	以上均不
美国	10.78	26.07	12.09	4.62	7.35	24.88	4.27	9.95
中国	9.87	30.67	13.28	33.25	3.17	5.76	1.29	2.7
印度	9.56	29.16	10.98	5.55	7.56	21.84	3.78	11.57
日本	6.74	21.28	12.06	4.85	7.68	29.91	3.66	13.83

图 8 – 1 员工与中美印日四国民众的社会距离分布

孟加拉国是伊斯兰教国家，传统上，女性很少出门工作，在企业中男性要远远多于女性，并且社交能力也高于女性。表 8 – 1 显示，男性员工拥有中国朋友的数量均值要高于女性员工。将员工根据性别划分：不同性别的员工拥有中国朋友数量有差异，男性员工中最多拥有中国朋友的数量为 40 个，而女性中拥有最多的中国朋友达到 54 个，在最小值相同的前提下，男性员工拥有中国朋友的数量差异要小于女性员工。样本量为 653 的男性员工调查中，平均每一个男性员工拥有中国朋友的数量均值为 0.92（标准差为 3.02）；而女性员工中当样本量为 198 时，均值只有 0.64（标准差为 4.08），少了男性员工 0.28。总的来看，虽然有的女性员工拥有人数最多的中国朋友，但是男性员工在本企业中拥有中国朋友的平均数量要高于女性员工。

表 8 - 1　　　　按性别划分的员工在本企业拥有的中国朋友数量差异

性别	样本量	均值	标准差	最小值	最大值
男	653	0.92	3.02	0	40
女	198	0.64	4.08	0	54

在表 8 - 2 中，管理人员拥有中国朋友的数量要多于非管理人员。将受访人员划分为管理人员和非管理人员，对他们在本企业中拥有的中国朋友数量差异进行分析，116 个参与受访的管理人员中，在本企业中拥有中国朋友最高数量的为 54 个，最少为 0 个，直接导致了高达 7.32 的标准差。但从拥有中国朋友的均值来看，均值为 3.03，说明平均每一位管理人员都有 3 个中国朋友，接近非管理人员（均值为 0.52）的 6 倍。非管理人员在企业中平均拥有 0.52 个中国朋友，标准差也比较小，为 1.83。总的来说，每个管理人员拥有中国朋友的数量是非管理人员的 6 倍，但是非管理人员拥有中国朋友数量比管理人员的波动小（管理人员标准差为 7.32，非管理人员标准差为 1.83）。说明企业中管理层次的员工在社交能力方面差距较大。

表 8 - 2　　　管理人员与非管理人员在本企业拥有的中国朋友数量差异

是否管理人员	样本量	均值	标准差	最小值	最大值
管理人员	116	3.03	7.32	0	54
非管理人员	735	0.52	1.83	0	20

　　在企业之外，男性员工比女性员工更容易交到中国朋友。员工除了工作时间与本企业的中国人进行交往之外，在社会生活中也会交往到中国朋友。表 8 - 3 依据性别对员工在企业外拥有中国朋友的数量进行了调查。样本量为 653 的男性员工中，有的员工在企业外拥有 250 个中国朋友，而有的员工则一个也没有。平均来看，每位男性员工在企业外拥有 1.23 个中国朋友；女性员工和男性员工相比，差距非常显著，接受调查的 198 位女性员工中，在企业之外交到中国朋友最多的是 13 个，均值为 0.21，平均每个女性员工在企业之外交到的中国朋友不足一个。每个男性员工平均在企业外交到的中国朋友约为女性员工的 6 倍。但男性员工之间的中国朋友数量差异比女性员工明显，具有 250 个的差值，而且男性员工交往的中国朋友数量的波动比女性员工大了近 10 倍。

　　总的来说，工作之余，男性员工在企业之外比女性员工更容易交到中国朋友；与男性员工相比，大部分女性员工在企业外的社交整体弱于男性员工，原因一方面是因为女性员工整体上的社交能力弱于男性员工；另一方面是因为女性员工比较注重家庭而没有太多时间花在所在企业之外的人事关系上（大部分女性比男性更容易做到工作之余回归家庭，从而减少了家庭以外的社交活动，因此较少在企业之外交到中国朋友）；另外，孟加拉国为伊斯兰国家，对女性的要求比较严格，女性与外界交往的主动性不足。

表 8 - 3　　　按性别划分的员工在企业外拥有的中国朋友数量差异

性别	样本量	均值	标准差	最小值	最大值
男	653	1.23	11.07	0	250
女	198	0.21	1.14	0	13

　　管理人员平均拥有的中国朋友比非管理人员多。表 8 - 4 显示，管理人员和非管理人员在企业外拥有中国朋友的数量有显著差距。平均每个管理人员在企业之外结交了 4.29 个中国朋友，而非管理人

员只有 0.47 个。从中国朋友的数量差异看，非管理人员的数量差异要明显小于管理人员（最小值为零的前提下，非管理人员在企业之外拥有中国朋友的数量最大值为 100 个，管理人员在企业之外交往中国朋友的最大数量为 250 个）。在样本量为 735 的非管理人员中，每一位非管理人员平均拥有的中国朋友的数量只有 0.47 个，不到一个。但是非管理人员交往的企业之外的中国朋友的波动很小（非管理人员标准差 4.32，管理人员标准差 23.79），与管理人员相比，波动值小了 19.47。

　　总的来说，从平均值和最大值的数据中能够明显看出企业中管理人员和非管理人员在企业之外拥有中国朋友的数量差异显著，即管理人员在企业之外拥有更多的中国朋友，说明企业中管理人员的社会交往能力普遍强于非管理人员，但是也要明确的就是管理层的员工在工作之余社交能力差距比非管理层次员工更为明显。

表 8 - 4　　管理人员与非管理人员在企业外拥有的中国朋友数量差异

是否管理人员	样本量	均值	标准差	最小值	最大值
管理人员	116	4.29	23.79	0	250
非管理人员	735	0.47	4.32	0	100

　　从本章前四个表的数据综合来看，不管是在企业内还是企业外，男性员工和管理人员更容易比女性员工和非管理人员交到中国朋友，这与孟社会中更容易接受男性有关。一般来说，管理人员是在普通员工中挑选而出，其各方面能力都相对优秀，所以，在社会交往能力方面，也比非管理人员强。

第二节　企业评价

　　尊重当地的宗教信仰和风俗习惯是中资企业在孟加拉国顺利发

展的基本条件和必要因素。对于多数信仰伊斯兰教的孟加拉国人民来说，他们的信仰和风俗与中国有很大的差异，在生活方式上也有很大的不同，尊重他们的信仰和习惯就是尊重他们，也是尊重我们本身。在企业中，中孟两国人民只有做到相互尊重才能营造良好的工作环境和工作氛围，提高员工的工作积极性和创造力，增强企业的自我造血能力，从而促进企业的进一步成长。

本节对在企业中工作三个月以上的员工进行问卷调查，了解员工对企业的综合评价，企业在员工心中的社会地位，深入了解员工适应企业的文化和管理方式的程度，为未来中资企业入驻孟加拉国，制定出更符合员工需求的工作环境提供参考。本节将员工按族群、宗教信仰、管理人员和非管理人员进行划分，了解他们对企业的态度和看法，分析中资企业是否尊重当地员工。企业对不足的地方加以改进，对做得到位的地方继续保持，做到有则改之无则加勉，从而为员工提供更加适宜和良好的工作环境。

据表 8 - 5 所示，大部分（约七成）员工认为企业尊重本地风俗习惯。孟加拉国是一个多民族国家，孟加拉人为主体民族，占人口的 98%，其他少数民族仅占 2%。[①] 表 8 - 5 将员工分为孟加拉族和其他两类。从表 8 - 5 中可以看出，在 844 个调查对象中，孟加拉族群有接近四成（37.34%）对本企业在当地运营过程中尊重本地的风俗习惯持"完全同意"的态度；有 33.29% 的孟加拉族对这个看法持"基本同意"的态度；同时有少部分（8.68%）孟加拉族持相反态度，认为本企业没有尊重当地的风俗习惯，其中"完全不同意"的占 5.23%，"不同意"的占 3.45%；剩余 20.69% 的本土员工对上述看法的态度为一般。而其他族的受访对象持有不同的看法，全部都认为本企业在当地的生产运营和社会交往活动过程中尊重本地风俗习惯，企业并没有看轻或者不尊重任何当地风俗习惯的行为。

---

① 刘建编：《孟加拉国》，社会科学文献出版社 2010 年版，第 17 页。

　　总的来说，在孟中资企业能较好地尊重孟加拉国当地的风俗习惯，仅有少部分员工认为企业没有尊重本地风俗习惯。可见，部分企业在尊重当地风俗习惯上做得不够好，这些企业应该给予重视，孟加拉国中国商会及中国驻孟加拉国大使馆等机构和部门应加强宣传及监督，使孟中资企业在孟员工中树立良好的口碑。

表 8 - 5　　　按族群划分的是否同意"本企业尊重本地风俗习惯"　　（单位:%）

族群	完全不同意	不同意	一般	基本同意	完全同意
孟加拉族	5.23	3.45	20.69	33.29	37.34
其他	0.00	0.00	0.00	66.67	33.33
合计	5.21	3.44	20.62	33.41	37.32

　　注:$N = 844$。

　　从不同宗教信仰员工的态度看，不同宗教信仰的员工对企业尊重本地风俗习惯的态度存在较大差异，约七成的员工认为企业尊重本地风俗习惯，佛教和基督教员工完全同意企业尊重当地风俗习惯。宗教活动在孟加拉国民众生活中起着非常重要的作用，孟民众主要的宗教信仰有伊斯兰教、印度教、佛教、基督教、巴哈伊教等，其中信仰伊斯兰教徒约占人口总数的88%，印度教徒约占10%，其余人口信仰佛教、基督教、巴哈伊教等宗教。[1] 如表 8 - 6 所示，调查的 844 名员工分别信仰"伊斯兰教""印度教""佛教""基督教"。大部分（70.60%）伊斯兰教员工对企业是否尊重本地的风俗习惯持"基本同意"和"完全同意"的态度，其中"完全同意"的占37.27%，"基本同意"的占33.33%；持反对态度的占8.73%，其中"完全不同意"有5.29%。而印度教员工中则有更多的人持"完全同意"的态度，四成以上（42.31%）的员工持"完全同意"企业尊重本地风俗习惯的态度，有34.62%的员工持"基本同意"的

　　① 刘建编:《孟加拉国》，社会科学文献出版社 2010 年版，第 25 页。

态度，持"不同意"和"完全不同意"态度的都是 3.85%，"一般"的是 15.38%。

与伊斯兰教和印度教相比，佛教和基督教中对于是否同意"本企业尊重本地风俗习惯"的态度相对集中，信仰佛教的员工持"基本同意"和"完全同意"态度的人各占一半，没有佛教员工认为本企业没有尊重本地风俗习惯。信仰基督教是员工对于是否同意"本企业尊重本地风俗习惯"的态度有"一般"和"基本同意"两种，大部分（66.67%）基督教员工认为企业"一般"程度上尊重本地风俗习惯，其他的人则"基本同意"企业尊重当地的风俗习惯。

表 8-6　　按宗教信仰划分的是否同意"本企业尊重本地风俗习惯"（单位：%）

宗教信仰	完全不同意	不同意	一般	基本同意	完全同意
伊斯兰教	5.29	3.44	20.66	33.33	37.27
印度教	3.85	3.85	15.38	34.62	42.31
佛教	0.00	0.00	0.00	50.00	50.00
基督教	0.00	0.00	66.67	33.33	0.00
合计	5.21	3.44	20.62	33.41	37.32

注：$N = 844$。

除了根据族群和宗教信仰划分之外，调查人员还将员工根据管理人员和非管理人员进行划分，有效样本量为 844 的被访谈对象中，有七成（70.73%）的调查对象赞同"本企业尊重本地风俗习惯"这一观点，其中"完全同意""本企业尊重本地风俗习惯"的人最多，接近四成（37.32%），"基本同意"与"完全同意"的人数相差不大，占 33.41%；"不同意""本企业尊重本地风俗习惯"这一观点的员工最少，有 3.44%（其中管理人员中占 3.45%，非管理人员占 3.43%）；持"完全同意""本企业尊重本地风俗习惯"的人数最多，管理人员和非管人员都分别接近四成（管理人员占 39.66%，非管理人员占 36.95%）；三成以上（33.41%）的员工"基本同意""本企业尊重本地风俗习惯"。总之，企业中不管是管理人员还是非管理人员，大部分（七成）都认为本企业尊重本地风俗习惯（见表 8 - 7）。

表 8 - 7　　　　　　　管理人员与非管理人员是否同意"本企业

尊重本地风俗习惯"　　　　　　（单位：%）

是否是管理人员	完全不同意	不同意	一般	基本同意	完全同意
是	9.48	3.45	14.66	32.76	39.66
否	4.53	3.43	21.57	33.52	36.95
合计	5.21	3.44	20.62	33.41	37.32

注：N = 844。

表 8 - 5、表 8 - 6、表 8 - 7 中所陈述的大部分员工都认为企业做到了尊重本地风俗习惯。不管是按族群划分、宗教信仰划分还是按是否为管理人员划分，大部分（七成以上）员工都认为该企业是比较尊重本地风俗习惯的，说明大部分中资企业都能尊重当地的风俗习惯，但也存在尊重不充分的情况。

所属不同族群的员工均认为中资企业能较好尊重自己的宗教信仰，但有近一成的孟加拉族员工认为企业不尊重自己的宗教信仰。根据表 8 - 8，将员工根据族群划分为孟加拉族和其他两类，在有效样本量为 843 的调查问卷中，只有一成（持"完全不同意"态度的员工占 5.46%，持"不同意"态度的员工占 4.39%）的员工不同意"本企业尊重我的宗教信仰"这个观点，有七成（75.35%）的孟加拉族员工赞同"本企业尊重我的宗教信仰"，其中"完全同意"的占比最高，有 44.52%。其他民族员工都同意"本企业尊重我的宗教信仰"这个观点，其中占比最多的是"基本同意"，有 66.67%，接近七成，剩余的 33.33% 的其他民族员工"完全同意""本企业尊重我的宗教信仰"。总的来看，有七成（75.44%）的员工赞同本企业尊重自己的宗教信仰，但呈现出了族群差异，孟加拉族中有少部分的人认为企业并没有尊重自己的宗教信仰，而在其他族中，没有员工否定企业尊重自己的宗教信仰。

表 8 - 8　　　　　按族群划分的是否同意"本企业尊重我的宗教信仰"　　　（单位:%）

族群	完全不同意	不同意	一般	基本同意	完全同意
孟加拉族	5. 48	4. 40	14. 76	30. 83	44. 52
其他	0. 00	0. 00	0. 00	66. 67	33. 33
合计	5. 46	4. 39	14. 71	30. 96	44. 48

注: $N = 843$。

信仰不同宗教的员工均认为中资企业能较好尊重自己的宗教信仰，但对信仰伊斯兰教和基督教的员工也存在尊重不足的现象。表 8 - 9 中根据宗教信仰不同将员工进行了分类，考察了不同宗教信仰的员工心中认为"本企业尊重我的宗教信仰"。有七成（75.44%）的员工赞同本企业尊重自己的宗教信仰，但持有的态度仍然表现出了一定的差异。表 8 - 9 中数据显示出信仰佛教的员工中没有否定"本企业尊重我的宗教信仰"这个观点，各有一半佛教员工持"基本同意"和"完全同意"两种态度，说明企业能做到尊重信仰佛教的员工的宗教信仰。信仰基督教的员工同样没有人否定这一观点，但与信仰佛教的员工不同的是，信仰基督教的员工持有"一般""基本同意"和"完全同意"三种态度均占 33.33%。信仰伊斯兰教和印度教的员工对"本企业尊重我的宗教信仰"的态度分布则比较分散，虽然持同意态度的占比最多，但依旧有少部分人不同意"本企业尊重我的宗教信仰"这个观点，并且伊斯兰教员工中有 5.67% 的人"完全不同意"该观点，说明企业存在不尊重信仰伊斯兰教员工宗教信仰的行为。由此，中资企业注意增强对伊斯兰教教规及禁忌的了解，在企业运营过程中尊重伊斯兰教的宗教习俗。

表 8 - 9　　　按宗教信仰划分的是否同意"本企业尊重我的宗教信仰"（单位:%）

宗教信仰	完全不同意	不同意	一般	基本同意	完全同意
伊斯兰教	5.67	4.32	14.43	30.70	44.88
印度教	0.00	7.41	22.22	37.04	33.33
佛教	0.00	0.00	0.00	50.00	50.00
基督教	0.00	0.00	33.33	33.33	33.33
合计	5.46	4.39	14.71	30.96	44.48

注：$N = 843$。

　　虽然在孟中资企业在经营过程中对孟加拉族员工、信仰伊斯兰教和印度教的员工存在未完全尊重员工的宗教信仰的现象，但是大部分员工都认为企业能够尊重他们的宗教信仰。可以说，大多数在孟中资企业能够尊重员工的宗教信仰，未因宗教信仰不同而有歧视或者过分行为。对于信仰伊斯兰教和印度教的员工，以及孟加拉族员工，企业还需要充分了解他们的宗教习俗及民族习性，给予更多的尊重，避免因不了解而在言语上或行动上伤害到他们的宗教信仰或民族感情，从而产生不必要的冲突。

　　更多的企业管理人员对"企业尊重我的宗教信仰"持否定态度（管理人员占近两成，为 18.10%，非管理人员为 8.53%），大多数管理人员和非管理人员均认为"企业尊重我的宗教信仰"（管理人员为 69.83%，非管理人员为 76.34%）。

　　根据表 8 - 10 所示，针对管理人员与非管理人员是否同意"本企业尊重我的宗教信仰"，列出了"完全不同意""不同意""一般""基本同意""完全同意"五个选项。有效样本量为 843 的问卷中，有 44.48% 的受访者选择完全同意这一选项，30.96% 的人选择基本同意，说明无论管理人员还是非管理人员，七成（75.44%）的员工认为企业能够"尊重我的宗教信仰"。

　　在企业管理人员中，有一半（50.86%）的员工"完全同意"企业在当地经营过程中尊重员工的宗教信仰习惯，近两成

（18.97％）的员工持"基本同意"的态度。值得注意的是，有一成（10.34％）的员工"完全不同意"这个观点，有7.76％的员工"不同意"，也就是将近两成的员工不同意"企业在当地经营过程中尊重员工的宗教信仰"这一说法；12.07％的人认为本企业做得一般，没有明确的态度。

管理人员与非管理人员对企业的了解程度以及思想层次上存在差异，虽然在"完全同意"这一选项中非管理人员要比管理人员低7.39％，但是在"基本同意"上，非管理人员高出管理人员13.90％，因此相比较来看，非管理人员更加同意"企业尊重我的宗教信仰"，同时相对应的是更少的人反对，"不同意"的有3.85％，"完全不同意"的有4.68％，其余的15.13％保持中立态度，持有一般观点。和表8-8和表8-9相比，在表8-10中有更多比例的员工不同意"本企业尊重我的宗教信仰"，尤其是管理人员中，有一成的管理人员完全不同意这个观点，说明企业对于尊重员工的宗教信仰还存在不足，企业在这方面应当做得更好，尊重每一位员工的宗教信仰。

表8-10　　　　　管理人员与非管理人员是否同意"本企业
尊重我的宗教信仰"　　　　　　（单位:％）

是不是管理人员	完全不同意	不同意	一般	基本同意	完全同意
是	10.34	7.76	12.07	18.97	50.86
否	4.68	3.85	15.13	32.87	43.47
合计	5.46	4.39	14.71	30.96	44.48

注：$N = 843$。

企业的运营与发展与员工息息相关，与员工息息相关的除了工资以外，还有工作时间作息，因此对员工进行是否喜欢本企业工作时间作息的研究调查，有利于企业更加了解员工的真实感受，同时促进企业的发展。

　　在有效样本量为 851 的问卷中，有七成多（72.27%）的受访人员喜欢所在企业的工作时间作息（见表 8-11）。其中表示"基本同意"的有 36.55%；"完全同意"的有 35.72%；有 9.4% 的人"不喜欢"所在企业的作息时间，"完全不同意"和"不同意"的员工各占一半（4.70%）；有 18.33% 的人表示不喜欢也不讨厌，认为这种作息时间对于自己来说一般。不喜欢本公司作息时间的都为孟加拉族的员工，在"完全不同意"和"不同意"中各占 4.72%，一般占 18.40%，持"基本同意"和"完全同意"比例的员工相差不大，"基本同意"的占 36.44%，"完全同意"的占 35.73%。其他族的员工都喜欢所在企业的工作时间作息，"基本同意"的员工占六成（66.67%），"完全同意"的占 33.33%，持"完全不同意""不同意"和"一般"态度的都为 0。相对于孟加拉族来说，其他族的员工更适应该所在"企业的工作时间作息"。

　　总的来说，大部分孟加拉国员工都同意所在企业的工作时间作息，说明孟中资企业制定的工作时间和休息时间上符合孟加拉国员工的生活规律。偶有员工不满意，属于正常现象，任何一件事都可能有人喜欢有人不喜欢，在规章制度范围内，应当尊重大多数员工的意见。

表 8-11　　　　按族群划分的是否同意"喜欢本企业工作时间作息"　（单位：%）

族群	完全不同意	不同意	一般	基本同意	完全同意
孟加拉族	4.72	4.72	18.40	36.44	35.73
其他	0.00	0.00	0.00	66.67	33.33
合计	4.70	4.70	18.33	36.55	35.72

注：$N = 851$。

　　由表 8-12 可知，伊斯兰教中有七成以上（72.29%）都"基本同意"和"完全同意""喜欢本企业工作时间作息"这一观点，其中"基本同意"的员工占 36.51%，剩下 35.78% 的员工则是"完全同意";中立态度的也不少,有 18.19%;相对来说反对的人较少,"完全不同意"和"不同意"各占 4.76%。

印度教和伊斯兰教员工一样,他们持有的态度分布广泛,每个选项都有员工选择,但是具体数据上面有差异。在信仰印度教的员工中选择"基本同意"的人数最多,有四成(40.74%);其次是持"完全同意"态度的员工,占比 29.63%;持"一般"态度的员工占比 22.22%;持"完全不同意"和"不同意"态度的比较少,均为 3.70%。

相对印度教和伊斯兰教员工,信仰佛教和基督教的员工态度比较集中,两类员工都没有人表示"完全不同意"和"不同意",信仰佛教的员工中,持"基本同意"和"完全同意"态度的各占一半(50.00%);信仰基督教的员工持"一般"态度的为 33.33%,大部分(66.67%)则表示"完全同意"。(见表 8 - 12)

表 8 - 12   按宗教信仰划分的是否同意"喜欢本企业工作时间作息" (单位:%)

宗教信仰	完全不同意	不同意	一般	基本同意	完全同意
伊斯兰教	4.76	4.76	18.19	36.51	35.78
印度教	3.70	3.70	22.22	40.74	29.63
佛教	0.00	0.00	0.00	50.00	50.00
基督教	0.00	0.00	33.33	0.00	66.67
合计	4.70	4.70	18.33	36.55	35.72

注:$N = 851$。

总的来说,员工中的大部分人都表示喜欢本企业的时间作息。侧面反映出员工们还是比较适应他们的工作时间作息,符合员工的意愿。但是对于少部分不满意的员工来说,这是企业接下来需要努力的地方,争取使本企业的工作时间作息符合每一位员工,让员工愉快地工作,才能让企业更好地发展。

根据表 8 -13 可知,管理人员和非管理人员对是否喜欢本企业工作时间作息有不同的态度,在有效样本量为 851 的问卷调查中,虽然大部分被调查的员工喜欢该企业的工作时间作息，但是依旧有人不喜欢这种工作和作息时间。

在管理人员中，有42.24%的员工"完全同意""喜欢本企业工作时间作息"这一观点，31.90%的员工"基本同意"这一观点，说明企业的作息时间比较符合管理人员的工作时间作息。但也有5.17%和6.03%的管理人员"完全不同意"和"不同意""喜欢本企业工作时间作息"这一观点，说明本企业作息与这些员工的作息差别较大，无法接受。剩余14.66%的员工持"一般"态度，态度比较中立。

在非管理人员中，虽然各项数据与管理人员相差不大，但是也有一定区别。首先在非管理人员的员工中，持有"完全不同意"和"不同意"的人相对来说要少一点，分别比管理员工少了0.54%和1.54%，同时持有"完全同意"观点的也少于管理员工7.55%，有34.69%，说明非管理人员对于发表的态度和看法比管理员工要中立一些。因为从调查数据上可以看到持"一般"和"基本满意"态度的非管理员工人数要多一点，分别是18.91%和37.28%，多出管理人员4.25%和5.38%。

不论是非管理人员还是管理人员，七成以上的人都还是认为本企业的作息比较适合自己，说明该公司还是尽可能地为员工安排合理的工作作息时间，发挥了人道主义精神。对于依旧表示不满意的员工，企业还是需要尽可能满足他们，因为员工是企业的基本，没有员工企业就无法立足。

表8-13　　　　　　　　管理人员与非管理人员是否同意
"喜欢本企业工作时间作息"　　　　　　　（单位:%）

是不是管理人员	完全不同意	不同意	一般	基本同意	完全同意
管理人员	5.17	6.03	14.66	31.90	42.24
非管理人员	4.63	4.49	18.91	37.28	34.69
合计	4.70	4.70	18.33	36.55	35.72

注：$N = 851$。

　　表 8 - 14 展示的是按族群划分的是否同意"中外员工晋升制度一致"。调查的有效样本量为 749 份，有四成（41.79%）的人不同意"中外员工晋升制度一致"（其中有 6.14% 的员工表示"完全不同意"，35.65% 的员工表示"不同意"），说明有不少孟加拉国员工认为在中资企业中，中国员工和当地员工所享受的晋升制度（或晋升的公平程度）是不一致的。但也有 20.96% 和 15.75% 的员工"基本同意"和"完全同意""中外员工晋升制度一致"这一观点。21.50% 的员工持中立态度，认为"中外员工晋升制度""一般"。孟加拉族中，有三成（35.66%）的员工"不同意""中外员工晋升制度一致"，持中立态度的员工占两成（21.45%），36.73% 的员工同意"中外员工晋升制度一致"（其中"基本同意"的占 20.91%，"完全同意"的占 15.82%）。其他族群的员工人数较少，相对来说态度也中立一些，没有人"完全同意"这种观点，但也没有人"完全不同意"，持"不同意""一般""基本同意"观点的均为 33.33%，说明在孟加拉族以外的族群的员工眼中，中资企业的晋升制度没有完全平等，处于相对平等的状态。

　　总的来说，对于中资企业的中外员工晋升制度，持不满意态度的员工占四成（41.79%），多数员工觉得中国员工和外国员工在中资企业晋升制度中受到了不一致的对待。针对此现象，中国企业应当制定更加公平的员工晋升制度，明确要求过程公平、公正、公开，以消除孟加拉国当地员工对企业晋升制度存在的疑虑及不满。

表 8 - 14　　　　按族群划分的是否同意"中外员工晋升制度一致"　　　（单位:%）

族群	完全不同意	不同意	一般	基本同意	完全同意
孟加拉族	6.17	35.66	21.45	20.91	15.82
其他	0.00	33.33	33.33	33.33	0.00
合计	6.14	35.65	21.50	20.96	15.75

注：$N = 749$。

表 8 – 15 是按宗教信仰划分，当地员工是否同意"中外员工晋升制度一致"。根据孟加拉国员工信仰的不同，伊斯兰教、印度教、佛教和基督教员工持有的态度被分为"完全不同意""不同意""一般""基本同意""完全同意"五类，样本量为 749。与伊斯兰教和印度教相比，佛教和基督教的员工态度比较集中和一致，佛教中有一半（50%）的员工"基本同意""中外员工晋升制度一致"这个观点，一半（50%）认为"一般"，没有人持"完全不同意""不同意"和"完全同意"三种态度。在佛教员工看来，中资企业工作的中外员工晋升制度较为平等。信仰基督教的员工态度两极分化明显，有一半（50%）的员工"完全不同意""中外员工晋升制度一致"，而另一半（50%）"基本同意""中外员工晋升制度一致"这个观点。伊斯兰教和印度教员工中，不同意"中外员工晋升制度一致"的人比较多，印度教的员工有超过一半（53.84%）不同意，持不同意态度的伊斯兰教的员工相对来说要少一点，有 41.45%。近四成（36.85%）的伊斯兰教员工同意"中外员工晋升制度一致"，有两成（21.70%）的员工持中立态度，持"完全不同意"态度的员工占 5.98%。印度教员工持"完全同意"和"完全不同意"的各占 3.85% 和 7.69%，15.38% 的员工持"一般"态度，三成（30.77%，其中"基本同意"占 26.92%，"完全同意"占 3.85%）的员工认为企业的"中外员工晋升制度"比较公平，他们认可企业的员工晋升制度。

总的来看，按宗教信仰划分，员工对"中外员工晋升制度一致"的态度有很大的差异性。信仰伊斯兰教、印度教和基督教的员工有一半不同意他们在企业中享有和中国员工同等的晋升待遇；信仰佛教、伊斯兰教、印度教的员工，持中立态度的员工都比较多，在一定程度上，他们也不认为企业给予中外员工同等的晋升待遇。无论信仰哪种宗教，认同企业"中外员工晋升制度一致"的员工占比都不超过 50%，其中最低的是信仰印度教的员工，仅有三成（30.77%）持同意态度。

表 8 - 15 按宗教信仰划分的是否同意"中外员工
晋升制度一致" （单位:%）

宗教信仰	完全不同意	不同意	一般	基本同意	完全同意
伊斯兰教	5.98	35.47	21.70	20.58	16.27
印度教	7.69	46.15	15.38	26.92	3.85
佛教	0.00	0.00	50.00	50.00	0.00
基督教	50.00	0.00	0.00	50.00	0.00
合计	6.14	35.65	21.50	20.96	15.75

注：$N = 749$。

中资企业中管理人员和非管理人员均有四成认为"中外员工晋升制度一致"。有效样本量为749的问卷调查中，有36.71%的员工赞同"中外员工晋升制度一致"这个观点，41.79%的员工不同意这一观点。其中，有35.65%的员工不同意，6.14%的员工完全不同意，认为该企业的中外员工晋升制度不一致；基本同意的员工有两成（20.96%）；完全同意的有15.75%；两成以上（21.50%）的员工态度比较中立（见表 8 - 16）。

管理人员中，有四成以上（44.12%）的员工不同意"中外员工晋升制度一致"这个观点，其中完全不同意的占3.92%。与非管理人员的41.42%相差不大。在同意方面也相差不大，管理人员为38.24%（其中完全同意占18.63%，基本同意占19.61%），非管理人员为36.47%（其中完全同意占15.30%，基本同意占21.17%）。态度中立的员工中非管理人员比管理人员多了4个百分点左右（管理人员占17.65%，非管理人员为22.10%）。说明大部分中资企业中确实存在较为明显的中外员工晋升制度不一致的现象。

表 8 – 16　　　　　　　　　管理人员与非管理人员是否同意
"中外员工晋升制度一致"　　　　　　（单位：%）

是不是管理人员	完全不同意	不同意	一般	基本同意	完全同意
是	3. 92	40. 20	17. 65	19. 61	18. 63
否	6. 49	34. 93	22. 10	21. 17	15. 30
合计	6. 14	35. 65	21. 50	20. 96	15. 75

注：$N = 749$。

结合表 8 – 14—表 8 – 16 中的数据可知，根据族群、宗教信仰和管理人员与非管理人员划分来看，企业中孟加拉籍大部分员工都认为该企业的中外员工的晋升制度是不一致的。说明在一些中资企业确实存在中外员工晋升制度不一致的情况，也不能排除部分孟加拉员工对中资企业及中国员工有猜忌的可能。另外，我们也要看到，孟加拉员工所受的教育普遍较低，这在很大程度上会影响职业的晋升。当然，中资企业要对此给予重视，做出改善，明确并制定公正公平合理的员工晋升制度，做到唯"能力"任人。另外，中资企业还需考虑采用当地员工管理的益处，员工间可以更有效地进行沟通，避免矛盾，同时也在员工中形成良性的竞争意识，提升企业的生产效率，所以在一定程度上，员工职位的晋升可略向孟加拉国员工倾斜。

第九章

驻孟中资企业员工的媒体使用与文化消费

随着全球化一体化的不断发展，各国都比较关注信息通信技术的发展，随之而来的互联网及新媒体也发展迅速。在科技迅速发展的时代，各种促进交流沟通的渠道层出不穷，打破了信息获取地域的限制，信息获取越来越及时和高效，大大地提高了彼此之间的沟通效率。特别是互联网和新媒体发展，逐渐取代旧媒体成为现今沟通交流最重要的工具之一。

孟加拉国的主要媒体有报纸、期刊、电视、广播等传统媒体，其中报刊 1000 多种，[①] 比较大的有《孟加拉国观察家报》（*The Bangladesh Observer*）、《每日星报》（*The Daily Star*）、《独立日报》（*The Daily Independent*）、《孟加拉国时报》（*The Bangladesh Times*）、《今日孟加拉国》（*The Bangladesh Today*）、《新时代》（*New Age*）等；电视有国家电视台——孟加拉国电视台（Bangladesh Television，亦可缩略为 BTV）和 10 余个由私人企业经营卫星电视频道。广播主要是孟加拉国广播电台（Bangladesh Betar），其兼用众多中波、短波和调频发射器向全国各地乃至南亚、中东和欧洲等地区进行广播。孟加拉国各区都有自己的地方广播电台。它们除转播国家广播电台的国内要闻之外，主要播送地方新闻和文娱节目。随着互联网的不断发展，这些传统媒体现已基本上实现通过互联网、新媒体、融媒体

---

① 刘建编：《孟加拉国》，社会科学文献出版社 2010 年版。

等方式同时进行传播。

　　自 1975 年中国与孟加拉国建交以来两国友好合作关系一直健康、顺利地向前发展。两国在政治、经济、军事、文化等各个领域进行了卓有成效的合作。2016 年 10 月，国家主席习近平对孟加拉国进行国事访问并在当地报纸发表题为《让中孟合作收获金色果实》的署名文章。双方同意完善各领域合作机制，积极落实重点领域大项目合作，共同推进"一带一路"建设。双方要共同为落实 2030 年可持续发展议程、推进南南合作做出不懈努力。中国与孟加拉国来往密切，在经济上，中国在孟加拉国进行大量基础设施建设投资；在政府的鼓励和孟加拉国的优惠政策之下，许多中国企业赴孟投资。文化上，孔子学院在孟加拉国的设立以及图书影视的传播等，都极大地促进了中孟双方友好往来。中孟之间的友好合作事例也通过互联网和新媒体得到广泛的传播。

　　通过本章分析我们可以看出，孟加拉国员工无论是男女、年龄阶段、受教育程度、收入水平高低，都主要通过"企业内部员工"的渠道来获取中国信息，他们在孟加拉国媒体上收看最多的新闻是"孟学生前往中国留学的新闻"。通过考察员工的文化消费，我们发现，孟中资企业中的员工最喜欢的是"印度电影/电视剧和音乐"，对"中国电影/电视剧和音乐"也有较好的认可，接近一半（46.42%）的员工表示有时会观看"中国电影/电视剧"，这与近年来中孟持续友好密不可分。

第一节　互联网和新媒体

　　在中资企业中员工了解中国信息有不同的途径和方法。员工通常通过"本国电视""本国网络""本国报纸杂志""中国传统媒体""中国新媒体""企业内部员工""企业内部图片或材料"等方式来了解中国。

在孟中资企业中有中国和孟加拉员工（也许还有其他国籍的员工），日常的相互交流是相互间了解对方（包括个人、集体、国家）的重要方式，所以，通过企业内部员工的传播是孟籍员工获取中国信息的重要方式。同时电视作为现代家庭中最普遍的电器，也是员工了解中国信息的重要渠道之一。快捷的网络也成为获取信息的主要渠道。本节中对员工按照性别、年龄、受教育程度和月收入进行划分，了解他们主要通过哪些渠道了解信息，并比较和分析这四类因素如何影响员工获取中国信息。

根据图 9 - 1 可知，接近六成（55.93%）的企业员工认为，近一年内，孟加拉国电视是其了解中国的主要渠道。近五成（45.48%）的员工认为通过"企业内部员工"是他们获取中国信息的渠道。虽然这种方式得到的信息不是最精确的，但却是最快捷最直观的，还可以增进员工之间的感情，增强企业凝聚力。认为"本国报刊杂志"和"本国网络"是他们获取中国信息的均占两成（25.85% 和 21.62%）。还有一成左右（9.05%）的员工认为"企业内部资料"是他们获取中国信息的渠道。中国信息网络作为现代最重要的获取信息的渠道，孟加拉民众却只有二成左右的人使用，反映出孟加拉国网络基础设施还较为落后，通信网络不发达，普及率不高，在中资企业中，只有少数员工使用互联网，而且员工并未以来互联网来获取中国的信息。与使用网络来获取中国信息数据相差不大的是使用"本国报刊杂志"。整体来说，员工获取信息的方式与便利程度成正相关。相比较而言，使用中国传统媒体和中国新媒体这两种方式来获取中国信息的员工较少，分别只有 4.35% 和 4.70%，这两种渠道对他们获取中国信息的帮助不大。

据表 9 - 1 所示，员工在孟加拉国媒体上收看最多的新闻是"本国学生前往中国留学的新闻"。受访人为 803 人，有近八成（79.58%）的员工收看"本国学生前往中国留学的新闻"，一方面反映出近年来孟加拉国前往中国留学的学生数目增多（2018 年，有

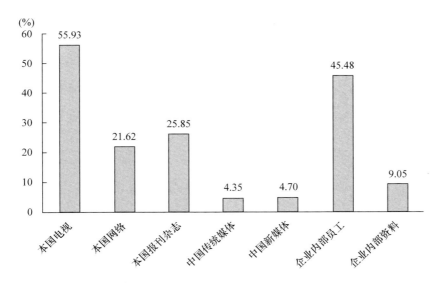

图 9 − 1　近一年内员工了解中国信息的渠道分布（N = 810）

10735 人）以致该类新闻在孟加拉国媒体上出现的频率增加；另一方面是教育在人们的心中占据越来越重要的地位，更多的人会主动关注教育方面的新闻。和教育新闻形成鲜明对比的是关于"中国大使馆对本国的捐赠新闻"，只有四成（40.21%）的员工主动关注，一方面是中国对捐赠事迹报道不足，导致新闻少，也可能是此类捐赠与员工没有直接联系，不像类似"中国援助本国修建道路、桥梁、医院和学校的新闻"，这些基础设施建设与员工切身利益相关，因此在受访对象为 776 人中，有六成（60.95%）的员工关注此类新闻。和其他三类新闻相比，员工对中国艺术演出的新闻关注度不太高，数据显示有近一半（48.98%）的人不看此类新闻。总的来看，近一年内员工通过孟加拉国媒体收看中国相关新闻呈现不同的状况，不同类型的新闻呈现出不同的频率，员工比较会主动积极关注和自己有关或者感兴趣的新闻，而与自己联系较少或者没有关联的新闻，则很少去主动关注。

表9-1　　　　　　　　近一年内员工是否从孟加拉国媒体收看
　　　　　　　　　　　中国相关新闻的状况　　　　　（单位：个、%）

相关新闻	样本量	是	否
中国大使馆对本国的捐赠新闻	771	40.21	59.79
中国援助本国修建道路、桥梁、医院和学校的新闻	776	60.95	39.05
本国学生前往中国留学的新闻	803	79.58	20.42
中国艺术演出的新闻	784	51.02	48.98

依据性别划分对员工近一年内了解中国信息的渠道进行分析（如图9-2），样本量为810时。男性员工和女性员工获取中国信息的渠道和图9-1中呈现出的趋势一样，近六成的男性员工认为"本国电视"是他们了解中国信息的渠道，相比之下，通过"本国电视"了解中国信息的女性员工少了一成（48.99%），通过"企业内部员工"了解中国信息的男性员工占比43.64%，女性员工占比51.52%。总体趋势相似，但根据具体数据来看男性员工和女性员工在获取中国信息的渠道上有一定差异，在通过企业内部员工这一渠道上，女性员工比男性员工多了接近一成；在通过"电视、网络、报刊杂志""中国传统媒体"和"中国新媒体"方式上，男性员工略多于女性；在运用"企业内部材料"上，女性员工略多于男性。电视作为孟籍员工了解中国信息最重要的方式之一，一方面说明孟加拉国电视普及率比较高，另一方面也说明孟电视上会经常播放关于中国内容的信息，电视是孟员工获取中国信息的重要渠道。对于孟籍员工来说，使用"中国的新媒体和传统媒体"来获取中国信息有一定的困难，因此占比最少，说明员工选择渠道获取中国信息与困难程度成负相关关系。除此之外，男性员工比女性员工更倾向于利用网络和报刊杂志获取信息，通过网络和报刊杂志获取信息的分别有23.58%和28.33%的男性员工，而女性员工只有15.15%和17.68%。同时我们注意到和男性员工相比，女性员工更倾向于通过翻阅企业内部材料来了解中国信息，比男性员工的8.27%

多 3.35%。

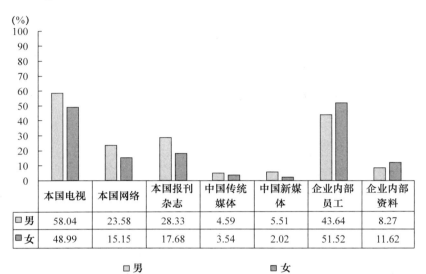

图 9 - 2　按性别划分的近一年内员工了解中国信息的渠道分布（N = 810）

　　如图 9 - 3 所示，将员工按年龄段划分，考察不同年龄段的员工获取中国信息的渠道的差异。和图 9 - 1、图 9 - 2 所呈现的现象一样，各个年龄段的员工都主要通过"本国电视"这一渠道了解中国信息（均超过五成），其次是通过"企业内部员工"来了解。不同年龄段使用的渠道呈现出不同的趋势，"报刊杂志""中国传统媒体""企业内部材料"这三种渠道的使用率均随着员工的年龄增长而缓慢增长。25 岁以下、26—35 岁和 36 岁以上的员工群体中，大多数（分别依次为 45.87%、44.87% 和 45.59%）是通过"企业内部员工"来获取信息。另外，"本国网络"和"本国报刊杂志"是获取有关中国信息的重要渠道，26—35 岁之间的员工相较于其他年龄段更倾向于使用"本国网络"来获取中国信息。通过报刊杂志获取中国信息与年龄结构呈正相关关系，即年龄越大使用这种渠道的人数就越多（三个由低到高的年龄阶段分别依次 21.49%、30.10% 和 38.24%）。一成左右的员工选择通过查阅"企业内部材料"了解中国信息（9.51%），且随着员工的年龄增长缓慢增长。值得注意的是，通过中国传统媒体和中国新媒体获取中国信息的员工还比较少，各年龄层都不足一成。

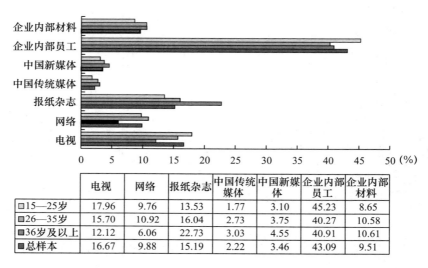

	电视	网络	报纸杂志	中国传统媒体	中国新媒体	企业内部员工	企业内部材料
☐15—25岁	17.96	9.76	13.53	1.77	3.10	45.23	8.65
☐26—35岁	15.70	10.92	16.04	2.73	3.75	40.27	10.58
☐36岁及以上	12.12	6.06	22.73	3.03	4.55	40.91	10.61
■总样本	16.67	9.88	15.19	2.22	3.46	43.09	9.51

图 9 - 3　按年龄组划分的近一年内员工了解中国信息的渠道分布（多选题）（N = 851）

如图 9 - 4 所示，将员工按教育程度分为"未受过教育""小学学历""中学学历"和"本科及以上学历"四类，了解不同学历层次的员工获取中国信息的渠道差异，并考察学历对员工获取中国信息渠道的影响。和图 9 - 1、9 - 2、9 - 3 呈现的现象一样，各个学历层次的员工主要选择"本国电视""企业内部员工"这两个渠道了解中国信息。各学历由低到高依次有 47.50%、46.11%、58.23%、60.99% 的员工选择"本国电视"获取中国信息，有 47.50%、50.30%、46.75%、37.36% 的员工选择"企业内部员工"获取中国信息。在本科及以上学历的员工中，近五成的会选择通过"本国网络"（42.86%）和"本国报刊杂志"（46.15%）来了解中国信息，只有一层左右的员工选择通过"中国传统媒体"和"中国新媒体"了解中国。选择"本国电视""本国报刊杂志"和"中国新媒体"三种途径了解中国的员工与其受教育程度呈正相关。而受教育层度相对较低的员工更倾向于通过员工间的交流来了解中国，如中学学历及以下的员工五成（47.50%、50.30%和46.75%）选择通过"企业内部员工"了解中国，本科及以上学历的员工则不足四成（37.36%）。受教育层度越高，对中国信息的了解越积极，从图9-4中可以看出，在各种中国信息获取方式中，本科及以上学历的员工的选择都是最多的。

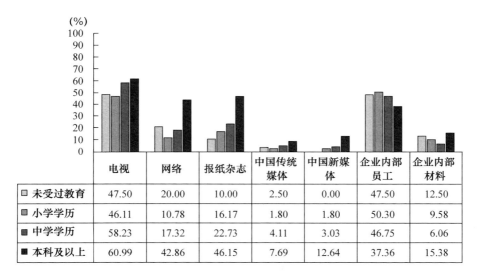

(%)	电视	网络	报纸杂志	中国传统媒体	中国新媒体	企业内部员工	企业内部材料
☐ 未受过教育	47.50	20.00	10.00	2.50	0.00	47.50	12.50
▨ 小学学历	46.11	10.78	16.17	1.80	1.80	50.30	9.58
▨ 中学学历	58.23	17.32	22.73	4.11	3.03	46.75	6.06
■ 本科及以上	60.99	42.86	46.15	7.69	12.64	37.36	15.38

图9-4　按受教育程度划分的近一年内员工了解中国信息的渠道分布（$N=810$）

图9-5按照员工月收入的差异来近一年获取中国信息的渠道差异，并考察月收入对员工获取中国信息的渠道的影响。由图9-5可知有效样本量为834，各个收入阶段的员工都倾向于通过"本国电视"获取中国信息，收入在13001~20000塔卡之间的员工使用该种渠道获取中国信息占比最多，六成以上（61.49%）；其次是收入在20001塔卡以上的员工，占比61.33%；收入为5300~7000塔卡、7001~8900塔卡、8901~13000塔卡之间的员工占比约五成（52.78%、55.33%、51.81%）。其次，"企业内部员工"也是员工了解中国信息的重要渠道，各收入层次由低到高分别有54.44%、

42.00%、42.49%、46.58% 和 42.67% 的员工选择该渠道了解中国。电视、报刊杂志和网络通过网络和报刊杂志两种渠道了解中国信息的员工随着月收入的增加而呈缓慢上升趋势，即月收入越高越倾向于通过网络和报刊杂志了解中国信息。应当注意的是，无论各种收入层次，仅有近一成的员工通过"企业内部材料""中国传统媒体"和"中国新媒体"了解中国信息，三种渠道中月收入最高的员工占比最多。整体来看，员工使用何种渠道获取信息与员工收入有一定联系。大部分员工更偏向于使用既便利又直接的"本国电视"和"企业内部员工"来获取中国信息。高收入的员工更喜欢通过"本国网络""本国报刊杂志""企业内部材料""中国传统媒体""中国新媒体"了解中国信息。

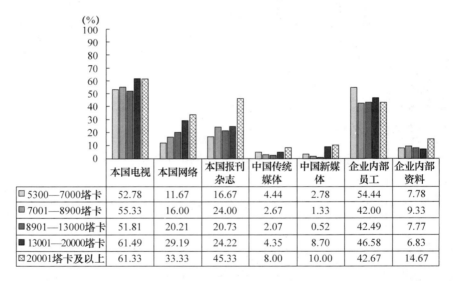

(%)	本国电视	本国网络	本国报刊杂志	中国传统媒体	中国新媒体	企业内部员工	企业内部资料
□ 5300—7000塔卡	52.78	11.67	16.67	4.44	2.78	54.44	7.78
▨ 7001—8900塔卡	55.33	16.00	24.00	2.67	1.33	42.00	9.33
▤ 8901—13000塔卡	51.81	20.21	20.73	2.07	0.52	42.49	7.77
■ 13001—20000塔卡	61.49	29.19	24.22	4.35	8.70	46.58	6.83
⊠ 20001塔卡及以上	61.33	33.33	45.33	8.00	10.00	42.67	14.67

图 9 - 5　按月收入划分的近一年内员工了解中国信息的渠道分布（多选题）（N = 834）

根据以上几个表可以得出，从性别、年龄、受教育程度和月收入来看，在孟中资企业中员工都更倾向于通过企业内部员工这一途径来获取有关中国的信息，相反在中国比较受欢迎的中国传统媒体和新媒体是中资企业员工使用最少的途径，可能与孟籍员工对汉语的认识程度不深有关，对于没有受过教育的员工来说使用中国传统媒体和新媒体对他们来说有一定难度，而学历较好的员工本身具有良好的知识储备，能够很好地使用中国的媒体来认识中国。孟加拉教育普及程度不高，职业教育和培训体系跟不上发展需要，孟加拉工人大多属于低技术含量的体力劳动者，所以很少有员工使用中国新媒体和传统媒体来获取有关中国的信息。

第二节　文化消费

考察员工观看不同国家的电影/电视剧和音乐的频率分布能够深入了解员工的兴趣爱好，以及对某个国家的青睐度，同时通过这种文化消费能够更加了解员工的生活需要。根据恩格尔系数中所阐述的食品支出占家庭总支出的比例越大，那么家庭越困难；相反如果越少则家庭越富裕。只有物质上富裕才会想到精神上的富裕，因此了解员工的文化消费也是了解员工家庭生活状况的一种方式。

本节对在孟中资企业的员工观看不同国家的电影/电视剧和音乐的频率分布进行描述和分析。分别列举了五个国家的电影/电视剧和音乐，分别是中国、日本、韩国、印度和美国，代表了五个国家文化对孟加拉国的影响力，从中我们可以看出员工对各国文化的接纳程度。

孟加拉国和印度毗邻，受印度文化影响较大，在宗教信仰和生活方式上具有相似性，因此在孟中资企业中的员工最喜欢"印度电影/电视剧和音乐"，由表9-2可知，近三成（29.14%）的员工很频繁地观看"印度电影/电视剧"，三成以上（32.94%）的员工表示非常喜欢"印度音乐"，四成以上（44.94%）的员工表示喜欢"印度音乐"（见表9-3）。其次最受欢迎的就是"华语电影/电视剧和音乐"，接近一半（46.42%）的员工表示有时会观看这种类型的电影/电视剧，约一成（8.58%）的员工经常看

"华语电影/电视剧"，约三成（27.65%）的员工表示喜欢听"华语音乐"。这与近年来中孟间不断密切的文化合作是分不开的，在孟加拉国的音像制品店，可以轻易找到中国的电影，以武打动作片居多，据调研中员工介绍，他们会通过互联网来观看中国电影/电视剧。中国驻孟加拉国使馆及孔子学院经常组织观看中国电影的活动，如《中国电影巡演》在孟国家博物馆、在孟中资企业和高校播放，受到了孟民众的欢迎，部分活动还实现了售票创收。2019 年 3 月，中央广播电视总台孟语部与孟加拉国 Star Access Mark Trade 公司联合译制的孟语版《鸡毛飞上天》在孟加拉国 ATN 电视台正式播出，这是孟加拉国电视台首次播放中国电视连续剧，也是第一部孟语配音的中国电视剧。最不受欢迎的影视剧类型是韩国和日本的，有大部分员工表示从来不会观看有关韩国和日本的电影/电视剧，只有约一个百分点的员工表示会很频繁地观看这两种类型的电影/电视剧，这两个国家的音乐也是最不受孟加拉国员工欢迎的。说明孟籍员工确实是不喜欢韩国和日本风格的影视剧和音乐。虽然美国电影/电视剧在孟加拉国受欢迎程度不如印度的和华语的，但是和韩国的与日本的相比，孟加拉国民众接受程度还可以。这与孟籍员工受印度文化影响以及在中资企业中受中方员工的推荐有一定关系。

表 9 - 2　　　　员工观看不同国家的电影/电视剧的频率分布　　　（单位:%）

频率	华语电影/电视剧	日本电影/电视剧	韩国电影/电视剧	印度电影/电视剧	美国电影/电视剧
从不	29.49	72.39	80.96	16.92	53.23
很少	11.52	6.11	4.58	1.65	5.52
有时	46.42	17.27	11.40	36.08	25.85
经常	8.58	2.82	2.00	16.22	7.52
很频繁	4.00	1.41	1.06	29.14	7.87

注：$N = 851$。

表9-2、表9-3中的数据显示,在孟加拉中资企业的员工心中,不管是影视剧还是音乐,他们都会更偏爱于印度类型,而不是韩国、日本的影视剧和音乐。重要的原因是孟加拉国的宗教信仰、文化和语言与印度相似性较大,历史上长期属于同一个国家,在文化上有较大的相互认同性,因此印度电影和电视节目在孟加拉国的影响力非常大。虽然孟加拉国有很长一段时间禁止进口印度和巴基斯坦的电影,但孟加拉国电影在风格上深受印度电影的影响,大多数电影都是音乐歌舞片,情节发展缓慢,穿插大量音乐歌舞。随着孟加拉国不断向世界开放,印度电影、电视剧在孟的影响力还会继续增强。

表9-3　　　　　　　员工对不同国家音乐喜爱程度的频率分布　　　　　（单位:%）

喜欢程度	华语音乐 N = 821	日本音乐 N = 817	韩国音乐 N = 813	印度音乐 N = 850	美国音乐 N = 842
非常喜欢	4.63	0.86	0.74	32.94	8.19
喜欢	27.65	8.32	5.90	44.94	21.02
一般	26.07	22.77	22.14	8.71	19.60
不喜欢	33.74	54.96	57.81	11.29	42.04
非常不喜欢	7.92	13.10	13.41	2.12	9.14

文化产品的消费和员工自身的文化背景有密切关系,也与国家间的交往程度有一定关系。由于印度和孟加拉国文化有很多相似之处,所以很自然地,相较于其他国家,员工会倾向于消费印度的文化产品。由于中国与孟加拉国交流比较密切(中国在孟加拉国投资建设学校、道路,大量的中资企业存在),随着员工对中国了解的加深,他们会发现中国文化的特点和可观赏性,员工也会慢慢地消费中国的文化产品。

第十章

驻孟中资企业员工对国内政治与
对外关系的看法

　　孟加拉国的国内发展与对外关系息息相关。首先，孟加拉国自1971年建国以来长期处于积贫积弱状态，政府对基础设施建设、农业、教育等方面的投入严重不足，国家发展严重依赖外国援助。其次，孟加拉国国土面积狭小、贫困人口众多，无法依靠国内产品，满足人民生产生活需要，也无法通过出口能源/资源，获得国家发展所需外汇。正是因为这种情况，孟加拉国近年来主要从中国、印度等国进口大量日用品和机器，依靠服装等日用品的出口代加工以及劳务出口，从欧洲、美国等地赚取外汇，推动经济发展。再次，孟加拉国政党有较强的对外政治导向，孟加拉国现执政党人民联盟提倡世俗主义，较为亲近印度，而最大反对党民族主义党倡导伊斯兰主义，积极推动孟加拉国与世界伊斯兰国家合作，较为排斥与印度合作。最后，两大政党都非常支持孟加拉国参与中国的"一带一路"建设，支持中国的企业和企业品牌进入孟加拉国市场。

　　本章主要通过分析世界大国对南亚地区以及孟加拉国的影响，还通过分析孟加拉国的中国品牌以及中孟在"孟中印缅经济走廊"建设的情况，研究孟加拉国国内局势、国际局势对孟加拉国国家发展的影响，为驻孟加拉国中资企业建言献策。

第一节　大国影响力评价

作为一个政治小国、人口大国以及世界经济发展速度最快的国家之一，孟加拉国越来越受到世界的关注，而孟加拉国百姓也开始加大对外界的关注，尤其是对世界大国的关注。一方面，孟加拉国需要谋求在大国政治斗争中的平衡以保障政治安全。另一方面，孟加拉国也需要借助大国的援助和投资，借助与大国经济贸易，助推孟加拉国经济发展。

总体上，孟加拉国与中国、美国、日本、印度关系实现了全面发展。首先，中国与孟加拉国自 1975 年建交以来，长期保持着良好关系。孟加拉国建国初期，两国曾签署文化合作协定，成立了经济、贸易和科学技术联合委员会，为日后的政治、经济合作打下了良好基础。进入 21 世纪后，两国友好关系进一步加深。中国按照《曼谷协定》框架、《亚太贸易协定》框架，逐步扩大对孟加拉国零关税商品范围，使其零关税商品接近 5000 种。孟加拉国也不断扩大对中国的进口规模，成为中国在南亚地区的第三大贸易伙伴。文化合作方面，中孟两国也实现了长足进步，云南大学、中国国际广播电台先后在孟加拉国开办孔子学院和孔子课堂，孟加拉国来华留学生逐年增加。

其次，孟加拉国与美国关系近年来得到了较大改善。直到 21 世纪初，美国与孟加拉国关系还处于停滞阶段。在美国 2001 年进行阿富汗战争以及美国总统奥巴马 2011 年高调宣布重返亚太背景下，美国开始重视南亚的中小型国家，美孟关系得到明显提高，美国先后两任国务卿希拉里、克里分别于 2012 年和 2016 年对孟的访问，促成了美孟两国在商贸、反恐等方面的重大合作。

再次，孟加拉国与日本关系稳步提升。两国自 1972 年建立外交关系以来，一直保持着较为友好的关系。在美国开展重返亚太战略后，日本进一步与孟加拉国展开经济合作。两国签署了投资促进和保护协定、避免双重征税和防止逃漏税协定、航空服务协定等诸多协议，日本进驻孟加拉国企业更是超过百家。值得注意的是，中国与日本在孟加拉国的投资上越发表现出了竞争态势。据印度媒体报道，中国在孟加拉国科克斯巴扎尔海港开发项目的停滞，很可能源于日本开发孟加拉国的马达尔巴里港，中日在地铁建设、大陆建设上同样存在较大竞争。

最后，孟加拉国与印度关系在曲折中发展。事实上，近年来孟加拉国与印度关系虽然得到了一定提升，但仍远无法改变孟加拉国政坛和社会对印度的高度警惕心理。地理上，印度国土三面包围孟加拉国，掌握着孟加拉国水源上游，孟印还曾长期在对方领土上留有飞地，这三大地理因素带来两国长期的水源和领土纠纷。经贸上，印度自90年代以来积极推进与南亚国家经济联系，而提高与孟加拉国经贸交往是其重要目标。印度还利用南盟和环孟加拉湾多领域经济技术合作组织等框架，从多边领域推动这一目标实现。另外，孟加拉国也希望借助印度的经济发展，助推本国经济增长，以此摆脱最不发达国家的帽子。政治上，印度曾因帮助孟加拉国独立，而与其保持了短暂的蜜月期。孟加拉国国父穆吉布被暗杀后，孟加拉国伊斯兰势力快速增长，这使孟加拉国很快走上了敌视印度的道路。而自2009年穆吉布之女哈西纳获得连续执政后，两国关系快速升温，在印度政府采取一定程度让步情况下，两国顺利解决了水源和领土分割纠纷。总体来看，虽然目前印孟官方关系良好，但基于宗教和历史原因，孟加拉国社会仍对印度存有怀疑和敌视感，以孟加拉国民族主义党为首的反印党派依旧活跃于孟加拉国政坛。

一 地区最有影响力的国家评估

（一）当前亚洲最有影响力的国家

在本次调研中，我们就哪个国家在亚洲的影响力最大，对企业员工进行了调研。从样本的总体分布来看，有超过五成（56.50%）的受访者选择了中国，有超过一成（17.88%）的受访者选择了美国，有超过一成（16.63%）的受访者选择了印度，有不到一成（8.38%）的受访者选择了日本，有0.63%的受访者选择了其他国家。

如表10-1所示，男女受访者在选择中国、美国、印度的比例有较大差别。相比男性，女性选择中国和美国的比例略低，选择印度的比例较高，其选择印度的比例（24.57%）比男性选择印度的比例（14.40%）高出10.17%。男女的差别可能在于，相比男性，女性的生活和工作环境，更容易受到印度的影响，较少受到中国和美国的影响，这种环境影响可能来自于电影、音乐，也有可能来自节日庆祝、日常生活交流、工作交流。

表10-1　　按性别划分的员工认为哪个国家在亚洲的影响力最大　　（单位:%）

性别	中国	日本	美国	印度	其他
男	57.60	8.64	19.04	14.40	0.32
女	52.57	7.43	13.71	24.57	1.71
合计	56.50	8.38	17.88	16.63	0.63

注: $N = 800$。

如表10-1所示，在三个年龄段中，受访者选择中国的比例皆为最高，选择其他国家的比例皆为最低，选择日本的比例皆为次最低。在各年龄段中，认为中国最有影响力，比例最高的是36岁及以上年龄段，为59.09%；认为美国最有影响力，比例最高的也是36岁及以上年龄段，为22.73%。值得注意的是，15—25岁年龄段，选择印度的比例为17.79%，高于选择美国的15.77%。

表 10 – 2　　　按年龄组划分的员工认为哪个国家在亚洲的影响力最大　（单位:%）

年龄组	中国	日本	美国	印度	其他
15—25 岁	56.08	9.46	15.77	17.79	0.90
26—35 岁	56.55	6.90	20.00	16.21	0.34
36 岁及以上	59.09	7.58	22.73	10.61	0.00
合计	56.50	8.38	17.88	16.63	0.63

注：$N = 800$。

　　基于以上数据我们可以推断，孟加拉国社会普遍认可中国是亚洲最有影响力的国家，这一认识可能主要源于中国对孟加拉国的大量投资。2003 年迄今，中国一直是对孟加拉国投资最多的国家。到 2017 年为止，中国对其累计投资高达 2.39 亿美元，涉及孟加拉国纺织服装、设备、家电、陶瓷、养殖、饮用水、医疗等多个领域。值得注意的是，在印度近年来经济快速提升背景下，不少孟加拉国年轻人以及孟加拉国女性，认为印度在亚洲的影响力已超过了美国。究其原因，可能主要是美国对南亚长期的漠视和投入不足以及日本在南亚投入的"相对下降"。

　　（二）10 年后亚洲最有影响力的国家

　　进一步地，我们就未来十年哪个国家将在亚洲影响力最大这一问题，对企业员工进行了调研。从样本的总体分布可以看出，有超过七成（73.74%）的受访者选择了中国，有超过一成（12.37%）的受访者选择了印度，有 8.96% 的受访者选择了美国，有 4.67% 的受访者选择了日本，即大部分受访者肯定中国对亚洲未来的影响力。

　　从图 10 – 1 中可以看到，受访者在美国、日本、印度、中国四个国家选择中，选择日本都是最低的，均在 5% 以下，选择中国的比例都是最高的，均在 70% 以上，36 岁及以上选择中国的比例更是高达 86.15%。在美国、印度、日本三国的选择中，选择美国比例最高的为 26—35 岁的 9.25%，选择印度最高的比例为 15—25 岁年龄段的 14.8%，选择日本最高的为 15—25 岁年龄段的 5.83%。三个年龄段中，15—25 岁年龄段、26—35 岁年龄段认为印度未来 10 年在亚洲影响力将大于美国和日本。36 岁及以上年龄段认为美国未来 10 年在亚洲影响力将大于印度和日本。

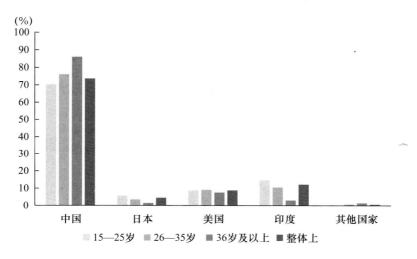

图 10 - 1　未来十年将在亚洲拥有最大影响力的国家

结合前文对"当前亚洲最有影响力的国家"的数据分析可知，受访者对 10 年后中国是亚洲最有影响力的国家更加有信心，对印度的信心也有所增加。这一信心，反映了孟加拉国社会对中印经济发展的认可和对中国"一带一路"倡议的认可。

（三）中国对本地区的影响效应

进一步地，问卷中询问了受访者关于中国对亚洲的正负影响效应。从样本的整体分布来看，有五成左右（51.59%）的受访者选择了"正面远多"，有四成（41.2%）的受访者选择了"正面为主"，有 4.52% 的受访者选择了"负面为主"，仅有 2.69% 的受访者选择"负面远多"，正面选择的比例为 92.79%，远高于负面选择的比例 7.21%（见图 10 - 2）。

从图 10 - 2 中可以看到，15—25 岁年龄段以及 26—35 岁年龄段受访者，均有超过五成（前者 52.72%，后者 52.74%）受访者认为

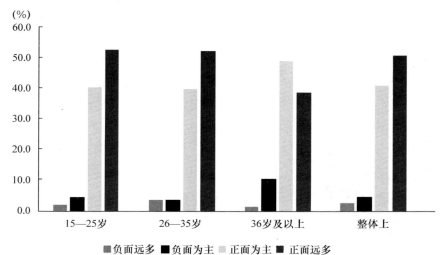

图 10 - 2　中国的行为对本地区的影响

"正面远多"；均有四成（前者 40.74%，后者 40.07%）的受访者认为"正面为主"。36 岁及以上受访者，"正面远多"选择比例下降到约四成（38.81%），"正面为主"比例上升到约五成（49.25%）。此外，受访者回答"正面为主"或"正面远多"的均超过九成：15—25 岁年龄段为 93.46%、26—35 岁年龄段为 92.81%、36 岁及以上年龄段为 98.06%。回答"负面为主"或"负面远多"的均在一成左右：15—25 岁年龄段为 6.54%、26—35 岁年龄段为 7.19%、36 岁及以上年龄段为 11.94%。可见大多数受访者都认为中国对本地区的影响是好的，但是随着年龄的升高，回答"负面为主"或"负面远多"的比例呈上升趋势。

由受访者的回答可以推断，孟加拉国社会普遍认可中国在本地区的行动，认为中国对本地区的公共外交、经济援助是对本地区有利的。年龄较大受访者对中国的担忧，可能是他们在过去接收的西方媒体或是印度媒体关于中国负面新闻较多。

（四）中美对本地区的影响效应对比

表10-3对比了受访者关于中国和美国对本地区影响好坏的情况。在受访者对四个选项的选择中，除"正面远多"这一选项中国高出美国三成多（35.29%），其他选项均是美国高于中国。从整体来看，选择"正面远多"或"正面为主"的比例分别是：美国为69.45%，中国为92.79%。可知，受访者给予美国和中国在本地区影响的评价都比较正面，但中国的比例要高出美国两成多（23.34%）。

表10-3　　　　　　员工对中美在本地区的影响力评价的差异　　　　（单位：%）

国家	负面远多于正面	负面为主	正面为主	正面远多于负面
中国	2.69	4.52	41.20	51.59
N = 818				
美国	10.27	20.27	53.15	16.30
N = 730				

对比中美的数据，多数受访者认为中美的作为对本地区的影响是正面的，但对中国作为是正面的认可度远高于美国，这反映了孟加拉国社会对中美两国的共同期待，而对中国的期待更胜于美国。

二　大国对孟加拉国的援助

（一）对孟加拉国援助最多的国家

首先，我们按照受访者中管理人员和非管理人员划分，调查了孟加拉国的最大外援国这一问题。在该问题的统计中，管理层受访者选择比例由多到少依次为中国（50.86%）、日本（22.41%）、印度（11.21%）、不清楚（11.21%）、美国（4.31%）。非管理层选择依次为中国（54.14%）、印度（22.51%）、美国（9.12%）、日本（8.56%）、不清楚（5.66%）（见图10-3）。由此可知，无论是管理层还是非管理层的受访者，都有超过半数受访者认为中国是对孟加拉国援助最多的国家。

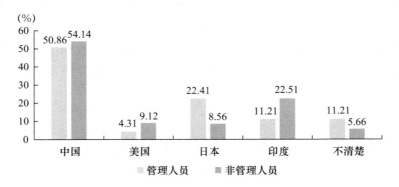

图10-3　管理人员和非管理人员认为的为孟加拉国提供外援
最多的国家（$N = 840$）

　　事实上尽管选择中国和日本的比例相差较大，但是两国都给予孟加拉国大量援助，是孟加拉国最为依赖的域外援助国。孟加拉国建国以来，中国在道路、桥梁、学校等公共设施建设上给予孟加拉国多方面援助。特别是中国为孟加拉国援建的7座跨河大桥，这些桥梁极大地便利了孟加拉国各区之间的交通，造福了孟加拉国人民。在习近平总书记提出"一带一路"倡议后，中国进一步在孟加拉国开展了帕德玛大桥建设工程、吉大港卡纳普利河隧道工程、达卡西至杰索尔的铁路建设工程等诸多大型建设项目，[①] 为中孟民心相通奠定了坚实基础。另外，有数据统计日本在孟加拉国建国的头30年，共为孟加拉国援助了约80亿美元，开展了达卡农业培训中心、博格拉医药中心、达卡米格纳·冈梯大桥、科普帕拉的天然气发电厂、吉大港的凯坡泰水电站等诸多援助项目。到2018年为止，日本共开

---

　　① 张晓涛：《中国与"一带一路"沿线国家经贸合作国别报告——东南亚与南亚篇》，经济科学出版社2017年版，第275页。

启了对孟加拉国的 39 轮官方援助。①

　　值得注意的是，非管理层在选择日本为最大援助国的比例远低于管理层，甚至低于非管理层选择美国的比例，可能反映出日本在孟加拉国社会，特别是底层社会的国家形象宣传力度和政治影响力的不足。

　　（二）孟加拉国发展需要借鉴学习的对象

　　我们面向孟加拉国员工，调查了孟加拉国最需要借鉴的国家。由图 10 - 4 可知，有近六成（59.14%）的受访者认为中国应是学习借鉴的对象，有一成（15.21%）的受访者认为是美国，有一成（12.88%）的受访者认为是印度，有一成（11.53%）的受访者认为是日本。也就是说，大部分受访者认为中国应是孟加拉国发展借鉴的对象。

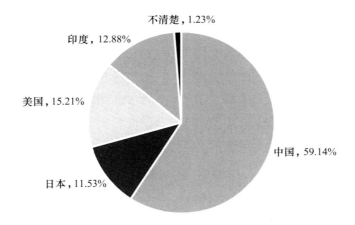

图 10 - 4　员工认为孟加拉国未来发展需要借鉴的国家分布（N = 815）

　　由此可以推断，虽然孟加拉国民众对于自己国家应该遵循哪个大国的发展模式有多种看法，但多数人希望学习中国模式。究其原

---

　　①　驻孟加拉国经商参处：《日本将向孟加拉国提供 18.3 亿美元官方发展援助》，2018 年 6 月，http：//bd. mofcom. gov. cn/article/jmxw/201806/20180602751656. shtml。

因，一是中国经济发展迅速、国力强盛且愿意帮助孟加拉国发展。二是中国毗邻孟加拉国，便于孟加拉国学习。三是西方式民主没能给包括孟加拉国在内的南亚国家带来繁荣，孟加拉国百姓希望自己的国家能够走出西方阴影，学习中国式的改革。

三　印度的地区影响

（一）印度对孟加拉国和中国关系的影响

近年来，印度与孟加拉国处于这样微妙的外交关系中。一方面，孟加拉国人民联盟长期执政，积极推动印孟和解与合作。在印孟友好主基调下，印度于 2013 年开始向孟加拉国输电，于 2015 年解决了其飞地问题，并大力支持孟加拉国基础设施建设和反恐活动。另一方面，印孟关系仍然存在问题，孟加拉社会对印度的长久恐惧感，仍有可能在未来爆发。最近影响较大的是两国的河水分配和边界安全问题。2015 年，莫迪政府没有按照承诺签署提斯塔河水分配协议，也没有提出任何解决印度边防警察枪击孟加拉国平民问题的方案，这给孟印两国关系的发展埋下了重大隐患。印孟的微妙外交关系，给中孟关系带来了这样的影响：孟加拉国不会过分靠近中国，因为这有悖于人民联盟的亲印政策，可能损害印孟关系；孟加拉国也不会疏远中国或是过度靠近印度，因为这样会引发国内政治动荡和社会恐慌，也会失去"一带一路"倡议给孟加拉国发展带来的重大机遇。

关于印度对孟加拉国和中国关系的影响如图 10 - 5 所示，有接近三成（29.63%）的受访者选择了"影响很大"，有超过三成（33.08%）的受访者选择了"有点影响"，有一成（16.48%）的受访者选择了"不怎么影响"，有一成（17.88%）的受访者选择了"没有影响"，有 2.94% 的受访者选择了"不方便评论"，选择"影响很大"或"有点影响"的比例（62.71%）远高于"不怎么影响"或"没有影响"的比例（34.36%）。

从各受教育水平情况看，受访者选择"影响很大"或"有点

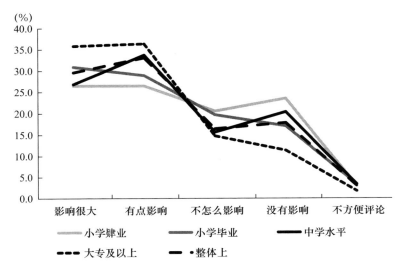

图 10-5　印度对中国和孟加拉国关系的影响（N=849）

影响"的比例均高于选择"不怎么影响"或"没有影响"的比例：小学肄业的，高出 8.82 个百分点（52.94% 比 44.12%）；小学毕业的，高出 23.02 个百分点（59.87% 比 36.85%）；中学水平的，高出 24.46 个百分点（60.57% 比 36.11%）；大专及以上水平的，高出 46.03 个百分点（72.16% 比 26.13%）。也就是说，各受教育水平在"有影响"的选择比例上皆高于"没有影响"，且这种比例差距随受教育水平的增长呈上升趋势。由此推论，孟加拉国社会普遍认为印度对中国的看法将较大程度影响中孟两国的关系，且学历层次越高的人越认可这种观点。究其原因，一是孟加拉国百姓希望同时维护中孟和印孟的双边友好，因而要顾及印度感受。二是学历越高者越能接触更多媒体新闻，从而接触更多中印竞争的消息。事实上，随着孟加拉国人民联盟长期执政、印度对孟加拉国持续援助、孟印飞地问题解决、印度文化软实力增强等多种因素影响，孟加拉国和印度关系快速提升，孟加拉国对印度的依赖也愈加严重。因此，中印关系目前是影响中孟关系的重要因素。

（二）印度政府不太支持"一带一路"对其他南亚国家的影响

在印度拒绝参与"一带一路"背景下，印度对孟加拉国等南亚国家参与"一带一路"建设上的影响，是许多人十分关心的问题。

从图 10 - 6 的调研结果来看，有接近四成（39.88%）的受访者选择了"要考虑印度的看法"，有超过一成（12.6%）的受访者选择了"会考虑印度的看法"，有超过三成（36.16%）的受访者选择了"不用太考虑印度的看法"，约一成（10.33%）的受访者选择了"不考虑印度的看法"，有 1.03% 的受访者选择了"其他"。"考虑"范畴的比例（52.48%）虽然仅高出"不考虑"范畴比例（46.49%）5.99 个百分点，然而前者选择集中在极性选项，后者集中在中性选项，表明"考虑"的倾向更为明显。

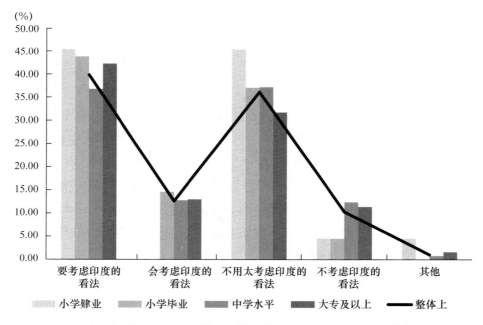

图 10 - 6　印政府不太支持"一带一路"对其他南亚国家的影响

从受教育水平来看，选择"要考虑印度的看法"和"不用太考虑印度的看法"比例最高的，皆是小学肄业水平，选择比例皆为45.45%。在各受教育水平，选择"会考虑印度的看法"比例最高的为小学毕业水平，比例为14.61%。选择"不考虑印度的看法"比例最高的为中学水平，比例为12.4%。在小学肄业水平，选择"要考虑印度的看法"或"会考虑印度的看法"的比例（45.45%）略低于选择"不用太考虑印度的看法"或"不考虑印度的看法"的比例（50%），后者低于前者4.55个百分点。在中学水平，前后两者选择比例相同，皆为49.6%。在小学毕业水平，前者（58.43%）高出后者（41.57%）16.76个百分。在大专及以上水平，前者（55.29%）高出后者（43.09%）12.2个百分点。换言之，各教育水平在此项问题的选择上，有较大不同。

事实上，除印度外的南亚各国均对"一带一路"表示欢迎，但各国在"一带一路"共建上又受制于印度。2013年习近平总书记提出"一带一路"倡议后，孟加拉国政府对该倡议积极响应。2014年，孟加拉国总理哈西娜在参加昆明举办的中国—南亚博览会时，首次公开表达了孟加拉国愿参与"一带一路"的意愿。2016年习近平总书记访问孟加拉国期间，中孟两国建立了战略合作伙伴关系，确立了"一带一路"合作规划。"一带一路"倡议提出五年来，中孟围绕"21世纪海上丝绸之路""孟中印缅经济走廊"，签署了经济、文化等多个方面的合作协议，仅2016年习近平总书记访孟，两国就签署了能源、通信等领域20多项协议。中国累计与孟加拉国签订工程承包合同额301亿美元（2017年），累计向孟政府提供40多亿元人民币援建资助（2016年）。①

从孟加拉国的角度来看，孟加拉国的"一带一路"建设在陆上主要涉及与中国云南省、印度东北部地区、缅甸西北部地区的联通。

---

① 《中企承建孟加拉国项目进展良好为当地创造大量就业》，2018年4月，中国矿业网（http://www.chinamining.org.cn/index.php? m = content&c = index&a = show &catid = 139&id = 25493）。

在海上，主要涉及其海港与缅甸、斯里兰卡海港的互联互通，特别是缅甸仰光港、孟加拉国吉大港、印度霍尔迪亚港和加尔各答港、斯里兰卡科伦坡港的联通，孟加拉国的经济发展和对外的区域互联互通建设，可以从"一带一路"共建中得到极大的帮助。但从数据结果可以推断，孟加拉国人普遍认为，印度不参与"一带一路"，会对南亚各国造成影响，这必将在一定程度上影响孟加拉国对"一带一路"的参与。

第二节　孟民众对"孟中印缅经济走廊"的看法

孟加拉国是"孟中印缅经济走廊"建设的参与国和积极推动者。"孟中印缅经济走廊"最早源于孟加拉国、中国、印度、缅甸四国在1999 年达成的《昆明倡议》。该项目主要是为了推动中国与南亚东南亚的互联互通，辐射 160 万平方公里土地和 4 亿多人口。中国政府在 2015 年 3 月发布的《推动共建丝绸之路经济带和 21 世纪海上丝绸之路的愿景与行动》文件中，将"孟中印缅经济走廊"正式纳为"一带一路"项目，大大提升了这一项目的重要性，扩大了中孟在这一项目中的合作空间。[①]

一　对"孟中印缅经济走廊"的认知

在"孟中印缅经济走廊"的项目认知方面，有一成左右（9.15%）的受访者选择了"听说过"，有二成左右（23.45%）的受访者选择了"了解一些"，有 3.48% 的受访者选择了"了解一些"，有 3.87% 的受访者选择了"非常了解"，有六成左右

[①] 国家发展改革委、外交部商务部：《推动共建丝绸之路经济带和 21 世纪海上丝绸之路的愿景与行动》，人民出版社 2015 年版，第 7 页。

（60.05％）的受访者选择了"没有听说"（见图 10 - 9）。

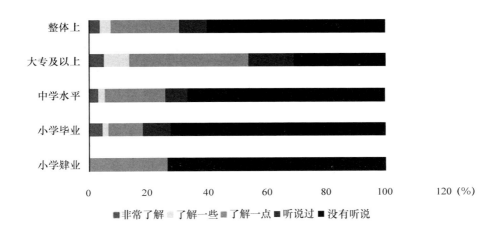

图 10 - 7　对孟中印缅经济走廊的认知

　　如图 10 - 7 所示，教育越低的受访者对"孟中印缅经济走廊"的认知越低。在各受教育水平，只有大专及以上水平在"没有听说"选项的比例是少于五成的，为 31.03％，比中学水平的 66.67％ 少 35.64 个百分点，比小学毕业水平的 72.30％ 少 41.27 个百分点，比小学肄业的 73.53％ 少 42.5 个百分点。此外，大专及以上水平其他选项比例均高于其他水平，选择"了解一点"的比例更是达到四成，为 40.23％，比整体水平的 23.45％，高出 16.78 个百分点。由此看来，中孟两国需要合作加强对孟加拉国低教育度人群有关"孟中印缅经济走廊"的宣传，充分利用媒体、社交等方式，推动两国各阶层人民的了解和信任。

二　"孟中印缅经济走廊"的内在机遇

（一）孟中印缅合作最有希望的领域

　　本次调研进一步询问了受访者（员工）孟中印缅合作最有希望的领域。从整体情况来看（见图 10 - 8），有超过五成的受访者选择了"教育"，有三成左右的受访者选择了"医疗"、"能源"、"服务"，选择"基础设施"的比例为一成多，而选择"文化"、"卫生"、"其他"的比例均不到一成。

在各受教育水平，选择"教育"的比例都是最高的：小学肄业水平中选择"教育"的超过六成（62.50%）、选择"医疗"的为三成（30.00%）、选择"服务"的为三成多（35.00%）、选择"能源"的为四成（40.00%）；小学毕业水平中选择"教育"的为六成多（61.08%），选择"医疗"的超过三成（35.33%），选择"服务"的约三成（29.94%）；中学水平者中选择"教育"的约六成（59.96%），选择"医疗"的超过三成（36.36%），选择"服务"的超过三成（35.38%）；大专及以上毕业水平者中选择"教育"的超过五成（54.50），选择"医疗"的超过两成（25.27%），选择"文化"（13.19%）、"基础设施"（18.68%）的均超过一成。

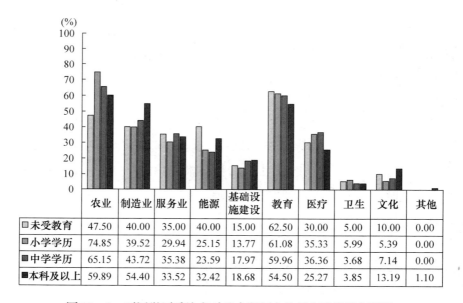

	农业	制造业	服务业	能源	基础设施建设	教育	医疗	卫生	文化	其他
□未受教育	47.50	40.00	35.00	40.00	15.00	62.50	30.00	5.00	10.00	0.00
▨小学学历	74.85	39.52	29.94	25.15	13.77	61.08	35.33	5.99	5.39	0.00
▦中学学历	65.15	43.72	35.38	23.59	17.97	59.96	36.36	3.68	7.14	0.00
■本科及以上	59.89	54.40	33.52	32.42	18.68	54.50	25.27	3.85	13.19	1.10

图 10 - 8　不同学历受访者对孟中印缅合作最有希望的领域的
看法差异（多选题）（N = 851）

　　我们还可以发现，选择"教育"或"医疗"的比例都超过了两成，选择"教育"最高的是小学肄业水平的62.50%，选择"医疗"最高的是中学水平的36.36%。在"服务"、"能源"、"基础设施"、"教育"、"医疗"、"卫生"、"文化"七项选择中，除小学毕业水平，其他教育水平选择"卫生"的比例都是最低的，选择"卫生"一项学历为中学水平的占3.68%。

　　我们可以猜测，受访者倾向选择教育和医疗的原因，很可能是其能直接改善受访者的生活水平。而另一方面，基础建设并不能直接给受访者带来利益，印度阻碍地区互联互通，也可能使他们对地区基础建设、互联互通没有信心。

　　（二）未来"孟中印缅经济走廊"的合作伙伴

　　进一步，我们还统计了受访者对孟中印缅四国中双边合作成功概率的认识。从样本的总体分布来看，有约六成（61.47%）的受访者选择了孟中，有约三成（30.68%）的受访者选择了孟印，选择中印、中缅、印缅、孟缅的比例均不到5%（见图10-9）。

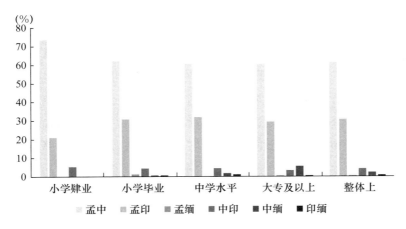

图10-9　孟中印缅四国中合作成功概率最大的两国（N=849）

　　从受教育水平来看，选择孟中比例都是最高的，选择孟印都是次高的：小学肄业水平选择孟中的超高七成（73.68%），选择孟印的超过两成（21.05%），无人选择孟缅和中缅、印缅；小学毕业水平中选择孟中的超过六成（62.26%），选择孟印的约三成（30.82%）；中学水平者中选择孟中的约六成（60.53%），选择孟印的超过三成（31.93%）；大专及以上水平者中选择孟中的约六成（60.53%），选择孟印的不到三成（29.44%）。由此推论，孟加拉国社会最为看好孟中以及孟印合作。

究其选择原因，一是人民联盟领导下的孟加拉国政府与中国、印度政府关系良好，孟印、孟中合作十分紧密。二是受访者普遍了解中印关系的矛盾，不看好中印合作。三是缅甸社会持续动荡，经济发展前景存疑，因此受访者普遍不看好缅甸与其他国家的合作。四是文化越高的受访者，接触面越广，越了解国际形势，选择也没有那么极端化，一些大专及以上受访者可能知晓中缅关系的良好，因此相对更多地选择了中缅合作。

三 "孟中印缅经济走廊"的合作障碍

"孟中印缅经济走廊"建设上面临着政策沟通、设施联通挑战，整体进度缓慢。"孟中印缅经济走廊"北起中国云南省，穿越印度东北部的阿萨姆邦、梅加拉亚邦等邦，过孟加拉国和缅甸，最后到印度西孟加拉邦。经济走廊所过地区，同属于东亚经济体、南亚经济体和东南亚经济体的交叉地带，也可以说是边缘地带。这一交叉地带山脉纵横，基础设施较落后，技术人才较短缺，交通贸易不便。正是因为交通和贸易的不便，带来了这里的贫穷和各种危机。除中国云南和缅甸中部地区外，孟加拉国、缅甸北部和印度东北部都存在严重的安全问题，在孟加拉国，安全问题则体现在罗兴亚人问题、恐怖主义威胁和党派斗争。地理和安全问题虽然给经济走廊的基础设施建设带来了较大难度，然而最大问题是中国与印度的政策沟通。孟中印缅经济走廊一旦建立，必将全面助推走廊沿线地区的发展，特别是陆上交通枢纽和海上港口的发展。然而，印度出于对"一带一路"倡议和对印度东北分离势力的政治考量，先是在口头上表示支持，之后一直采取不合作态度，这无疑大大阻碍了"孟中印缅经济走廊"的推行。

在与"孟中印缅经济走廊"有关的问题中，我们还统计了受访者对于孟中印缅合作最大障碍国的看法。从样本的总体分布来看，有近五成（47.37%）的受访者选择了缅甸，有三成多（35.43%）的受访者选择了印度，有一成（10.53%）的受访者选择了中国，有6.55%的受访者选择了孟加拉国（见图10-10）。

由以下数据可以看出，除小学毕业水平有0.67%的受访者选择其他外部大国，其他各教育水平受访者均未做此选择。在孟中印缅四国中，仅有大专及以上受教育水平者，选择印度比例高于其他三国。除小学肄业者，选择孟加拉国的比例都是最低的。整体上缅甸最高，为47.37%，孟加拉国最低，为6.55%。在小学毕业水平，选择缅甸的比例为59.33%，选择印度的为24.67%，前者比后者高34.66%。在各受教育水平，选择中国最高的为大专及以上水平，比例为16.67%，比整体水平10.53%高出6.14%，选择中国最低的为小学肄业水平，该水平无人做此选择。

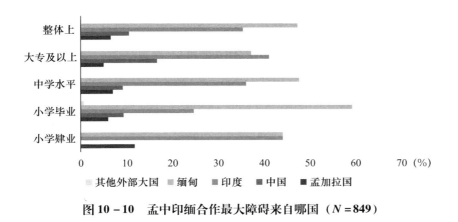

图10-10 孟中印缅合作最大障碍来自哪国（$N=849$）

总体来说，受访者普遍认为缅甸和印度是孟中印缅合作的最大障碍。大专以下受访者可能是基于对缅甸政治、经济不稳定，特别是罗兴亚人问题，选择缅甸更多一些。大专及以上受访者对世界形势和"孟中印缅经济走廊"了解更多，可能基于印度对"一带一路"的抵制和对"孟中印缅经济走廊"的消极态度，选择了印度。结合前文受访者对"孟中印缅经济走廊"认知情况统计，大部分受访者可能还是因为不太了解经济走廊情况，因而总体上选择缅甸多于印度。

第三节　中国品牌

品牌是企业的灵魂，是通向市场的门票，它蕴藏着企业文化、民族文化等无形资产，能够为企业创造巨额利润。品牌不仅是用于区别竞争者的标记，而且是代表一种承诺，代表生产者和销售者承诺将某一特定的利益带给买方，并表明此项承诺的来源。随着中国经济的发展，中国品牌逐渐走出国门，走向世界各地，特别是向"一带一路"沿线国家积极拓展。而中国品牌在国外的认知度，成为社会关注的焦点。

一　中国品牌在孟加拉国社会认可度

在中国产品品牌的认知状况这一问题上，我们可以按照性别、学历、所处公司层级，对受访者的回答进行深入分析。

按性别分类看，孟加拉国只有约四成（39.65%）男性受访者和不到两成（18.18%）女性受访者认知本企业外的中国产品品牌，说明孟加拉国对中国品牌产品的进口，特别是女性品牌产品的进口不多，也说明中国品牌在孟加拉国的宣传力度远远不够（见图10-11）。

从受教育程度看，孟加拉国受访者对本企业外中国产品品牌的认知度，由学历从低到高不断上升。最低的为"未受过教育"受访者，认知度仅为8.11%；最高的为"本科及以上"，达68.89%；跨

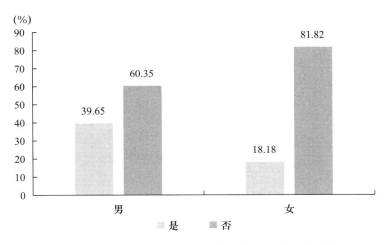

图 10－11 按性别划分的员工对本企业外的中国产品品牌的认知状况（N＝810）

越度最大的为"中学学历"（29.29%）到"本科及以上"，两者相差 39.6%（见图 10－12）。可以推测，中国品牌仅在孟加拉国高学历层次有一定影响，在其余教育层次中，学历越低影响力越小。

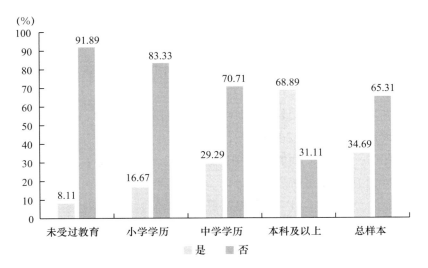

图 10－12 按受教育程度划分的员工对本企业外的
中国产品品牌的认知状况（N＝810）

从所处公司层级来看，管理层受访者对中国品牌的认可比例高达七成（71.05%），而非管理层受访者的认可度正好相反，其不认可比例为七成（71.26%）（见图 10－13）。究其原因，一是中国在孟加拉国销售的品牌产品主要为日用品、电器、机械和手机等，日用品往往没有特别注明是中国品牌。非管理层受访者普遍见识度不高，因此无法对中国品牌较好识别。二是中国的品牌商品物美价廉，管理层人员既有经济实力又有见识度，在感受到中国品牌商品的良好质量后，自然对其有了较高评价。

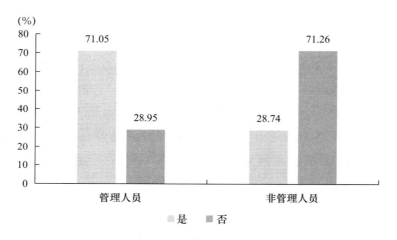

图 10－13　管理人员与非管理人员对本企业外的中国产品品牌的认知状况（*N*=810）

最后，孟加拉国受访者的上网频率直接影响受访者对中国产品品牌的认知。不上网或基本不上网的受访者，其对中国产品品牌认知度只有约一成多，而经常上网（一天半小时以上）的受访者其认知度达四到五成（见表 10－4）。究其原因，第一个可能是中国品牌产品的经销商在线上比线下投入更大的精力，其线上品牌宣传、品牌产品相关演示做得更好。第二个可能性是上网频度越高说明其社会层次越高，这部分人群对中国品牌产品的了解欲望和购买欲望更高，对其认知度也更高。

表 10 – 4   按上网频率划分的员工对本企业外的中国产品

品牌的认知状况   （单位：%）

上网频率	是	否
一天几个小时	52.89	47.11
一天半小时到一小时	43.10	56.90
一天至少一次	24.36	75.64
一周至少一次	22.81	77.19
一个月至少一次	30.77	69.23
一年几次	16.67	83.33
几乎不	13.33	86.67
从不	16.94	83.06
合计	34.69	65.31

注：$N = 810$。

二 印象最深的中国品牌

本问卷采用开放式问答，询问了受访者印象最深的中国品牌。图 10 – 14 和图 10 – 15 按照性别对受访者印象最深的中国品牌进行了统计。在男性受访者回答结果中，"未回答"的比例达六成（62.02%），选择"其他"的比例为两成（20.67%），认知度最高的华为其选择比例不到一成（7.5%）。在女性受访者回答结果中，未回答比例更是超过了八成（82.83%），选择"其他"的比例为一成（9.6%），认知度最高的 vivo 其选择比例仅为 3.54%。

综合来看，无论男性还是女性受访者，未作答的比例均超过了六成。而作答的受访者，其选择比率较高的均为中国通信品牌。其中，男性受访者选择比例最高的品牌为华为，女性为 OPPO，两者比例均未超过一成。换言之，无论是男性还是女性，大部分受访者都缺少印象很深的中国品牌。比较男性和女性受访者的选择，男性对中国品牌的印象强于女性，女性有深入印象的仅有 vivo 等物美价廉的中国手机品牌，而对华为这样质量和价格更高的中国手机通信品牌印象不深。

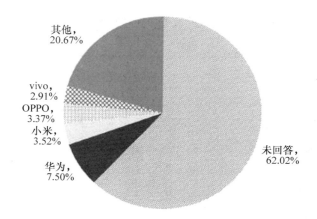

图 10 - 14　男性员工印象最深的中国品牌分布（*N* = 653）

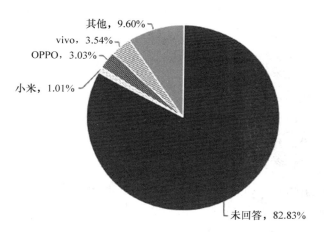

图 10 - 15　女性员工印象最深的中国品牌分布（*N* = 198）

从上网频率来看，各层级受访者选择比率最大的均为"其他"品牌。在各层级受访者选择华为、小米、OPPO、vivo 四大品牌的比率上，上网"一天几个小时"的受访者选择华为的比率超过一成（11.98%），其余比率均低于 7%（见表 10 - 5）。与前文关于上网频率的分析相同，本项问题也与品牌商品的线上/线下宣传以及受访者的社会层次挂钩。由调研结果可以推测，一是华为在孟加拉国的线上宣传取得一定效果，二是孟加拉国社会高层次人群对华为品牌开始认可。

表 10 - 5　按上网频率划分的员工印象最深的中国品牌分布（单选）（单位:%）

上网频率	未回答	华为	小米	OPPO	vivo	其他
一天几个小时	47.90	11.98	5.69	6.59	6.89	20.96
一天半小时到一小时	62.12	4.55	1.52	3.03	0.00	28.79
一天至少一次	77.38	3.57	3.57	0.00	0.00	15.48
一周至少一次	77.97	0.00	1.69	3.39	0.00	16.95
一个月至少一次	71.43	0.00	0.00	0.00	0.00	28.57
一年几次	83.33	0.00	0.00	0.00	0.00	16.67
几乎不	86.67	0.00	0.00	0.00	0.00	13.33
从不	83.90	1.12	0.37	0.75	1.12	12.73
合计	66.86	5.76	2.94	3.29	3.06	18.10

注：$N = 851$。

　　从总体来看，中国企业在孟加拉国的品牌宣传仍存在重大缺失，这要求中国政府、驻孟加拉国中资企业以及孟加拉国华人商会能够全面合作，改变目前的不利局面。值得注意的是，华为品牌已经在孟加拉国，特别是孟加拉国社会上层产生了一定影响，这无疑对中国其他品牌开拓孟加拉国市场起到了巨大激励效果。

参考文献

一　中文文献

（一）专著

陈峰君：《世界现代化历程（南亚卷）》，江苏人民出版社 2011 年版。

何朝荣：《南亚概论》，中国出版集团 2015 年版。

林良光、叶正佳、韩华：《当代中国与南亚国家关系》，社会科学文献出版社 2001 年版。

刘建编：《孟加拉国》，社会科学文献出版社 2010 年版。

谢福等：《孟加拉国政治与经济》，北京大学出版社 1994 年版。

张汝德：《当代孟加拉国》，四川人民出版社 1999 年版。

张世均：《孟加拉国政治发展与民族问题研究：1971—2009 年》，民族出版社 2015 年版。

张淑兰等：《孟加拉国（"一带一路"国别概览）》，大连海事大学出版社 2019 年版。

张威：《读懂"一带一路"产业投资机遇东南亚·南亚篇》，中国商务出版社 2017 年版。

张晓涛：《中国与"一带一路"沿线国家经贸合作国别报告——东

南亚与南亚篇》，经济科学出版社 2017 年版。

赵伯乐：《南亚概论》，云南大学出版社 2007 年版。

（二）译著

［巴基斯坦］M. A. 拉希姆、M. D. 丘格特等：《巴基斯坦简史》（第四卷），四川大学外语系翻译组译，四川人民出版社 1976 年版。

［荷］威廉·冯·申德尔：《孟加拉国史》，李腾译，东方出版中心 2011 年版。

［孟］苏塔娜·娅思敏：《21 世纪孟缅经济关系的转型：前景与挑战》，孙喜勤译，《东南亚南亚研究》2016 年第 1 期。

（三）期刊

陈金英：《南亚现代家族政治研究》，《国际论坛》2011 年第 4 期。

陈松涛：《孟加拉国的人口流动问题》，《东南亚南亚研究》2015 年第 2 期。

甘爱冬：《孟加拉国人民联盟政治地位的演变》，《西南民族大学学报》（人文社科版）2008 年第 6 期。

李志永：《企业公共外交的价值、路径与限度——有关中国进一步和平发展的战略思考》，《世界经济与政治》2012 年第 12 期。

罗圣荣：《孟加拉国独立以来的对外关系》，《印度洋经济体研究》2015 年第 5 期。

时宏远：《孟加拉国的政治民主化历程》，《南亚研究季刊》2004 年第 1 期。

时宏远：《孟加拉国政党之间的政治冲突》，《南亚研究》2009 年第 3 期。

熊琛然、武友德、赵俊巍、范毓婷：《印度领衔下的南亚地缘政治特点及其对中国的启示》，《世界地理研究》2016 年第 6 期。

张世钧：《孟加拉政治现代化发展进程的演变》，《河南师范大学学报》（哲学社会科学版）2008 年第 1 期。

张四齐：《孟加拉民族宗教概况》，《国际资料信息》2003 年第 7 期。

二 英文文献

Amitabha Bhattacharyya, *Historical Geography of Ancient and Early Medieval Bengal*, Calcutta: Sanskrit Pustak Bhandar, 1977.

Bagchi, Jhunu, *The History and Culture of the Pālas of Bengal and Bihar, Cir.* 750 *A. D. - Cir.* 1200 *A. D.*, Haryana: Abhinav Publications, 1993.

Bence Jones, *Mark. Clive of India*, London: Constable & Robinson Limited, 1974.

Erdosy, George, *The Indo-Aryans of Ancient South Asia: Language, Material Culture and Ethnicity*, Berlin: de Gruyter, 1995.

Noor Mohammad Sacker, "Bangladesh-China Relationship at the Dawn of the Twenty-first Century", *Peace and Security Review*, Vol. 6, No. 11, First Quarter, 2014.

Partha Chatterjee, *The Strange and Universal History of Bhawal*, Princeton and Oxford: Princeton University Press, 2002.

Peers, Douglas M. , *India under Colonial Rule* 1700 – 1885, Harlow and London: Pearson Longmans, 2003.

Richard M. Eaton, *The Rise of Islam and the Bengal Frontier*, 1204 – 1760, California: University of California Press, 1993.

Sarkar, J. N. , ed. , *The History of Bengal*, Vol. 1, New Delhi: B. R. Publishing, 2003.

三　主要网站

孟加拉国银行：www. bangladesh-bank. org。

孟加拉人民共和国外交部：https：//mofa. gov. bd/。

世界银行：https：//www. worldbank. org/。

中华人民共和国商务部：http：//www. mofcom. gov. cn/。

中华人民共和国外交部：https：//www. fmprc. gov. cn/web/。

后 记

　　本书是基于云南大学"双一流"建设旗舰项目"'一带一路'沿线国家海外中资企业营商环境调查"对驻孟中资企业员工问卷调查而撰写的最终报告。这个庞大项目启动之后，根据安排，我主持了对驻孟中资企业的田野调查和研究工作。这项工作前后长达两年时间，包括田野调查的前期准备、中期实施，以及后期数据分析和报告撰写等大量任务，是集体智慧的结晶。

　　本报告写作分工如下：全书由我统筹研究设计和完成统稿修订工作，云南大学龚贤周博士负责撰写第一、二章，安徽大学法学院丁国峰教授负责撰写第三、四、五章，云南大学李晓博士负责撰写第六、十章，云南省社会科学院孙喜勤博士负责撰写第七、八、九章。

　　参加赴孟加拉国田野调查工作的，除了上述参与报告撰写的成员外，还有云南大学李子勤博士、陈松涛博士，以及云南大学在读研究生查皓、周筠松、刘达、安然、彭丽颖等同学。孟加拉国南北大学和达卡大学50多名本科生和研究生，参与了在孟田野调查的实施。此外，还要感谢总项目负责人孔建勋教授，自始至终给予的悉心指导。

　　在赴孟加拉国调研阶段，得到了时任中华人民共和国驻孟加拉国大使张佐先生、经商处李光军参赞、新华社驻孟加拉国记者站站长刘春涛先生、孟加拉国南北大学南亚政策与管理研究所主任S. K. Tawfique教授以及南北大学孔子学院中方院长周薇薇博士、孟加拉国华侨华人联合会丁天先生和甘家坪先生、孟加拉中国商会韩俊超先生、云南省驻达卡商务办事处李萧先生等的大力关心和鼎力支持。同时，本项研究能够顺利完成，离不开30多家中资企业负责人和800多名受访员工的大力支持和积极参与。

最后需要指出的是，虽然近年来在官方推动下中孟关系尤其是经贸关系发展迅速，但学界对孟加拉国的研究却大大落后于现实需要了。因此，本项研究除了面临田野调查本身固有的困难之外，另一大难点就是关于孟加拉国研究资料和有效信息的匮乏。限于客观条件以及能力因素，不待读者批评指出，我们自己可以先确定，本书中的部分结论未必全面、精准地反映了孟加拉国的现实。

尽管如此，我相信本书对于那些试图了解孟加拉国的学生、研究者和实务从业者，仍然具有一定价值。首先，我们本着科学精神和实事求是的原则，围绕驻孟中资企业营商环境这一主题，应用专业知识和科学研究手段，尽力去呈现孟加拉国的本来面貌。其次，我所在单位2016年将孟加拉国研究中心成功申报了教育部区域国别研究备案中心，开始比较成体系地开展孟加拉国研究。本项目可以视为对我们前期研究积累的应用。最后，我们针对本次田野调查获取的大样本数据，一直在开展后续研究和比较研究，也希望借助这一项目能推动国内对孟加拉国的学术研究和政策对话。

邹应猛

2020 年 3 月